小学数学校本化实施指南

学科关键能力校本培养手册

曹 琴　巢小燕　王美华 / 著

图书在版编目（CIP）数据

小学数学校本化实施指南：学科关键能力校本培养手册/曹琴，巢小燕，王美华著．—沈阳：辽宁大学出版社，2021.10

（名师名校名校长书系）

ISBN 978-7-5698-0513-0

Ⅰ.①小…　Ⅱ.①曹…②巢…③王…　Ⅲ.①小学数学课—教学研究　Ⅳ.①G623.502

中国版本图书馆 CIP 数据核字（2021）第 172571 号

小学数学校本化实施指南：学科关键能力校本培养手册
XIAOXUE SHUXUE XIAOBENHUA SHISHI ZHINAN: XUEKE GUANJIAN NENGLI XIAOBEN PEIYANG SHOUCE

出　版　者：辽宁大学出版社有限责任公司
　　　　　　（地址：沈阳市皇姑区崇山中路66号　邮政编码：110036）
印　刷　者：北京米乐印刷有限公司
发　行　者：辽宁大学出版社有限责任公司
幅面尺寸：170mm×240mm
印　　张：20
字　　数：370千字
出版时间：2022年4月第1版
印刷时间：2022年4月第1次印刷
责任编辑：李珊珊
封面设计：徐澄玥
责任校对：于盈盈

书　　号：ISBN 978-7-5698-0513-0
定　　价：45.00元

联系电话：024-86864613
邮购热线：024-86830665
网　　址：http://press.lnu.edu.cn
电子邮件：lnupress@vip.163.com

序言

"小学数学学科关键能力的厘定、评价与培养"是常州市教育科学研究院小学数学学科教研的重点项目,该项目是在常州市开展十多年的"小学阶段学业质量常规抽测"的基础上发展而来的,也是教育部"中小学教育综合评价改革"常州实验区的工作内容之一。

通过文献研究,以及与学科专家的深度会谈,更是通过深入、持续的评价实践探索,常州市对小学数学学科关键能力进行了科学的厘定,并形成评价、测试、分析的方案,提出了培养建议。

其一,确定了运算能力作为小学数学学科的关键能力。计算教学作为数学课程的一个内容,不只是满足学生会算、算得快,更重要的是使学生会思考,能够根据算式的特点,寻求合理、简捷的运算途径和方法,发展思维能力。因此,运算能力是指会根据法则、公式正确地进行运算,并理解算理,能够根据问题的情景,寻求与设计合理、简捷的运算途径。运算能力是数学能力的核心要素,是数学学科独有的能力,已经得到广大小学数学教师的认同,而且,运算能力的形成对小学生整体数学能力的培养与提升能够起到基石性的作用,进一步分析学生理解算理、发现算法、通过运算解决问题过程中的思维过程,发现运算能力发展过程中蕴含着"抽象、推理、建模"等基本的数学思想,能够有效促进学生数学思维的发展,因此,选择运算能力作为小学数学的学科关键能力是相对合理的。

其二,设计了运算能力评价的内容。运算能力的评价测试内容绝不能只选取单一的计算式题,而是要选取能反映出学生对运算的理解、算法的选择与创新、运算策略的运用等综合的数学能力的内容。依据林崇德教授对数学运算能力的三级水平划分,在进行运算能力评价实施时,可以分级设计评价测试内容。第一级水平,了解与理解运算的水平;第二级水平,掌握应用运算的水平;第三级水平,综合评价运算的水平。分三级水平设计评价测试内容既可以分运算类型(包括整数、小数、分数三类不同的运算)对学生的运算能力进行评测,也可以综合各种运算类型对学生的运算能力进行评测。因此,在具体实施运算能力的评价时,可以根据现行的《义务教育数学课程标准(2011年版)》的课程内容安排及国标本苏教版小学数学教材的编排体系,采用分段评价及综合评价两种方式。分段评价即根据年级不同类型的计算教学内容进行分年级的评价,具体是:二年级,整数加、减法算理、法则的应用;四年级,整数乘、除法算理、法则的应用;五年级,小数加、减、乘、除法算理、法则的应用;六年级,分数加、减、乘、除法算理、法则的应用。这样分段对学生的运算能力进行评价,既可以建立年段标准作为年段教学达标的参照,也可以及时反思教学、总结经验,为学生后继运算能力的发展提供帮助。综合评价则是在学生六年级毕业时,对学生进行综合的评测(包括所有类型的算理理解与法则应用),通过学生运算能力综合发展水平的分析,形成区域学生运算能力总体发展状况,总结提炼教学经验或成果,服务教学质量的整体提升。

其三,形成了运算能力的测试框架。测试框架的架构是运算能力评价内容结构化的过程,也是评价实施的重要步骤。依据对运算能力评价的内容与实施的思考,形成了测试框架:①基本的口算能力,选取苏教版教材上的口算内容,任选20道题,按顺序口算出结果,并在算式后面用铅笔书写出结果,占比20%;②基本的笔算能力,以苏教版教材为蓝本,以本年段学习的笔算为主,任选不同类型的4道笔算题,能用竖式计算并计算出结果,占比12%。③灵活选择算法的能力,给出不同类型的试题(包括四则运算、混合运算),学生选择合适的方法计算,在解决问题的过程中(包括生活中的实际问题),通过自觉选用灵活的方法运算,占比18%。④必要的算理理解能力,以苏教版教材为蓝本,以本年段学习的计算类型的算理理解为主,以直接说明算法的理由或能说出关键步骤表示的含义为要求,占比10%。⑤对计算结果的合理性自觉判断的能力,对计算结果的合理性进行判断,掌握几种对计算结果进行正误判断的能力,占比10%。⑥在解决问题的过程中,选择或创新算法的能力,能在解决问题的过程中,选择合理的算法使计算方便,能根据解决问题的需要创新更为简捷的算法,占比30%。该测试框架涵盖了算法、算理和运算策略三个部分,其中,算法包括基本口算、笔算、估算、递等式计算、简便计算等,涵盖整数、小数、分数的基本计算方法;算法和算理构成运算能力的一体两翼,两者相辅相成,共同构成运算能力的基础;运算策略是指运算信息的挖掘与运算问题的定向,以及运算方法的选择与运算过程的简化与自觉评价。该框架较好地体现了运算能力的内涵,又有较好的实践操作性。

其四,规范了运算能力的评价分析方法。运算能力评价的实施可以对班级、学校、区域等不同范围内的学生进行测试,班级、学校的评价实施,学生可以全部参与,而区域实施运算能力的评价可以抽样进行。评价的工作流程包括测试工具开发、施测、评分标准研制、阅卷、数据录入整理、数据分析与报告撰写六个工作流程。学科关键能力的评价是基于数据的实证式分析,因此,应尽可能地采用计算机阅卷系统,并规范测试数据分析的过程,对数据进行充分的分析,保证测试结果分析的科学性。对小学生运算能力的分析可以从建立基本口算和笔算的数据常模、分析学生灵活运算的能力水平、分析算理的理解与表达以及算法抽象过程中思维能力的发展程度、分析在实际情境中设计合理算法并采用简捷的算法的能力状况等几个方面进行。

其五,提出了运算能力培养的建议。培养学生的运算能力是一项长期的任务,它总是与计算问题联系在一起,并贯穿计算教学的全过程,但它又不同于单纯计算方法的教学,需要根据计算内容的性质、任务,有计划和有步骤地加以实施。在运算能力培养上,重在以校为本,建立运算能力研究提升体系,即学校整体规划数学运算教学,科学训练运算能力,构建校本质量标准。并突出重点,提升学生三大能力,即提升学生计算审题中对数据的整体感知能力、提升学生在问题解决中根据问题选择计算方式的能力、提升学生对计算结果合理性判断的能力。

虽然"小学数学学科关键能力的厘定、评价与培养的研究"通过项目组的努力已经取得了理论和实践上的重大进展,相关成果已经在全国中文核心期刊《上海教育科研》上公开发表,但如何真正有效指导基层学校教师在教学实践中提升学生的运算能力,还需要做校本的转化和实践的探索。新北区百草园小学首先开始了研究,他们以"小学数学学科关键能力(运算能力)的校本化实施手册"的编制为抓手进行了卓有成效的探索。

他们准确定位校本化实施手册的编写能"从整体上提升学校的教学质量",是"校本化实施国家课程的有效举措"。通过这些年全体师生的共同努力,新北区百草园小学的办学质量日益提高,社会声誉不断提升,家长入学需求旺盛,由此,学校规模扩大,新进教师增多,学生人数增加,那么如何有效保证教育质量,编制教师教学工作手册,把已经形成的良好的教学经验积淀下来,并以此引导教师开展教学研究,提升教师的专业素养就显得尤为重要。于是他们决定选择从运算能力的培养开始做起。

他们科学规划了校本化实施手册的内容架构。通过深入研讨,他们规划了校体化实施手册的内容,依据运算能力测试评价的框架,他们按年级,分别从基本口算、笔算、灵活运算、算理理解、运算结果合理性的判断、选择灵活方法解决问题六个方面进行教学内容的分析,让教师们做到对教学内容了然于胸,既可防范错误，又有优秀做法可以借鉴，指导教师们日常的教学工作，使得平行班之间乃至整个学校的教学质量要保持高位稳定的发展，提高教师们日常课质量，增强教师们日常的互动，教师们下课后随时进行讨论和交流，教研氛围明显改善。本手册是数学教师们的工作手册，能够引领教师的发展，促进教师成长，提升教师专业发展的自觉，养成良好的职业生活方式。

他们放大校本化实施手册编写的过程价值。校本化实施手册是"写"出来的，但更是实实在在在实践中"做"出来的，近年来，他们教研活动的研究专题之一就是"小学数学学科关键能力（运算能力）校本化实施"，数学教师们针对日常教学中的研究、实践、思考、困惑进行交流，在实践中发现问题，在研讨中分析问题、解决问题。全体数学教师人人都是实践者、参与者，他们的实践和研讨源于日常，教师们都有话可讲，有感而发，人人都能够得到发展。手册的编写改善了日常的教研方式，提升了日常教研的品质，用知识管理的方式集聚教师的智慧，形成百草园小学教师的教学成果。

"小学数学运算能力（运算能力）校本化实施手册"是《百草园小学数学教师工作手册》的系列内容之一，他们还将分领域进行补充和完善，比如，数量关系、数据观念等方面的撰写。希望可爱的百草园小学的教师们在专业成长的过程中，形成自己独有的教学成果，并在此过程中，让百草园小学的数学课程具有自己的特色，全面提升百草园小学学生的数学学业水平。我们值得期待！

潘小福
（常州市教育科学研究院副院长，江苏省特级教师）

目录

序　言 ·· 1

一年级上册　小学数学学科关键能力校本化实施手册
口　算 ·· 2
算理的理解 ··· 5
计算结果合理性的判断 ··· 8
选择灵活方法解决实际问题 ·· 12

一年级下册　小学数学学科关键能力校本化实施手册
口　算 ·· 16
笔　算 ·· 20
算理的理解 ··· 24
计算结果合理性的判断 ··· 28
选择灵活方法解决实际问题 ·· 32

二年级上册　小学数学学科关键能力校本化实施手册
口　算 ·· 36
笔　算 ·· 40
算理的理解 ··· 44
灵活运算 ·· 49
计算结果合理性的判断 ··· 53
选择灵活方法解决实际问题 ·· 56

二年级下册 小学数学学科关键能力校本化实施手册

口　算 …………………………………………………………… 62
笔　算 …………………………………………………………… 66
灵活运算 ………………………………………………………… 70
算理的理解 ……………………………………………………… 74
计算结果合理性的判断 ………………………………………… 78
选择灵活方法解决实际问题 …………………………………… 82

三年级上册 小学数学学科关键能力校本化实施手册

口　算 …………………………………………………………… 86
笔　算 …………………………………………………………… 89
灵活运算 ………………………………………………………… 94
算理的理解 ……………………………………………………… 97
计算结果合理性的判断 ………………………………………… 100
选择灵活方法解决实际问题 …………………………………… 103

三年级下册 小学数学学科关键能力校本化实施手册

口　算 …………………………………………………………… 108
笔　算 …………………………………………………………… 111
灵活运算 ………………………………………………………… 117
算理的理解 ……………………………………………………… 120
计算结果合理性的判断 ………………………………………… 125
选择灵活方法解决实际问题 …………………………………… 128

四年级上册 小学数学学科关键能力校本化实施手册

口　算 …………………………………………………………… 134
笔　算 …………………………………………………………… 137
灵活运算 ………………………………………………………… 142
算理的理解 ……………………………………………………… 145
计算结果合理性的判断 ………………………………………… 149

选择灵活方法解决实际问题 ·················· 154

四年级下册　小学数学学科关键能力校本化实施手册

口　算 ·· 160
笔　算 ·· 165
灵活运算 ······································ 170
算理的理解 ···································· 176
计算结果的合理性判断 ·························· 181
选择灵活方法解决实际问题 ······················ 184

五年级上册　小学数学学科关键能力校本化实施手册

口　算 ·· 192
笔　算 ·· 197
灵活运算 ······································ 203
算理的理解 ···································· 208
计算结果合理性的判断 ·························· 213
选择灵活方法解决实际问题 ······················ 217

五年级下册　小学数学学科关键能力校本化实施手册

口　算 ·· 222
笔　算 ·· 227
灵活运算 ······································ 231
算理的理解 ···································· 235
计算结果合理性的判断 ·························· 240
选择灵活方法解决实际问题 ······················ 244

六年级上册　小学数学学科关键能力校本化实施手册

口　算 ·· 250
笔　算 ·· 254
灵活运算 ······································ 260

3

算理的理解 …………………………………………………… 266
　　计算结果合理性的判断 ……………………………………… 270
　　选择灵活方法解决实际问题 ………………………………… 274

六年级下册　小学数学学科关键能力校本化实施手册

　　口　算 ………………………………………………………… 280
　　笔　算 ………………………………………………………… 284
　　灵活运算 ……………………………………………………… 288
　　算理的理解 …………………………………………………… 294
　　计算结果合理性的判断 ……………………………………… 298
　　选择灵活方法解决实际问题 ………………………………… 302

后　记 ……………………………………………………………… 308

一年级上册 小学数学学科关键能力校本化

实施手册

口 算

一、类型与标准

类 型	质量标准		
	时段	速度	正确率
例题： 1. 10 以内的加法和减法 3 + 2 = 5 5 − 2 = 3 3 − 3 = 0 5 + 0 = 5 8 +（2）= 10 4 + 2 + 1 = 7 8 − 3 − 1 = 4 7 − 2 + 3 = 8	初学	8 题/分	96%
2. 10 加几以及相应的减法 10 + 5 = 15 15 − 5 = 10 5 + 10 = 15 15 − 10 = 5 3. 20 以内的进位加法 9 + 4 = 13 8 + 7 = 15 6 + 5 = 11	期末	12 题/分	98%
综合： 1. 10 以内的加法和减法 1 + 2 = 4 − 3 = 2 − 0 = 0 + 5 = 7 +（　）= 9 8 + 2 − 6 = 9 − 3 + 3 = 8 + 1 − 7 = 2. 10 加几以及相应的减法 19 − 10 = 19 − 9 = 9 + 10 = 10 + 9 = 8 + 2 + 3 = 11 − 1 − 5 = 10 − 7 + 6 = 7 + 3 − 8 = 3. 20 以内的进位加法 9 + 1 + 1 = 9 + 2 = 9 + 1 + 8 = 9 + 9 = 9 + 8 = 8 + 9 = 4 + 7 = 7 + 4 =	期末	12 题/分	97%

二、教学策略

1. 多样算法，激活思维。

计算方法多样化可以调动学生的学习热情，增强学生对算理的理解，有利于提高口算的速度。10 以内加法的算法多样化有：（1）利用数的分与合来计算；（2）加法交换律；（3）可以用算减想加的方法。20 以内进位加法的算法多样化有：（1）凑十法（拆大数凑十或拆小数凑十）；（2）利用加法交换律。注意，在计算时，有困难的学生可以借助学具小棒直观操作帮助其提高计算准确率。

2. 丰富练习，稳步提升。

在学生掌握算理的基础上，教师有计划地指导学生进行口算训练，才能达到事半功倍的效果。如果是单纯的口算练习，那么一段时间后，学生肯定会觉得枯燥无味，甚至会厌倦。为了调动学生口算的积极性，教师需要开展丰富的活动。例如，开火车、找朋友、夺红旗、竞赛、闯关等游戏。还可以借助信息平台拓宽计算能力的培养渠道。

3. 养成习惯，持之以恒。

口算练习要有计划、有步骤，持之以恒，加强训练。利用每节数学课课前预备铃或上课铃响时进行几分钟的口算训练，一定要严格控制口算数量，既达到训练的目的，又不会成为学生的负担。采用听算、视算、抢答等多种形式强化训练。这样做会使喧闹的教室立刻安静，学生的注意力可以很快集中起来，从而提高口算的效率。

三、典型错误及分析

1. 9 +（4）= 15   7 +（6）= 12

【错因分析】这类题目的错误率要高于 20 以内的进位加法，关键是学生不熟练 20 以内的进位加法。学生不知道该如何思考这类题目。

【控错方法】（1）画图或用小棒操作帮助学生理解题意；（2）加强口算练习，20 以内的进位加法是口算的基础，一定要很熟练地掌握；（3）培养学生养成检查的习惯，填入后还可以再算一算来检验。

2. （7）− 2 = 9

【错因分析】（1）运算符号没有看清；（2）学生还不理解加减法之间的关系。

【控错方法】（1）通过题组练习，让学生发现加数、和、被减数、减数、差之间的关系，让学生分析求的是什么数。如上题求的是被减数，要知道被减数一定比减数和差大，是这两部分的总和；（2）培养学生养成认真做题的习惯，做完题目一定要检查。

四、经典案例及评析

【教学实录】

课题：6、5、4、3、2加几

师：这是我们的好朋友小兔子妮妮，今天，妮妮准备采蘑菇招待他的好朋友。通过学习，你获得了哪些数学信息？你会提一个数学问题吗？

生1：蓝蘑菇有6个，花蘑菇有5个，一共有多少个蘑菇？

生2：左边有6个蘑菇，右边有5个蘑菇，一共有多少个蘑菇？

师：你会列式吗？

生1：6＋5＝

生2：还可以5＋6＝

师：6表示什么？5呢？6＋5＝这个算式的意思是？

生：6表示左边的6个蘑菇，5表示右边的5个蘑菇。6＋5表示左边的6个蘑菇加上右边的5个蘑菇等于一共的蘑菇个数。

师：6＋5，你想怎么算？请将你的想法记录下来。

师出示学生记录单。

师：你看懂了吗？请你解释一下。

生1：先把5分成4和1，再将6和4凑成10，最后10＋1＝11。

生2：先把6分成1和5，再将5和5凑成10，最后10＋1＝11。

生3：因为6＋4＝10，所以6＋5＝11。

师：观察这两种方法，它们有什么相同点和不同点？同桌讨论。

……

【评析】 教师通过童话故事激发学生的学习兴趣，很自然地把学习带入了数学问题情境。同时用故事的形式引导学生复习旧知，回忆"凑十法"。在探索算法时，教师兼顾不同发展水平的学生的需要，鼓励学生用不同的方法进行计算，并且优化算法，从而获得成功的体验，使学生得到不同的发展。

算理的理解

一、类型与标准

类 型	质量标准 （正确率）
例题： 理解类： 1. 加法的意义（苏教版一年级下册第44页） 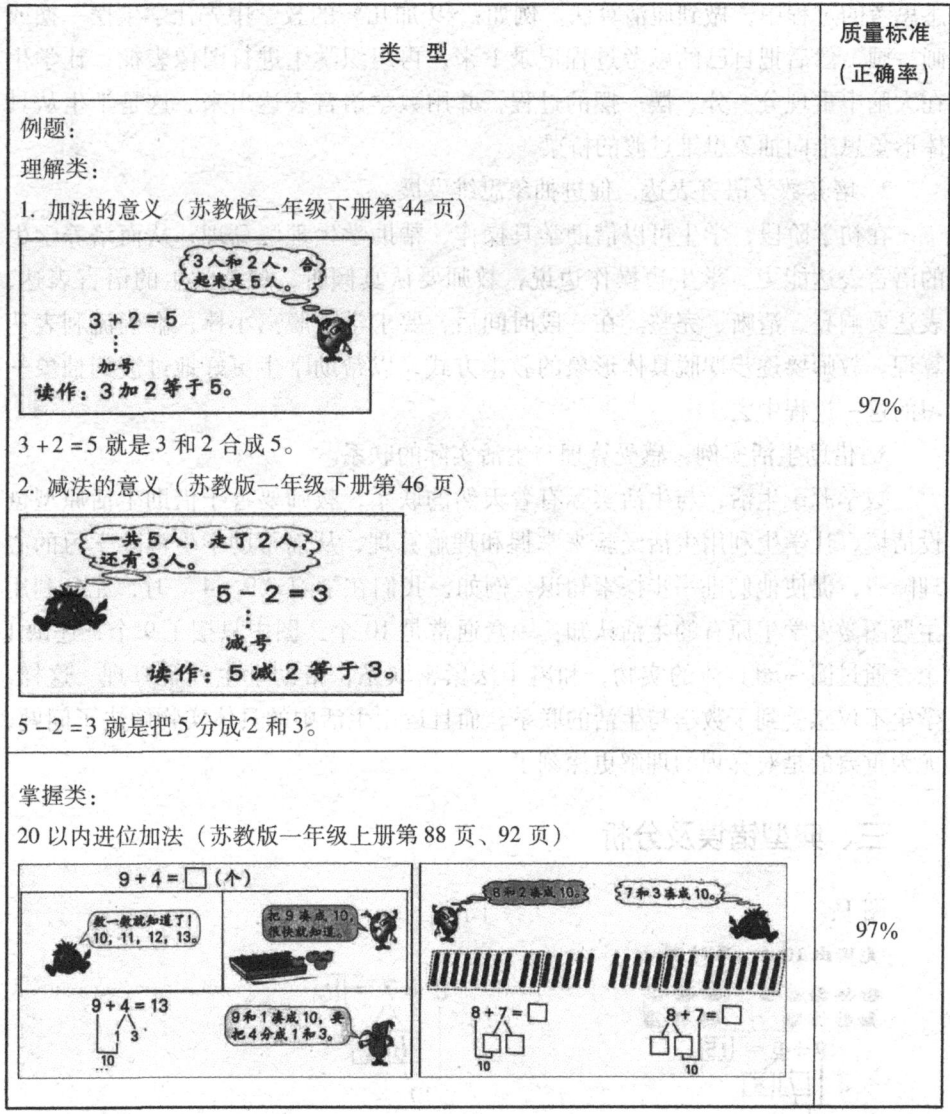 3 + 2 = 5 就是 3 和 2 合成 5。 2. 减法的意义（苏教版一年级下册第46页） 5 - 2 = 3 就是把 5 分成 2 和 3。	97%
掌握类： 20 以内进位加法（苏教版一年级上册第88页、92页）	97%

二、教学策略

1. 加强动手操作，重视算法过程理解内化。

学生理解算理的过程需要经历动作表征—图像表征—符号表征的基本思维过程。教师可以设计摆一摆、画一画、圈一圈、说一说等多种形式的活动，充分展现计算过程。在充分理解算理的基础上，要特别关注学生计算过程和计算方法中"想"的活动，强调让学生口述思考过程，从而让学生在厘清思路、熟悉思考的过程中，做到厘清算法。例如：《9加几》的教学中先让学生摆一摆或画一画，然后把自己的思考过程记录下来，再组织学生进行图像表征，让学生在大脑中重现分一分、摆一摆的过程，并用数学语言表达出来。这是学生从具体形象思维向抽象思维过渡的桥梁。

2. 培养数学语言表达，促进抽象思维发展。

在初学阶段，学生可以借助学具操作，帮助学生理解算理，从而培养学生的语言表达能力。学生边操作边说，教师要认真倾听，规范学生的语言表达，表达要响亮、清晰、完整。在一段时间后，要求学生脱离小棒，准确流利表达算理。教师要逐步摆脱具体形象的教学方式，以帮助学生更好地过渡到抽象学习的这一过程中去。

3. 借助生活实例，感受算理与生活实际的联系。

数学源于生活，与生活实际有着天然的联系，教师要善于借助生活原型创设情境，让学生利用生活经验来掌握和理解算理，从而帮助学生消除学习的心理障碍，促使他们进一步探索知识。例如，我们在学习"9+4"时，充分利用主题图激发学生原有的生活认知：一盒通常是10个，图中只摆了9个，还缺1个，通过圈一圈具体的实物，和凑十法紧密联系，帮助学生理解算理。这样，学生不仅感受到了数学与生活的联系，而且运用生活中的具体实物解决了问题，尤为重要的是对算理的理解更深刻了。

三、典型错误及分析

图1： 图2：

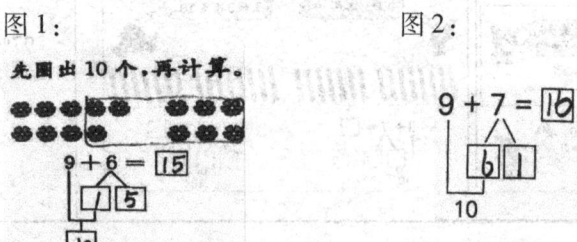

【错因分析】(1) 图1，圈10个的方法与算式中的分与合不匹配；(2) 图2，虽然知道要把7分成6和1，但位置写错了。

【控错方法】(1) 新授时一定要让学生用小棒摆一摆、说一说，这样才能理解并内化凑十法。(2) 在理解计算过程的时候一定要将图像与算式进行勾连，如图1的画法应该将哪个数字去分，和谁去凑。图和算式要对应起来，让学生真正理解凑十法的内涵。(3) 读懂题目中的数学符号意思，看着图，边用手指边说，把图和算式结合起来再说一说。

四、经典案例及评析

【教学实录】
课题：9加几
师：(出示情境图) 猴妈妈给小猴出了一个难题，算一算一共有多少个苹果。可是，小猴算了好长时间都没算出来，小朋友们愿意帮助他们吗？
师：要求盒里盒外一共有多少个苹果，怎样列式？
生：9+4＝(教师板书)
师：9个红苹果加4个青苹果，请同学们想想怎样移动就能很快知道苹果的总数。同桌讨论，可以摆小棒或者是画圆圈图，和同桌说说你的方法，再把你的想法记录下来。
指名到黑板上边说边移动苹果图片。
生1：我是用数苹果的方法，数一数就知道了。
师：谁还有不同的方法？
生2：从外面的4个青苹果中拿1个放到盒子里正好就是10个，10个再加上剩下的3个，就是13个。
师：说得非常好，其实这就是凑十法，谁听懂了，可以再说一遍？
老师请一个学生把这道题的计算过程和想的方法完整地说一遍。
学生边说，老师边在式子上完成板书。

【评析】本节课，学生通过看一看、摆一摆、说一说等自主学习的过程来探究新知，逐步形成了解决问题的一些基本策略。导入新课时，教师创设了学生喜欢的小猴子数苹果的情境，激发学生的学习兴趣。新授时，教师鼓励学生畅所欲言，说出多种算法，学生体验到了解决问题策略的多样性。适当突出和提倡用凑十法来计算，有利于学生对算理的理解，提高计算能力。

计算结果合理性的判断

一、类型与标准

类 型	质量标准 （正确率）
式题类： 9 + 3 = 12　　　　　6 + 6 = 12 9 + 5 = ☐　　　　　5 + 6 = ☐ 9 + 2 = ☐　　　　　7 + 6 = ☐ 实际运用： 　　　⎧ 8 + 3 = ☐ 4 + 7 ⎨ ☐ + ☐ = ☐ 　　　⎩ ☐ + ☐ = ☐	96%

二、教学策略

1. 依托教材，充分理解内化。

书上比较明显的估算练习内容有比高矮、比长短，计算部分有根据数据特点进行比大小，书上大致有以下类型：（1）9 + 5 ○ 7 + 5，一个加数相同，看另外一个加数大小，加数越大，得数越大。（2）2 + 9 ○ 3 + 8，左边加数多1，右边加数少1，得数不变。（3）12 - 3 ○ 12 - 6，被减数不变，减数越大，得数越小；减数越小，得数越大。（4）14 - 6 ○ 11 - 6，减数不变，被减数越大，得数越大；被减数越小，得数越小。教师要能够创造性地使用教材，在教材的基础上，根据学生的情况再增加一些估算的题组练习，让学生充分感受有些题是不需要精确计算结果的，通过观察对比也能得出结果。

2. 培养数感，提高估算能力。

通过丰富表象培养学生数感，例如，在教学《认识11～20各数》时，让学生估一估草莓和雨伞大约有多少；配套的《补充习题》中也有"估一估大约有多少个"的题目；还可以在学具盒里放一些黄豆、小棒、花片等，同桌比一比谁一把抓得更接近10，学生自己去感受体会10个大约有多少，两个10大约是多少，从而形成较强的数感，提高学生估算能力的发展。

三、典型错误及分析

1. 想一想，填一填。

$4+\boxed{1}=\boxed{5}+\boxed{1}$　　　　$6+\boxed{1}=7+\boxed{3}$　　　　$8+\boxed{4}=9+\boxed{6}$

【错因分析】学生看不懂连等式，感觉无从下手。

【控错方法】（1）讲解连等式，连等式表示等号连接的这两个算式的得数相等；（2）指导做题方法：a. 可以举例尝试填写，4加几，可以先随便填写一个数，如填4加10，那填5加几呢？想一想，4加10等于14，思考5加几等于14呢？b. 还可以观察数据特点来填写。方法一：4加几等于5加几，前面算式有4，后面算式有5，正好可以填4加5等于5加4，交换加数位置，和不变。方法二：4加几等于5加几，比较第一个加数，4比5小1，要想得数相等，第二个加数必须要比前面算式小1，即4加7等于5加6，4加8等于5加7，4加9等于5加8，等等。

2. 找规律，写算式。

(1) 8+3=11　7+4=$\boxed{11}$　$\boxed{7}$+$\boxed{3}$=$\boxed{5}$、

(2) 7+5=$\boxed{11}$　7+6=$\boxed{12}$　$\boxed{10}$+$\boxed{6}$=$\boxed{16}$、

(3) 9+6=$\boxed{15}$　8+6=$\boxed{14}$　7+$\boxed{6}$=$\boxed{13}$、

(4) 4+7=$\boxed{11}$　4+8=$\boxed{12}$　$\boxed{5}$+$\boxed{7}$=$\boxed{12}$、

【错因分析】这道题错误率很高，学生不会找规律，感觉无从下手，没有厘清是横看，还是竖看。

【控错方法】（1）引导学生分析本题是横看还是竖看。（2）指导找规律的方法：①先把算式得数写出来；②观察算式中数的特点，先看每一道算式第一个加数的特点，再看每一道算式第二个加数的特点，最后看每一道算式和的特点；③找到规律，写出最后一道算式；④根据规律检查填写是否正确。

四、经典案例及评析

【教学实录】
习题讲解
找规律填写算式

8 + 3 = 11　　　　　7 + 4 = ☐　　　　　☐ + ☐ = ☐

师：先填好7 + 4等于几。

师：自己先读一读这两道算式。

师：观察两道算式中第一个加数有什么变化规律？

生：一个比另一个小1。

师：很有眼力，我们找好了第一个加数的规律，接下来我们该找谁的规律了？

生：第二个加数。

师：（竖大拇指）第二个加数有什么规律？谁发现了？

生：第二个加数每次大1。

师：和有什么规律？

生：得数都是11。

师追问：为什么得数都是11？

生沉默一会儿。

生：因为第一个加数每次大1，第二个加数每次小1，就是从第一个加数里拿出一个给第二个加数，所以得数不变。

师：很会分析。现在我们按规律把第三个算式填写好。

师：写好之后，别忘记再根据我们刚刚发现的规律检查一下。

师指导学生如何检查。

师：刚刚我们就是在找规律，现在回忆一下，我们刚才是怎么找规律的？同桌互说。

全班交流。

生：先把算式得数填写好，然后找第一个加数有什么变化规律，再找第二个加数有什么变化，接着再看得数的规律，找到规律之后，把算式补充完整，最后还要检查。

师：很善于总结，你听明白了吗？谁再来说一说。

生：（略）

【评析】 教师引导学生找完第一个加数的规律之后，问学生接下来该找谁的规律了，让学生变被动思考为主动思考。找完规律之后，教师并没有结束这一内容，而是追问学生"刚刚我们是怎么找规律的"，让学生总结找规律的方法，达到"授之以渔"的目的。掌握方法之后再进行相关的巩固练习，达到理解内化。相信学生今后遇到此类题目时不会再像无头苍蝇一样了，而是会有自己的思考。

选择灵活方法解决实际问题

一、类型与标准

类 型	质量标准（正确率）
1. 第一个盘子里有 3 个苹果，第二个盘子里有 5 个苹果，第三个盘子里有 4 个苹果。小明端走两盘苹果，他最多拿走几个？ 方法一：最多的两个盘子相加。5 + 4 = 9 方法二：用一共的减去最少的。3 + 5 + 4 = 12　12 − 3 = 9 2. 有 12 人排一队做操，从前往后数，小明排第 3 个，从后往前数，小红排第 3 个。小明和小红之间有多少人？ 这道题用画图方法最容易理解。 　前　小明　　　　6人　　　小红　后 　○　○　○　○　○　○　○　○　○　○　○　○	85%

二、教学策略

1. 渗透多种解决问题的策略。

一年级解决问题除了使用列算式方法外，还比较常用画图法，偶尔也会用到列举法和假设法。教师在课堂上可以有意识地教学生一些解决问题的方法，如："6 个女生排成一队做操，每两个女生中间插进一个男生，一共能插进多少个男生？"这道题可以指导学生如何用画图法解决问题；又如："两个数的差是 12，当被减数不变，减数增加 10 时，差是多少？"如果这道题单纯和学生讲"被减数不变时，减数增加 10，那么差就减少 10"时，学生难以理解，所以教师应指导学生用假设法来解决这道题，这样学生就比较容易理解了。

2. 明晰解决问题的一般步骤。

一年级学生遇到的实际问题都比较具象和简单，主要渗透一般的数量关系并明晰解决问题的一般步骤：一读，二圈，三算，四查。也就是解决实际问题首先要读懂题目，指导学生尝试通过圈、画等活动找出关键词，帮助理解题意，接下来要思考：需要精确计算还是估算？如果是估算，要思考是估大还是估小；需要列算式吗？画图或列表可以吗？找到方法后，再开始解题，还需要初步形成自觉检查的意识。

三、典型错误及分析

（苏教版一年级上册第 106 页）

【错因分析】没有认真分析题目，想当然地认为结果就是 $8+5=13$。

【控错方法】仔细读题，明确数（shǔ）的方向，读出第 5 只、第 8 只都是指同一只小鹿。用画图方法帮助分析，然后解决问题，学生更容易答对。

四、经典案例及评析

【教学实录】

习题讲解

从前往后数，第 5 只是小鹿；从后往前数，第 8 只是小鹿。一共有多少只小动物？

师：自己大声读两遍。

师：一起读一遍。

师：你读懂了吗？谁来到黑板前看着图边指边说。

生：（略）

师：你会做吗？

生1：一共有 13 只。

生2：有12只。

师：有人说是13只，有人说是12只，到底有多少只呢？你能在本子上画画图吗？

学生画图，教师巡视。

师：画好的同学可以和同桌讲讲你的想法。

出示

图一　○○○○△○○○○○○

图二　○○○○○○○○○｜○○○
　　　　８　７　６　５　４　｜３　２　１

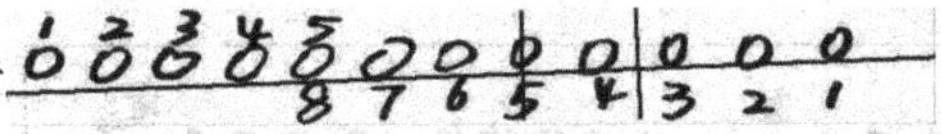

图三　｜２３４５｜｜｜｜｜｜｜｜

师：图一、图二、图三哪个是正确的？和同桌讨论。

师：谁愿意到前面来当小老师说一下你的理由？

生：图三是错的，从前往后数第5只是小鹿，从后往前数时，这只小鹿排在第8，现在它排在第9了，所以是错的。后面多画了1只。

师：你听懂了吗？（把图三拿掉）图一、图二你看懂了吗？谁来说说？……

师：想想我们是用什么方法解决这道题的？

生：用画图方法解决的。

【评析】讲解这道题时，教师突破了难点，放手让学生探索，再组织学生进行思辨，不但培养了学生的表达能力，还有利于学生分析理解题目，从而明确问题并找到解决的方法。对于一年级的学生而言，面对图文结合的题目很难结合起来思考，所以教师在指导学生读题时，应让学生边指图边说题目，这样更有利于学生理解题意。读完题目之后，教师让学生用画图方法来分析题目，指导学生做此类题目的方法，并且在最后让学生总结做这类题目的方法，从而达到做一题通一类的目的。

一年级下册　小学数学学科关键能力校本化

实施手册

口　算

一、类型与标准

类　型	质量标准		
	时段	速度	正确率
例题： 1. 20 以内退位减 $13 - 9 = 4$ 2. 整十数加、减整十数 $40 + 30 = 70 \qquad 70 - 30 = 40$ 3. 两位数加、减一位数（不进位、不退位） $45 + 30 = \qquad 45 + 3 =$ $45 - 30 = \qquad 45 - 3 =$ 4. 两位数加一位数（进位） $24 + 6 = \qquad 24 + 9 =$ 5. 两位数减一位数（退位） $30 - 8 = \qquad 34 - 8 =$	初学 期末	7 题/分 12 题/分	95% 97%
综合： 1. $13 - 9 + 5 = \qquad 8 + 7 - 9 = \qquad 8 + 7 - 8 = \qquad 19 - 9 + 9 =$ 2. $4 + 3 = \qquad 90 + 10 = \qquad 100 - 20 =$ $30 + 4 = \qquad 4 + 30 = \qquad 34 - 30 = \qquad 34 - 4 =$ 3. $60 + 20 + 7 = 67 + 20 \qquad 1 + 5 + 40 = 1 + 45$ $60 - 30 + 8 = 68 - 30 \qquad 9 - 6 + 70 = 79 - 6$ 4. $44 + 6 + 9 = \qquad 54 + 9 + 9 =$ $40 - 4 - 7 = \qquad 45 - 6 - 7 =$	期末	10 题/分	97%

续 表

类 型	质量标准		
	时段	速度	正确率
拓展： 1. 找规律 10－9、11－9、12－9、13－9、14－9、15－9 16－9、17－9、18－9、19－9 2. 2＋3＋40＝　　　　　47－20－5＝ 3. 24＋2○20＋24　　48－40○48－4　　3＋25○35－3 4. 40－7＋6＝　　　　40－7＋9＝ 　35＋7－7＝　　　　　27－9＋9＝	期末	10题/分	97%

二、教学策略

1. 分时段有序有效安排练习。

本学期口算任务较重，鉴于此，本学期要合理安排口算练习内容，达到减负增效的目的。

第一、二、三单元重点练习20以内的退位减，同时中间穿插一些20以内的进位加法练习。

第四单元重点练习整十数加减整十数，两位数加整十数、一位数，两位数减整十数、一位数。在练习整十数加减整十数时，中间多加一些20以内的进退位加减法练习。在学习了两位数加减一位数口算内容之后，前面学习的整十数加减整十数的练习内容要减少一些，不过要保证20以内的进退位加减法练习的量，为后面学好100以内的进位加退位减做铺垫。第四单元的口算练习内容当中要增加一些估算练习，为学好后面的内容打基础。

第五单元重点练习100以内的两位数加减整十数、一位数的加减法和20以内的进退位加减法，再增加一些估算练习内容。

第六单元重点练习两位数加一位数的进位加法、两位数减一位数的退位减法，以及相应的估算练习。估算是为了提高进退位口算的速度和正确率。

2. 以激励为主，提升学生口算速度。

学生在练习口算的同时，教师的奖励机制要及时跟进，制定学生口算达标的能级标准：一级"口算过关"，每分钟做对12题；二级"口算小能手"，每分钟做对14题；三级"口算标兵"，每分钟做对16题；四级"口算大王"，每分钟做对18题。学生可以自主申报能级考核，每过一关颁发相应的证书。允许多次考核直到过关为止，过关的学生可以作为小考官协助教师做好考核工作。定期举行颁奖仪式，以此激励学生不断追求更高能级。

3. 整理错题，进行针对性练习。

教师在课堂教学巡视、批改作业过程中要做有心人，及时收集整理错题，分析错误原因，设计针对性练习，让学生加强练习直到掌握。比如，教学中发现学生口算较小数加较大数时的错误率比较大数加较小数明显要高，涉及进位加、退位减的题目错误也明显较高。随着计算难度和复杂性的不断提升，错误也明显增加。针对这些容易错的类型，教师要及时纠正并加强练习，这样会达到事半功倍的效果。

三、典型错误及分析

1. $40 - 4 = 44$

【错因分析】（1）看错运算符号；（2）整十数加一位数明显比两位数减一位数的退位减法简单得多，学生下意识选择简单的题。

【控错方法】（1）培养学生认真看题的习惯，多做一些有加减混合的题组练习，让学生自己注意到要看清运算符号；（2）教学退位减时，多让学生练习估算，估算可以提高学生的计算速度和正确率。

2. $45 - 6 + 6 = 46$

【错因分析】不够关注数据与运算符号，也就是没有敏锐的观察能力。

【控错方法】指导学生不要按照固有的方法从前往后算，可以灵活运算，减6和加6可以抵消，结果还是45。通过列举生活实例的方式，让学生理解加一个数后再减相同的数，结果是不变的。比如，原来有10个苹果，吃了3个，又买回来3个，现在的苹果数和原来的一样多。

四、经典案例及评析

【教学实录】

课题：两位数加一位数的进位加法

师：（出示口算题）

$2 + 8 =$ $5 + 6 =$

$30 + 10 =$ $20 + 15 =$

$7 + 4 + 40 =$ $9 + 3 + 40 =$

25 + 4 =　　　　　　　25 + 40 =

指名口答，请学生说说最后两题 25 + 4 和 25 + 40 的思考过程。

生：25 + 4，先算 5 + 4 = 9，再算 9 + 20 = 29。

25 + 40，先算 20 + 40 = 60，再算 60 + 5 = 65。

（出示情景图）师：小明、小亮和小红都爱收集画片。今天，他们聚在一起欣赏各自的画片。从中，你发现了哪些数学信息？

生：小明有 9 张画片，小亮有 24 张，小红有 6 张。

师：你能根据这些信息提一些加法问题吗？

生：(1) 小明和小亮共有多少张画片？

(2) 小明和小红共有多少张画片？

(3) 小亮和小红共有多少张画片？

(4) 三人共有多少张画片？

师：你能解决这些问题吗？

生：9 + 6　　　24 + 9　　　24 + 6　　　9 + 24 + 6

师：这些算式中，我们已经学过的有哪些？没学过的有哪些？

生：9 + 6 已经学过，能快速口算。其他三道都没学过。

师指出：9 + 6 已经学过，9 + 24 + 6 留待以后研究。今天我们要一起探索 24 + 6 与 24 + 9 的口算方法。

师：今天的 24 + 6、24 + 9 与我们之前学的两位数加一位数（类似 24 + 4）有什么区别？

生：今天学的个位相加满 10 要进位，以前学的不要进位。

师：今天我们就来一起探索两位数加一位数的进位加法。（板书）

【评析】复习中出现的口算题由简到难，一来可以帮助学生复习以前学习的计算；二来将学生思维自然地引导到今天要学习的两位数加一位数进位加法，开阔学生思路。接着，选择条件提出问题，自然而然地得出需要解决的计算 24 + 6 和 24 + 9，培养了学生提问题的能力，突出本课的知识点。让学生理解进位加法和不进位加法在计算上的相同和不同之处，另外可以初步感知当个位上的数满 10 后，我们就要向它的前一位进 1，感受算理。

笔 算

一、类型与标准

类 型	质量标准	
	速度	正确率
例题： 1. 100 以内两位数加、减两位数（不进位、不退位） 45 + 31 = 67 − 34 =	4题/分	99%
2. 100 以内两位数加、减两位数（进退位加减法） 34 + 16 = 65 + 28 = 50 − 26 = 43 − 27 =	3题/分	96%
综合： 62 + 33 = 44 + 30 = 65 + 24 = 5 + 42 = 39 − 12 = 95 − 50 = 58 − 28 = 78 − 6 =		96%
拓展： 　　5□　　　　6□　　　　8□ 　+□6　　　 −□2　　　 −□6 　――――　　――――　　―――― 　　9　　　　　1　5　　　　4　5		85%

二、教学策略

1. 借助学具操作，掌握笔算方法。

以下是小学阶段第一次学习笔算，从形式到内容都是全新的，对于学生来说，竖式计算有一定难度，为了让学生更好地理解并正确计算，让学生通过学具操作沟通小棒、计数器与竖式之间的联系，逐步抽象出竖式。为了加深学生对知识的理解，形成知识系统，构建新的知识结构，教学中，我们可以采用实际操作、建立表象去启发学生，让学生通过实际操作明确算法，突破难点。

2. 加强题组练习和专项练习。

认知心理学研究认为：促使一般操作技能的掌握和智力操作技能的形成，所需的条件是不一样的。一般操作技能的掌握只要反复机械重复练习就可以，而计算这样的心智操作技能就必须开展积极的、以灵活的思维活动为主的练习，才能逐步形成。因此，为了促进学生熟练掌握计算技能，加强练习是十分必要的，练习时要注意科学性、实效性。我们可以对学生的易错题进行有针对性的题组练习，对重难点做一些专项练习。

3. 熟练掌握笔算方法，提高正确率。

笔算法则在整个加减法运算中起着举足轻重的作用，本学期的笔算法则是"相同数位对齐，从个位算起，加法要满十向前一位进1，减法不够减要向前一位退一当十"。它是基础中的基础，后面学习的多位数加减法都是以此为基础的。这句话学生要牢记在心。初学笔算时，要求学生边做边在心里默默说笔算过程，如 $45+26$，学生边做边说："45 加 26，相同数位对齐，先算个位，5 加 6 等于 11，写 1 进 1，再算十位，4 加 2 再加个位进上来的 1 等于 7，最后等于 71，横式得数不要忘记写。"熟练之后，可以不做要求。

三、典型错误及分析

1. $23+6=83$

$$\begin{array}{r} 2\ 3 \\ +\ \ 6 \\ \hline 8\ 3 \end{array}$$

【错因分析】相同数位没对齐，这说明学生在学习中根本没有理解计算法则，只是死记硬背。

【控错方法】（1）从课堂着手，抓基础，明算法；（2）学会用口算、估算等方法进行检验。

2. $48+7=45$ $89-82=7$

$$\begin{array}{r} 4\ 8 \\ +\ \ 7 \\ \hline 4\ 5 \end{array} \qquad \begin{array}{r} 8\ 9 \\ -8\ 2 \\ \hline 0\ 7 \end{array}$$

【错因分析】计算法则理解不清，左图十位没有加个位进上来的 1，右图十位相减得 0，但不能写在最高位。

【控错方法】（1）明确算理算法，知道竖式中每个数所在位置的意义，强调进位加法十位不要忘记加个位进上来的1；（2）养成自觉检查的习惯；（3）教师在教学过程中要有资源意识，在新授中讲解清楚。

四、经典案例及评析

【教学片段】
课题：两位数加两位数（进位）
一、自主探索
（一）例题教学
师：（出示场景图）从图中，你得到了哪些数学信息？
生：男生有34枚邮票，女生有16枚邮票。
师：你能根据这些数学信息提出一个加法问题吗？
生：可以求出两人一共有多少枚邮票。
师：要求两人一共有多少枚，你是怎么想的？
生：我是这样想的，只要把男生和女生的邮票数合起来就可以了。
师：谁会列式？（34 + 16 =）这里的34指的是男生的邮票数，16指的是女生的邮票数，男生邮票数□女生邮票数＝两人邮票总数。
师：34 + 16怎样计算呢？别着急，先听听活动要求。
试一试：用小棒摆一摆或用计数器拨一拨，体会34 + 16的计算过程。
说一说：将你的计算过程轻声说给同桌听。
师：清楚要求了吗？开始！
  1. 汇报交流
（1）摆小棒
师：有同学是这样通过小棒摆一摆的，我们看——
视频：先摆3个10和4个1，也就是34，再摆1个10和6个1。右边4个1和6个1合起来是10个1，也就是1个10。这样左边就是3个10加1个10，再加个位进上来的1个10，是5个10。34 + 16 = 50。
师：你看懂这位同学的摆法了吗？（两位同学说）
师：通过摆小棒，我们发现个位4个1和6个1合起来是10个1，也就是1个10。十位3个10加1个10，再加上个位进过来的1个10得5个10。（在黑板上操作）
（2）计数器
师：还有同学在计数器上拨一拨——

视频：34，加16。10个1就是1个10，所以等于50。

师：看明白了吗？他是怎样拨珠的？（生说，师操作）

师：个位上满10，这位小朋友是怎样做的？

生：他直接用十位上的一颗珠来代替。

师：是的呀，10个1就是1个10，个位相加满10，我们可以向十位进1。

总结：其实无论用小棒摆一摆，还是用计数器拨一拨，我们发现个位相加满10就可以向十位进1。

(3) 竖式

师：根据刚才的操作过程，你能不能边写边想，用竖式记录计算34+16的过程？（学生尝试，教师板书不完整竖式）

师：（出示一对一错资源）哪个是对的？为什么得数是50？

生：前面我们通过摆小棒和计数器知道得数是50。

师：你真会学习，能想到之前的操作经验。谁能结合小棒操作和拨珠过程，具体说说34+16是怎样算的吗？同桌相互说一说

生：先算个位，4+6=10，写0进1。再算十位，十位上3+1再加进上来的1等于5，得数是50。（生说，师板书）

师：现在为了不忘记进位，可以在十位上写小1做个标记提醒自己。

（二）试一试

师：笔算时碰到个位相加满10的情况，会解决了吗？我们可以向十位进1。（板书）你能应用法则来正确计算吗？想一想，怎样可以不忘记个位上进上来的1呢？请小朋友自己试一试笔算65+28。（生尝试）

师：谁来说说自己是怎样计算的？

生：先算个位5+8=13，再算十位6+2=8，再加上进上来的1，等于9，所以得数是93。

师：他算得对吗？十位上是6加2得8，为什么还要再加1呢？

生：这个1是从个位进上来的，所以要加上。

【评析】通过精心营造的探究学习，让学生独立思考计算方法，自主发现竖式计算的方法，再相互交流计算方法，学生真正成了学习的主人。教学活动中，学生经历探索两位数加两位数进位加法计算方法的过程，理解并掌握进位加法中"满十进一"的方法，领悟从个位加起的必要性和合理性，并能正确笔算两位数加两位数的进位加法。在解决问题的过程中，学生能够体验数学与生活的密切联系，进一步提高解决问题的策略，增强应用数学的意识。

算理的理解

一、类型与标准

类　型	质量标准（正确率）
例题： 理解类： 20 以内退位减（苏教版一年级下册第 1 页） 例 1　13 − 9 = □（个） 例 2（苏教版一年级下册第 5 页） 15 − 8 = □（把）	96%
掌握类： 1. 整十数加减法 40 + 30 = 70　　　　70 − 40 = 30 几个十加几个十等于几个十；几个十减几个十等于几个十。 2. 两位数加减整十数、两位数加一位数（不进位）（参见苏教版小学数学教科书一年级下册第 44、50 页） 3. 两位数减一位数（退位、不退位） 4. 两位数加一位数（进位）（参见苏教版一年级下册第 74 页） 24 + 6 =　　算理通过小棒图理解。 5. 两位数加两位数竖式计算（不进位、进位加） (参见苏教版小学数学教科书一年级下册第 57、84 页) 两位数减两位数（不退位、退位减） (参见苏教版小学数学教科书一年级下册第 57、88 页)	96%

二、教学策略

1. 边操作边表达，帮助学生理解算理。

　　一年级的学生理解能力较弱，抽象思维能力也较弱。因此，在一年级的数学教学中,教师应尽可能充分利用直观教具进行教学,以适应一年级学生的年龄特征。同时,在操作教具时,教师要培养学生操作的习惯,要边操作边说,表达要有序连贯,学生要知道为什么这样操作。例如,学生在学习《十几减9》的教学过程中,为了更好地理解算理,在教学中通过借助小棒,摆一摆,说一说,探索算理。在这一教学中,学生不仅知道算式的结果,还在动手操作的过程中理解了算理。

2. 同桌合作说算理,人人参与共提升。

算理的理解很重要,课堂时间不允许我们让每一位学生都说一遍或几遍,同桌互说就很好地解决了这个问题。同桌互说不但能够培养说的能力,还能够锻炼听的能力,同时能够让同桌两人取长补短。如要求同桌互说算理时,教师要明确合作要求,一人说,另一人听,再进行评价或纠错,然后换另一人说,刚才说的那人听,再评价。同桌合作之后,教师必须要对刚才的合作情况及时进行点评,也可以让学生对同桌刚才说的情况进行点评,这样,合作才能达到目的。

三、典型错误及分析

圈一圈,填一填。

14 − 9 = ☐

先算:14 − 4 = 10

再算:10 − 5 = 5

【错因分析】学生从10里圈出9个,却先算14 − 4 = 10,圈的方法和计算方法不匹配,说明没有理解透彻算理。

【控错方法】加强算理的理解,边操作边说计算方法。

四、经典案例及评析

【教学实录】

课题:100以内的加减法整理与复习

师:小朋友,我们已经学了这么长时间的计算,这节课,你愿意和老师一起来整理一下吗?

师:计算中必不可少的元素是数,你能将这里面藏着的数找出来吗?(3、

9、40、42)

师：这么多数，我们可以组成好多好多的算式呢！你能从中选择两个数，用"+"或"-"将它们组成一道算式吗？（学生选择数报算式）

……

【评析】通过此环节的教学，利用加减法的意义帮助学生理解并合理应用算理提高计算的正确率。

师：这么多算式，我们将它们整理一下吧！你想怎么整理呢？

生1：按加法和减法整理。

师：所以我们可以将算式分为加法和减法。

（加法）	（减法）
3+9、3+40、3+42、9+40、9+42、40+42	42-3、42-9、42-40、40-3、40-9、9-3

师：算式整理出来了，请同桌合作计算，一人说得数，一人判断对错。

师：刚刚小朋友已经计算过这些算式了，请你说一说42+9、42-9，你是怎么想的？请你任选一道记录你的思考过程。

42+9　　①42+8+1　②42+10-1　③2+9+40

42-9　　①42-2-7　②42-10+1　③12-9+30

……

师：我们一起来将加法算式再次整理一下吧。你为什么这么分？

生：我是按加减法分好后，再按进位、退位、不进位、不退位来分的。

师：这样分能够帮助我们估计大概的得数，也能帮我们检查得数是否正确，让我们小朋友变得更聪明！

师：你能像刚才那样将减法重新整理一下吗？

生：我按那样分好了，这样别人一看就明白了。

加法		减法	
（不进位）	（进位）	（不退位）	（退位）
3+40 3+42 9+40 40+42	3+9、9+42	42-40、9-3	42-3、42-9、40-3、40-9

【评析】 这是一节复习课，教师通过复习帮助学生厘清加减法的算理，从而清晰加减法的计算方法，达到提高计算正确率和速度的目的。在练习中边回顾边提高。为了摆脱枯燥无味的状态，教学中，教师可以让学生回忆数的运算意义，再通过口算、笔算、估算等唤起数的运算的计算方法知识，使他们在计算过程中归纳计算方法，这样在练习中归纳，学生回顾运算的意义和计算方法，进一步理解加减法运算在现实生活中的应用。教师引导，有序梳理。为了帮助学生建立完整的知识结构，更好地总结，考虑到一年级小朋友的实际能力——梳理能力较弱，因而由教师引导，学生跟着整理，形成自身的知识体系，最后通过全班展示、交流，培养学生小组合作学习的能力。

计算结果合理性的判断

一、类型与标准

类　型	质量标准 （正确率）
式题类： 1. 在○里填">""<"或"="。 　48－3○48－30　　　57－6○47－6　　　9＋70○7＋90 　59－30○69－40　　　75－3○75＋3　　　40＋54○54＋40 2. 把正确的得数圈出来。 　35－8（27，37）　　56＋40（96，60）　　65－6（59，50） 3. 哪几题的得数小于30？在前面的□里画"√"。 　□54－18　　　　□50－29　　　　□62－37 4. 哪几题的得数比50大？在前面的□里画"√"。 　□18＋31　　　　□45－24 　□18＋34　　　　□45－29	95%

二、教学策略

1. 创设有效情境，激发学生判断的主动性。

教师要重点培养学生自觉判断结果合理性的能力，为了使学生积极主动地判断结果是否合理，教师可以在教学中创设出有效情境，在具体的情境中，让学生产生判断的内在需要和认可。例如，创设情境计算爷爷的年龄，算出来爷爷是37岁，学生可以根据生活常识判断爷爷的年龄不可能是37岁。

2. 指导判断方法，培养学生判断的良好习惯。

指导判断的方法：看清符号、看清尾数、看清进退位，等等。估算、验算等方法也是学生对计算结果合理性判断的一种方式。对一年级学生来说，他们对这些判断的方法还有些陌生，需要教师加以耐心指导。在解决问题时，要求把答案放进习题中重新思考、自我修正判断。计算时还要注意验算，平时教学中还可以根据数据特点来判断。如：计算 37＋5，有学生会等于 87，根据估算判断不可能是 80 多，分析错误原因是位数对错了。再如，34－17，得数一定是十几，因为这是退位减，如果二十几，就一定是错误的。

三、典型错误及分析

1. 把正确的得数圈出来。

28＋5（23，33）　　　　56＋40（96，60）

3＋29（32，59）　　　　74＋8（92，82）

> 把正确的得数圈出来
> 28＋5（23，㉝），56＋40（㊉60）
> 3＋29（32，㊾），74＋8（㊡82）

【错因分析】（1）3＋29，数位对错；（2）74＋8，个位满十向十位进 1，这位学生进 2 了；（3）学生估算掌握不熟练。

【控错方法】（1）讲解估算方法，加法主要看个位是否满十，是否需要进 1。如果没有满十，只要十位上的数相加即可；满十就要进 1，十位相加之后，需再加进位的 1。（2）两位数加一位数的算式要注意相同数位对齐。（3）做题要细心，养成检查的习惯。

2. 如果 74－□6 的差是 40 多，□里的数是几？

2	3	4
	√	

【错因分析】判断方框里是几，要考虑的因素比较多，学生的思维比较单一。若是判断一个算式的得数是几十多，学生会很容易得出结果。

【控错方法】指导学生做这种题目的方法：先判断 74 减几十六等于 40 多，是退位减还是不退位减，确定是退位减后，再思考退位减说明个位不够减，那么被减数的十位要少 1，变成 6，想 6 减几等于 4，答案是 2，最后再把答案代进去检验。也可以把每一个答案都代进去计算一下，从而得出正确答案。

四、经典案例及评析

【教学实录】

> 哪几题的得数小于30？在前面的 ☐ 里画"√"。
>
> ☐ 54-18   ☑ 50-29   ☐ 62-37   ☐ 45-17

师：同桌讨论这道题做对了吗？如果有问题，那么错在哪儿？
（出示资源）

学生讨论。

汇报交流。

生：这道题没有完全做对，第三题和第四题的得数也小于30。

师：观察得很仔细，你们也都看出来了吗？

师：你们是用什么方法知道后面三题的得数都是小于30的？

生：算出得数。

师：可以算出精确得数，还可以用什么方法？

生：可以用估算方法。

师：谁来说说你是怎么估算的？

生：50-29，这是一道退位减法，十位上是4减2等于2，那么是20多。

生：62-37，这也是一道退位减法，十位上是5减3等于2，那么是20多。

师：同桌互说45-17的估算方法。

师：你们认为这道题是用估算方法好，还是精确算法好？为什么？同桌讨论。

全班交流。

生：估算方法好，又快又对，精确算法没有估算快，而且容易算错。

师：看黑板上这张练习纸，以后做这类题目时，你有什么友情提醒吗？或者做这类题目有什么方法吗？同桌交流。

全班交流。

生：每一道题都要看看得数是不是小于20。

生：这道题可以用估算方法做，这样既可以提高做题速度，还可以提高正确率。

师：同学们总结得非常好，既说出了做这类题的方法，而且从别人的错误中总结了经验，每一个选项都要进行判断。

【评析】本节课，学生的学习效果非常好，实现了课堂教学的高效性。数学教学不仅仅是数学知识的传授，而且要让学生在学习数学过程中获得解决问题的方法，方法领悟了，以后遇到类似的问题就都会迎刃而解。因此，教师在讲完这道题目时，应让学生总结以后遇到类似的题目时该怎么做，意在让学生养成总结的习惯，达到做一题通一类的目的。

选择灵活方法解决实际问题

一、类型与标准

类型	质量标准（正确率）
1. 一本书共 68 页，佳佳每天看 35 页，两天能看完吗？ 方法一：35 + 35 = 70（页）　　70 > 68 方法二：68 − 35 = 33（页）　　35 > 33　　能 ☑　不能 ☐ 这道题可以用两种方法解决。 2. 芳芳和婷婷都想买一个玩具熊。芳芳单独买时，缺 15 元，婷婷单独买时，缺 20 元，她们的钱合起来正好够买。买这个玩具熊需要（　　）元。 这道题用画图法学生比较容易理解。 3. 小明买一块 1 元 2 角的橡皮可以怎样付钱？ 这道题用一一列举法比较好。	80%

二、教学策略

1. 关注方法，指导记录思维过程。

解决实际问题，先读题，再圈出已知数和关键词，然后思考数量关系式，接着列式写单位名称，最后检查。圈出已知数、关键词和思考数量关系式的目的是让学生分析题目中每一个已知数表示什么，找出题目中的三个量，再思考这三个量之间的关系。求够不够的题目列式一般分为三个步骤：一是列式，二是比大小，三是回答够还是不够。这样经历完整的思考过程，并表达清楚，体现一系列学生数学思考的表征。

2. 打破思维定式，鼓励方法多样化。

如：苹果比梨多 9 个，桃子比梨多 13 个。桃子比苹果多多少个？这一题学生用画图法很容易解决问题。又如：3 个小朋友比体重。甲比乙重得多，丙比甲轻一些，将这三个小朋友按体重由重到轻的顺序排列。这一题学生用画图法或者假设法更容易解决问题。

三、典型错误及分析

（苏教版一年级下册数学补充习题）

【错因分析】（1）信息丰富的实际问题中关注的条件多了，往往容易忽略计算。（2）题目中的条件一多，有的学生就不会思考，感觉很烦躁，没有耐心认真读题。

【控错方法】指导学生要静心多读题，再圈出已知数、关键词，然后分析题目。解题要按三个步骤：（1）算。多种方法或者最简单方法计算。（2）比。计算出的数与实际数据进行比较。（3）判断。根据比较情况判断是否合理。最后要检查得数是否正确，方法是否恰当。

四、经典案例及评析

【教学实录】
习题讲解

师出示：50人去划船，每条船坐8人，一起划船的话，一次需要准备几条船？你会做吗？试试看。

生1：50－8－8－8－8－8－8＝2（人）需要7条船

生2：

生3：$8+8+8+8+8+8+2=50$（人）

生4：50里面有5个10，每个10里有1个8，还多2，就有5个8，还多5个2，也是1个8多2，一共有6个8还多2人。因此，要7条船。

师：同学们都能够灵活解决问题，有的是用画图法，有的是用连加方法，有的是用连减方法，等等，而且同学们都能够记录自己的思考过程，并且进行了精彩发言，老师为你们点赞。

【评析】 教师小心呵护学生的创新意识，学生的智慧和潜能是很大的，因而对于学生别具一格的想法，尤其是貌似巧合的解法，不能凭主观经验随意否定，更不能压抑、扼杀学生的创造热情，而应充分发扬教学民主，给学生提供充分的自我表现的机会，虚心听取学生的意见，并做出积极的评价。教师尊重学生知识储备，积极鼓励学生多角度思考问题，多用"好、慢慢来、别着急、真有新意、了不起"等语言激励学生，让学生体验到成功的满足和喜悦，激发其进一步追求创新的兴趣。

二年级上册 小学数学学科关键能力校本化

实施手册

口 算

一、类型与标准

类　型	质量标准		
	时段	速度	正确率
例题： 表内乘法：$4 \times 2 = 8$ 算理：（　）个相同加数相加的和是多少。 表内除法： 乘加、乘减：$3 \times 4 + 1 = 13$ 表内除法：$6 \div 3 = 2$ 算理：6 里面有（　）个 3；把 6 平均分成 3 份，每份是（　）。 算理：28 里面有（　）个 7；把 28 平均分成 7 份，每份是（　）。 口诀求商：$28 \div 7 = 4$　　　　（　）七二十八 　　　　　　$28 \div 4 = 7$　　　　四（　）二十八	初学 期中 期末	13 题/分 13 题/分 15 题/分	96% 97% 98%
综合： $4 \times 4 = 16$　　$2 + 2 + 2 = 2 \times 3 = 6$　　$8 \div 2 = 4$ 算理：8 连续减 2； 表示：8 里面有（　）个 2；把 8 平均分成 2 份，每份是（　）。 乘加改乘减 $3 \times 4 + 1 = 3 \times 5 - 2 = 13$ 题组练习： 　　　　$42 - 7 =$　　　　$2 \times 4 \times 7 =$ 　　　　$42 \div 7 =$　　　　$36 \div 9 \div 4 =$	初学 期中 期末	13 题/分 13 题/分 15 题/分	95% 97% 97%

续表

类 型	质量标准		
拓展： $4 \times 4 - 3 = ( ) \times ( ) + ( )$ $6 \times 8 - 8 = ( ) \times ( )$ 6个7比5个7多（ ） $1 + 2 + 3 + 4 + 5 = ( ) \times ( )$ 57○8 ×4 写出等于24的乘法算式。（ ）×（ ）=24 写出24除以几的除法算式。24÷（ ）=（ ）	初学	8题/分	95%
	期中	10题/分	97%
	期末	10题/分	98%

二、教学策略

1. 以形象促抽象，帮助理解算理。

在低年级学生的数学学习过程中，学具起着举足轻重的作用，由于学生刚进入二年级的学习阶段，因而利用学具（小棒、计数器等）帮助其理解算理非常必要。例如：教学 $4 \times 2 = 8$ 时，引导学生利用小棒摆一摆与示例图进行勾联，每堆4根，有这样的2堆或者4堆，每堆有2根，共8根。用加法算式表示 $4 + 4 = 8$ 或 $2 + 2 + 2 + 2 = 8$，结合加法算式理解2个4相加或4个2相加，求相同加数的和就可以用乘法算式计算。这个过程中渗透数形结合的数学思想，提高计算能力；通过操作等活动，帮助学生建立数学计算的模型，促进算理理解和实际运用。

2. 以形式促内容，增强口算的趣味性。

由于纯粹的口算比较枯燥，因而教师可以巧妙设计一些形式多样的练习，有利于提高学生主动参与口算练习的积极性。如：在每堂课前几分钟进行口算训练（口算的内容尽量与本堂课的教学内容相关）；训练的方式多样化（视算训练、听算训练、抢答口算、口算游戏、"对抗赛""接力赛"，等等）。用学生喜爱的游戏来激发其口算兴趣，达到一定的运算量。

3. 以个体促全员，提升口算技巧。

因为学生有个体差异，因而教师既要面向全体，又要关注个体，在基本练习的基础上，有意识地设计一些高标要求的练习，使不同的学生得到不同的发展。有些涉及连续几个数（等差数列）相加减的，如：$1 + 2 + 3 + 4 + 5 + 6 + 7 + 8 + 9 = 9 \times 5$、$6 + 7 + 8 = 7 \times 3$，像这样的一些口算练习涉及数据的特点，练习时让学生观察数据特点，快速联想到相应的计算技巧。还有些口算练习会涉及乘法交换律的应用。教师教学时以此为抓手，放大其价值，就能不断提升学生的口算技能，实现分层教学，让不同需求的学生得到有效发展。遇到容易出错的练习时，教师把它们整理在一起，以题组形式出示，进行辨析，引起学生重视，强化训练，从而多角度提高口算能力。

三、典型错误及分析

1. $7 \times 8 = 54$　　　　　$6 \times 9 = 45$　　　　　$4 \times 9 = 32$

【错因分析】口诀不熟练，书写与思维不一致。

【控错方法】多形式巧背口诀：顺背、抽背、倒背、横背、竖背、拐弯背，加强表内口诀的记忆与及时提取运用，平时练习一些对口令或者如（　）八四十八、（　）（　）二十八、（　）九四十五、（　）九五十四这样的容易出错的题组。教学时不间断汇总错题让学生分析错误的原因，采用不同方式让学生说出错误成因和自己控错的方法，提高计算正确率。

2. $40 - 5 = 8$　　　　　$40 \div 5 = 35$

【错因分析】审题不清，没有关注到数据与运算符号，也就是没有敏锐的观察能力，思维与书写不一致。

【控错方法】养成自查自纠的习惯，教师提醒"做完不等于做好哦""养成检查的习惯，看看结果是不是合理"。学生能根据教师提醒做出合理行为跟进。教师教学时要注意审题能力的培养和对数据的敏感捕捉，平时教师要足够重视，有意识地出示这样的计算类型，让学生多加练习。

四、经典案例及评析

【教学实录】

课题：除法的初步认识

师：出示主题图，从图中你知道哪些信息？（苏教版小学数学教科书二年级上册第48页）

生：有6个小朋友，每车坐2人。

生：可以坐3辆缆车。

提问：你知道要坐3辆缆车吗？你是怎样想到的？

【评析】 引导学生主动探索，解决问题，在自主活动中，主动建构知识。

生：讲述："6个小朋友，每辆坐2人，问我们要坐几辆缆车。"这样的问题可以用把6平均2人2人地分，这样就是平均分成3份了。

师：像这样平均分的情况我们数学上也可以用 $6÷2=3$ 来表示。

师：其中的每个数各表示什么意思呢？

生：6个人，2表示每人坐1辆缆车，3表示一共要坐3辆缆车。

生：还可以说是6个人，每2人1组，平均分为3组。

生：就是6里面有3个2。

师：同学们说得都对。这样一个数里面有几个相同的数，我们就用这个数除以相同加数得到加数的个数。

师：小结：把一些物体每几个一份地分，求分成了几份，可以用除法计算。

板书：总数÷每份数＝份数。

师：理解了吗？再来说一说。

生：就是把总数6平均分为3份，每份是2。

介绍除法算式各部分的名称。

师：像这样，我们把6叫作被除数，把3叫作除数，把结果叫作商。相对应补充各部分名称的板书。我们一起来读一读，认一认。

生：读板书算式和各部分对应的名称。

（快速反应，卡片出示）

师：读除法算式，说说被除数、除数和商各是多少。

$8÷4=2$ $15÷3=5$ $24÷6=4$

学生快速回答。

【评析】 本教学环节从实际问题出发，帮助学生理解算式的实际意义。教师适当改编实际问题，在比较中巩固加深对除法意义的理解和提高实际应用能力。让学生在与人交流算法的过程中，独立思考后发表自己的见解，获得成功的体验，培养学习的主动性，产生对数学学习的热情。

笔 算

一、类型与标准

类　　型	质量标准		
	速度		正确率
例题： 两位数连续加减两位数 19＋27＋26＝ 38＋42－33＝ 60－38＋40（能口算的口算）	初学	2题/分	95%
	期末	3题/分	96%
综合： 90－25－28＝　　96－34－45＋27＝　　34＋16－23＝ 65－28＋28＝　　50－26＋26＝　　7＋43－43＝	初学	2题/分	95%
	期末	3题/分	96%
拓展： 7＋77＋16＝　　100－23－20＝	初学	3题/分	95%
	期末	3题/分	96%

二、教学策略

1. 关注细节，提高计算正确率。

在竖式计算中，学生方面关注的细节有：运算符号；标记进退位符号（对于部分学生要求）；书写格式，连加、连减和加减混合的竖式计算要求更高了，所以竖式书写的格式和习惯培养很重要。平时教师批改过程中对错误进行圈画点评，做到有要求，有落实；书写规范，及时批复；经常把优秀的、作业习惯好的学生作业进行展示，学生进行点评，以优秀促整体提升，做好榜样示范作用。

2. 丰富具象内容，形成外在和内在的结构统一。

外在：通过丰富具象的竖式计算板书，发现竖式计算的基本结构模型，追问"三位数加减三位数"的竖式计算怎样计算，引起学生主动从学结构到用结构，初步形成竖式计算的数学模型。

内在：为了内化、加深理解法则中"满10进1""退1当10"，还可以通过变式练习，增强计算能力。如：把用简单竖式计算改编成如下形式：

```
  ( ) 7          7 ( )          7 ( )
 +3 ( )         -( ) 8         +( ) 1
 ─────          ─────          ─────
   8 6           2 ( )           9 0
                +( ) 7          -( )
                ─────          ─────
                  6 1            8 ( )
```

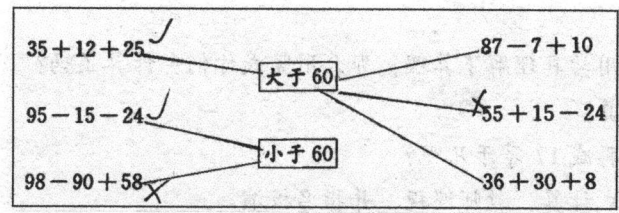

三、典型错误及分析

【错因分析】题目较多，学生情绪上就为难，再加上要考虑的因素比较多，学生的思维线条比较单一。

【控错方法】培养多种方法检验的习惯；培养估算参与笔算验证结果的计算习惯；加强一步计算的运算能力，能快速准确地得到前一步计算的结果，判断起来就容易多了；鼓励能口算的就口算，提高计算时效。

四、经典案例及评析

【教学实录】
课题：竖式计算（教学片段）
例：34＋16－17
自主探究，领悟算法，
给学生小棒和计算器。
你可以怎样计算，用你喜欢的方法算一算。
师：老师相信你们会计算正确的。
生：独立计算。
……
师：差不多了吧！

师：（展示学生资源）你们看懂他的意思了吗？

生：我看懂了摆小棒。先摆 3 捆和 4 根小棒，再摆 1 捆和 6 根小棒，合起来是 50 根。3 捆和 1 捆合起来是 4 捆，4 根和 6 根合起来是 10 根，4 捆和 10 根合起来是 50 根。

生 2：我看懂了，拨计数器计算方法。（边在计数器上拨珠边说）我是用计数器算的。先在计数器上拨出 34，再在十位上拨 1 颗珠，个位上拨 6 颗珠。现在个位上有 10 颗珠，10 个 1 是 1 个 10，把个位上的 10 颗珠去掉，在十位上添上 1 颗珠，算出来也是 50。

……

师：你们用学具理解了算理，那么用竖式你们会计算了吗？

生独立计算。

师：那么再减 17 等于几呢？

学生用竖式计算，教师巡视，并指名板演。

遇到有错误的学生。

师：老师看着你重新算，好吗？

生：（很想搞懂怎么算）拿起笔，从对数位开始，边教边写。

师：先把相同数位对齐（之前有不进位加法的基础），先算个位 4+6，把 6 写在 4 的下面，10 的 1 是什么位上的数？

生：十位。

师：那就把它写到十位上，为了跟其他十位上的加数区别开来，所以把这个进到十位的 1 写在十位下，并且小一点。

生：操作。

师：先自己修改。

（教师站在该生旁边，逐一指导，正确率大大提升。）

```
   3 4          5 0              3 4
 + 1 6        - 1 7      →     + 1ᵢ6
 ─────        ─────            ─────
   5 0          3 3              5 0
                               - 1 7
                               ─────
                                 3 3
```

师：接下来用什么减 17 呢？

生：50−17。

师：想想以前 50−17 是怎么算的？

生：……

除了这样，还可以：

师：你觉得这样可以吗？为什么？

生：这就是 50－17。

师：这样就更简洁了是吗？

生：是的。

师：你能试着算一算 50－12－18 吗？

生独立计算。

师：同学们今天的表现真棒，如果有这样一组练习，你愿意试试吗？

……

【评析】精心设计探究活动，让学生独立思考计算方法，自主发现竖式计算的方法，相互交流计算的过程，使学生真正成为学习的主人。教学活动中，学生经历探索两位数加两位数进位加法竖式计算的过程，进一步理解并掌握进位加法中"满10进1"的方法，领悟从个位加起的必要性和合理性，并能正确笔算两位数加两位数的进位加法、两位数减两位数的退位减法。在遇到退位减法的时候，利用原有认知激发引起认知冲突，重新建构。

算理的理解

一、类型与标准

类 型	质量标准 （正确率）
掌握类： 要求学生会画图，会列加法算式、乘法算式，会比较思考。两道题进行比较，学生体会到4个3和3个4表示的意思不同，加法算式不同，但乘法算式可以相同。（苏教版二年级上册第22页） 先用●摆一摆，再写出算式。 （1）每堆摆3个，摆4堆。 　　加法算式：＿＿＿＿＿＿＿＿＿＿ 　　乘法算式：□×□=□ 或 □×□=□ （2）每堆摆4个，摆3堆。 　　加法算式：＿＿＿＿＿＿＿＿＿＿ 　　乘法算式：□×□=□ 或 □×□=□ 除法的算理掌握类（苏教版二年级上册第51页） 先用│摆一摆，再写出算式。 （1）10根│，每5根1份，分成了（　）份。 　　　　□÷□=□ （2）把10根│平均分成2份，每份（　）根。 　　　　□÷□=□	93%

二、教学策略

1. 动手操作，强化理解算理。

由于学生理解算理能力较弱，抽象思维能力发展水平较低。在教学中，借助摆小棒帮助其理解算理很有必要。操作时，让学生摆一摆、说一说，在操作的过程中语言描述准确、规范，让学生在边操作边表达中理解算理。不仅这样，我们还可以运用计数器等学具辅助理解算理。这样可以使抽象的算理变得具体形象，便于学生理解。

2. 多种形式表达，记录思维过程。

学生需要把抽象的算理形象化、可视化，通过多种形式如数学符号、语言文字、数形结合、图形等记录下来；教师给学生提供展示的机会，让学生表达自己思维的过程，达成共识，加强算理的理解和运用。需要注意的是，在教学过程中，教师也不能完全忽视对学生抽象思维能力的培养，应该逐步摆脱具体形象的教学，以帮助学生更好地过渡到抽象学习中去。

三、典型错误及分析

1.（苏教版二年级上册第 21 页）

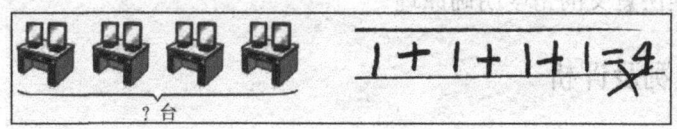

【错因分析】图意解读不清，乘法的意义理解不透，分不清什么时候用乘法，什么时候用加法。

【控错方法】教师要带领学生解读题意，对于图文结合的题目要舍得花时间厘清条件和问题，经历由生活中的具体问题抽象成数学问题，理解乘法的意义。聚焦到求几个相同加数的和用乘法计算，比较简便。

2.（苏教版二年级上册第 24 页）

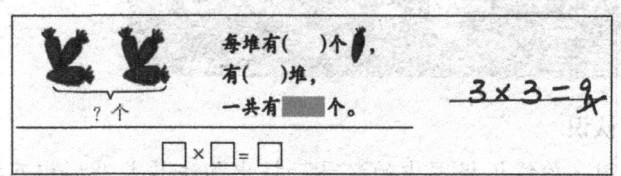

【错因分析】把加法和乘法的意义混淆了，因为学习了乘法计算，所以忽视了加号和乘号的实际意义。

【控错方法】第一次出现完整的乘法实际问题，教师要带着学生审题，解读题目的内涵，再把文字与图形结合起来分析条件和问题，会说条件、问题，用完整的三句话来表达，知道要求一共有多少盒就是求什么，并说清每个数表达的具体意义，运用乘法 $3 \times 2 = 6$ 来计算。

3. (苏教版二年级上册第24页)

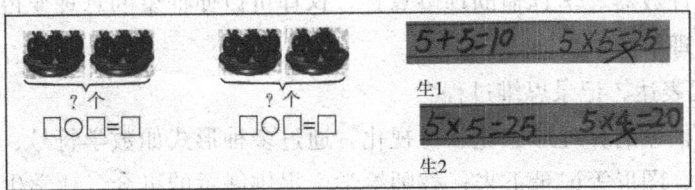

【错误原因】不理解算理；不会根据问题找对应的条件；学生习惯性思维都用乘法，没有仔细去审题分析。

【控错方法】先明确左图可以用加法、乘法计算：$5+5=10$、$5×2=10$，右图只能用加法计算：$5+4=9$，然后比较左右两小题的异同，让学生自己说说，为什么左图既可以用加法算，也可以用乘法算；右图却只能用加法算，进一步明确求几个相同加数的和用乘法计算比较简便。值得一提的是，$5×2=10$ 不能改写成 $5×5$，从乘法意义的角度明确原理。

四、经典案例及评析

【教学实录】

(苏教版二年级上册第20页)

课题：乘法的初步认识

师：老师带了一幅图，你能根据图中的数量，提出加法算式吗？相互提出问题。

交流，补充，教师贴出带加法问题的板书。

你能很快写出问题的算式吗？试一试。

师：我巡视发现这些算式。(板书出示)

兔：$2+2+2=$　　　　鸡：$3+3+3+3=$

像求这样生活中几个相同个数的物体的和的例子很多，如教师每组10人，

4 组一共有多少人？算式是 10 + 10 + 10 + 10 = 。

你还能举出这样的例子吗？

我们把这样的算式叫作几个相同加数相加。

师：出示试一试，先让学生看图数一数有几个几，然后拿出小木棒同桌合作，一个摆，一个数 1 个 2、2 个 2……算出得数，最后填在书上。

师：追问如果每群鸡有 4 只，有这样的 100 群鸡，怎么计算？

生：没有回应。

尝试练习

师：我们先来看这幅图中的信息。

出示例（2）图，看图数一数，填一填，你能算出每张桌子上有几台电脑吗？一共有多少台电脑吗？可以列成怎样的算式？

生：2 + 2 + 2 + 2 = 8（台）根据学生回答（板书）

师：几个几相加？

生：4 个 2 相加。

师：同学们，表示几个相同加数相加，我们除了用连加的方法来计算外，还可以利用一种新的方法来计算（板书），认识乘法 4 个 2 相加得 8，可以用乘法计算：4 × 2 = 8 或 2 × 4 = 8，而像 2 × 4 = 8 这样的算式就是乘法算式，这个符号（×）叫乘号，我们写（×）时，应先写（/），再写（\），谁会读 2 × 4 = 8 这个算式。乘法的写法与读法及乘法算式各个部分的名称，4 个 2 相加是多少，不仅可以用加法计算，也可以用乘法计算。写成 2 × 4 = 8 或 4 × 2 = 8，读作 2 乘 4、4 乘 2，各部分都有名称，谁来说说加法算式中的各部分名称？

板书：　2　+　2　+　2　+　2　=　8
　　　（加数）（加数）（加数）（加数）（和）

师：在乘法算式中，等号前面的数叫乘数，等号后面的数叫积。（板书）：

　4　　×　　2　　=　　8
（乘数）　　（乘数）　　（积）

让学生读出 2 × 4 = 8 的各个部分的名称。

尝试练习回到下面的算式，哪组能改写成乘法算式。

2 + 3 + 2　　7 + 2 + 9 + 4

2 + 2 + 2 + 2 + 2 + 2　　4 + 4 + 4 + 4

生：选择判断。

师：可见几个不同加数相加不能直接改写成乘法算式。

【评析】在比较中让学生了解乘法的意义，乘法就是求几个相同加数的简便运算。

师：结合 $2+2+2+2=2\times4=8$ ， $4+4+4+4+4=4\times5=20$ 比较左右连加算式和乘法算式的异同，有什么发现？

生1：表示意思是一样的。

生2：乘法算式简单。

师：是的，像这样求几个相同加数相加的和用乘法计算比较简单。

【评析】教学中，学生初步形成"乘法"的概念前，让学生通过"列加法算式"体悟遇到这种情况用加法真的很麻烦，通过具象的几个相同加数相加发现乘法运算简单。经历知识形成的全过程，体验探究的乐趣，培养学生初步的观察、比较、分析、推理及动手操作的能力，理解乘法的含义。教师给学生足够的自主学习的空间，引导学生通过自主探索、合作交流等一系列探究活动，发现并认识乘法，理解乘法的意义，让他们经历一次知识的"再创造"过程，使其成为真正的学习者。

灵活运算

一、类型与标准

类 型	质量标准 正确率
$4+4+4+4+4+3=4\times5+3=4\times6-1=23$ $5+5+5+5+5-4=5\times5-4=5\times4+1=21$ $5+5-6+5=3\times5-6=2\times5-1=9$ $88+88-88=88+(88-88)=88$	94%

二、教学策略

1. 重视习题,激发思维积极性。

例如:二年级上册教材第5页第三题,将这一题放在例题中教学,通过观察发现,上下三个数只相差一个加数,左右也是这样,那么计算时只要先计算出43+17,就能很快填写所有结果。学生自行探索发现规律,有助于提升推理能力,课堂还需要举一反三,建立模型。在教学时把习题当作例题教学,在课堂上把运算的方法和运算的灵活性讲透了,提高学生的计算积极性和灵活运算的能力。

2. 变式练习,增强思维灵活性。

教学中有意识增加练习题的形式,适当的变式练习有助于学生计算思维的拓展。笔算两位数加两位数的教学时,我们在新授之余,适当进行变式拓展,不同的两个加数相加,和不变,从而引导学生养成有序思考、不重复、不遗漏的计算思维习惯。

例如,

再例如：45 + （ ） = 54 + （ ）选择合适的结果；在圆圈里添运算符号使等式成立等丰富的变式练习，利用数据的特点等变式练习培养、提高学生计算思维的灵活性。

3. 整理错题，完善思维结构。

在这个内容板块中，教师要做有心人，及时发现错例，分析错误的原因，在练习设计中有的放矢帮助学生形成灵活运算的一般思维结构；引导、鼓励学生自己也做有心人，落实在平时，学生自己分析错误的原因，同学进行补充或者质疑、点评，引起全体学生的重视。建议教师按照错误类型归类整理，做到有的放矢。

三、典型错题及分析

1. $1+3+5+7+9=31$

【错因分析】对数据的特点不敏感，想当然地进行从左往右的常规计算，计算过程中出现错误。

【控错方法】计算前，先观察数据的特点，再计算。学习乘法，灵活运用 $5×5=25$。把9看成5多出的4给1这样1也变成5，还可以将1和9凑成10、3和7凑成10，这样，$10+10+5=25$；培养数感，读数据时思考发现数据的特点；平时有类似练习跟进教学，学生有这样的练习机会，鼓励笔头练习的同时，要有有声语言的分享和交流。

2. （苏教版二年级上册第11页）

【错因分析】文字信息多，人物多，学生要考虑的信息自然也多，多而生乱，乱而生错。

【控错方法】数形结合：利用画数轴的方法帮助学生理解题意。

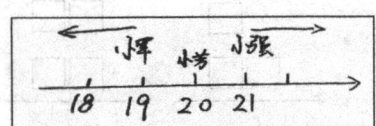

情景再现：图表和语言文字多需要大脑获得信息，信息处理，信息输出，一旦某一环节错误，就会导致结果信息失误，因而对于低年段学生来说，面对复杂信息有个很好的办法就是情景再现，三个学生再现现实情景。人物一一对应，把小军说的话说完整：小军拍的比小芳20个少1个，也就是19个，小强比小芳多1个，也就是最少也要拍21个。

四、经典案例及评析

【教学实录】

课题：灵活计算（教学片段）

制作好可以抽动的计算条（教具）

先说说哪些题得数比50小，再口算。（书本练习六第二题）

32＋19　　87－35　　90－34
23＋19　　78－35　　90－43

师：从题中你知道哪些信息？

生：求和，求差。

生：估算哪些题得数是50多。

师：先来试试。你是怎样判断的？

生：我是估算的。

生2：我是口算得数的。

哪种方法在这里更合适呢？

生：估算。

讨论问什么？

小结：因为只要知道比50小就可以了，没有必要精确计算。

师：那么口算有什么好办法能算得又准又快吗？

相互交流。

生：可以验算结果。

生2：可以看上下两个数的差，再计算。

师：你的意思就是在计算23＋19时，看32与23相差几，因为……

请生2接着说。

生2：因为32＋19＝51，一个加数少9，另一个加数不变，和也减少9，所以23＋19＝42。

生3：我可以想32＋10＝42，个位还加9，和一定等于51，23＋10＝33，33

+9 =42。

生4：我们可以算23 +20 -1 =42，32 +19 = 32 +20 -1 =51。

师：同学们认为他们各自的发言有没有道理？你喜欢哪种方法就用哪种方法，试一试下面两组练习。

……

【评析】 课堂中，教师利用题组练习中积累的学习研究方法，鼓励计算方法多样化，培养灵活运算的思维习惯，引导学生开展交流讨论，在交流中发现算法的合理性和优势，根据题意，灵活采取凑整、移多补少、找异同等方式，促进计算又快又准确，提高灵活运算的能力。

计算结果合理性的判断

一、类型与标准

类　　型	质量标准 （正确率）
在○里填上"＋"或"×"。 3○3＝9　　2○3＝6　　3○3＝6　　6○4＝10 5○2＝10　　1○2＝3　　2○2＝4　　3○1＝3	95%
（苏教版二年级上册第58页） （1）哪两人抬的次数少？（口答） （2）女同学一共抬了多少次？男同学呢？	92%

二、教学策略

1. 数学问题"动"起来，提高合理判断的积极性。

在教学中，我们不难发现，学生对于计算结果合理性的判断缺乏主动意识，很多情况下都是在教师的提醒下，才会主动去判断计算结果是否合理。针对这种现状，在教学中可以创设出有效情境，在具体情境中，让学生产生判断的内在需要和认可。教学中，我们可以组织学生创设实际情景演示动静结合，学生演一演实际问题的情境，从情境中获得实际问题的正确结果，从而做到判断有根有据，辨析有条有理；还可以让学生画示意图，图文结合呈现问题情境。利用学生好动的特点，把单一书本的文字或者插图变成灵动的思维和恰当的语言表达出来。

2. 明晰判断方法，养成良好的判断习惯。

引导学生积极运用估算，体会估算的优势。估算、验算等都是学生对计算结果合理性判断的一种方法。对二年级学生来说，他们对这些判断的方法还有些陌生，需要教师加以耐心指导。以估算方法为例，教师在刚教学时可以给予学生格式的指导，让学生学会规范表达。在解决问题时可以把答案放进习题中自我判断修正，计算时养成及时验算的习惯。

三、典型错误及分析

（苏教版二年级上册第10页）

【错因分析】受定势影响：两个条件解决一个问题，选择冬冬和小玉的第一句话集合组成两个条件。解题中没有注意到问题与条件的相关性。

【控错方法】认真审题，每阅读一句话或者观察插图，都要读出语句或者插图中的相互联系，认真分析题意。引导学生解决像这样条件较多的实际问题，养成"从问题出发找条件"更合理的意识和习惯。

教师平时教学中关注学生：对实际问题中重要字词重点理解，同桌相互说说题意，找一找条件是什么，问题是什么，条件与问题有没有关系；指导画画线段草图；养成计算检验的习惯。

四、经典案例及评析

【教学实录】

课题：实际问题中计算结果合理性的判断

师：出示例题。

生：读一读题目。陈老师和王老师带三（2）班40人去划船，每8人划1条船，需要安排几条船？

师：你知道什么？条件和问题的数量关系是什么？相互交流。

生1：我知道了有2位老师和40个同学，共42人。

生2：我还知道这些人每8人一组划船。

生3：问题是需要几条船？

师：你用什么办法解答呢？

独立完成，也可以先交流，再下笔。

教师收集资源展示，请学生解释讲解。预设：数形结合、纯数据、连加、连减等。

教师用语言激励学生把复杂问题用简单算式表达简单化。

生1：$8×5=40$（人），$5+1=6$（条）

生2：$42-8-8-8-8-8=2$（人），6条船。

生3：$40÷8=5$（条），$1+5=6$（条）。还可以想42里面有5个8多2人，再加1条船。[$42÷8=5$（条），因为有余数除法没有学习，除法算式书写时出错]

师：$42÷8$是正确的，由于同学们还没有学习有余数的除法，所以不知道这么写结果没关系。总之，就是42平均分为8份不能正好分完，要5条船还多2人，是吗？

生3：是。

师：同学们看懂了吗？

师：那么这些方法中你喜欢哪种？说说你的理由。

生1：我觉得第一种好，因为简单。

生2：我喜欢第三种，因为只要想口算五八四十，超过2人多1条船。

师：可以，你们为什么不喜欢第二种呢？请第二种的同学说说，你喜欢哪种？

生：我也喜欢第一种，很简单。

生：因为太麻烦。

师：能根据别人的信息，合理选择优化的结果。当然，每种方法都是同学们认真思考的结果，老师很欣慰，有同学能用不同方法解答问题，还能在多种结果中合理判断最优方法。

师：那么我们怎么知道结果是否正确呢？

生：用两种方法解题，看结果是不是一样来进行判断。

师：同学们的合理判断习惯真好。老师希望你们平时解题时就能养成用多种方法解题，选择合理判断的方法对结果进行检查反思。

【全课评析】 激发学生原认知，课前利用作业纸对学生解决实际问题的能力进行摸底，让学生自己逐题分析解决方法，表达解题思路，分析数量关系，充分表达计算解答过程。在多样化中合理判断最优方法。关注不同学生的理解能力培养。利用激励语言激发学生的学习热情，使其养成合理判断的习惯。

选择灵活方法解决实际问题

一、类型与标准

类 型	质量标准 （正确率）
1．（苏教版二年级上册第41页） 两种方法： （1）计算得出结论。 （2）不计算判断：每行一样多，看行数多，桃树就多。 两种方法： 计算得出结论：小兰 6 + 6 = 12（棵） 　　　　　　　小芳 6 + 4 = 10（棵） 　　　　　　　12＞10 不计算判断：行数一样多，看每行多的，总数就多。 　　　　　　有一行一样多，6＞4，小兰家多。 2．公共汽车上有17人，到站后下车8人，又上车3人，现在车上有多少人？ 可以 17 − 8 + 3 = 12（人）；也可以 17 + 3 − 8 = 12（人）；还可以 8 − 3 = 5（人），17 − 5 = 12（人） 可能学生比较理解上面三种方法，但是很难说清算理，我们允许这样的情况出现。	82%

二、教学策略

1. 根据实际数据合理选择解决问题的方法。

有时题目中的问题就决定了我们解题采用哪种方式：口算、笔算、估算。

例如：布娃娃21元，小汽车35元，飞机33元，（1）布娃娃比汽车便宜多少钱？（2）小明带了100元，买这3样玩具够吗？对于第一问，学生毫无疑问可以口算计算结果。但是第二问学生既可以口算、竖式计算，也可以估算。学生根据问题采用合理的计算方法，但要有从中甄选最优化的计算结果，养成运用不同方法验证答案合理性的习惯。争取人有我优，人无我有！

2. 分级评价，力求达到最佳。

如苏教版二年级上册第8页的图片，在评价时分为三个能级指标（如果这一题5分的话）。

初级：评价提出简单一步计算的问题并计算正确。例如：小华做了多少朵？11＋3＝14（朵），这种方法得2分。

中级：提出两步及以上计算实际问题并计算。

例如：三人一共做了多少朵？11＋3＝14（朵），11－3＝8（朵），11＋14＋8＝33（朵），这种方法得3分。

高级：提出较复杂问题并计算。例如：小华比小平多多少朵？方法一，11＋3＝14（朵），11－3＝8（朵），14－8＝6（朵），这种方法得4分；方法二，画图表示结果；方法三，3＋3＝6（朵）。这些方法得5分。用好三个能级，让学生有意识主动追求达到最高层次的能级要求。提高学生从意识到能力发展、知行统一的能力水平。

（还可以是同一问题不同能级标准分制）提出同一个问题：三人一共做了多少朵？

方法一：11＋3＝14（朵），11－3＝8（朵），11＋14＋8＝33（朵），得5分。

方法二：11＋11＋3＋11－3＝33（朵），得8分。

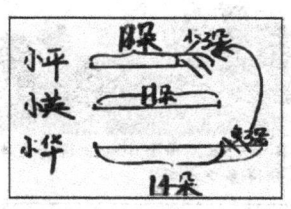

方法三：11+11+11=33（朵），得10分。

3. 多样评价，确保全员积极性。

平时教师要有要求：多种方式记录思维过程，鼓励学生尝试多种路径寻求的结果。学生有行动：相互检验合理性和准确性并能选择最佳方式呈现结果。采取多形式评价，表扬、鼓励促使自主获得多种解题方法。例如：每学期或者单元过关测试中有意识渗透这样灵活解决问题的习题，使学生养成灵活解题的习惯；专项的练习过关考核；分层次练习过关等。考评评价时做到点面上的奖励结合。颁发荣誉证书、过关证书等，并及时传入家长群进行鼓励引导。学生在获得荣誉的基础上，也能得到情感的满足，提高此类实际问题解决的积极性。

三、典型错误及分析

1. 有一些橘子，第一次吃掉2个，第二次吃掉剩下的橘子的一半，最后还剩3个，这些橘子原来有多少个？错题：2+4+3=9（个）

【错因分析】信息量大，关系复杂，学生需要关注的内容多，条件和问题之间不能一步达成关联，学生无从下手。

【控错方法】画示意图厘清数量关系，重点分析"第二次吃掉剩下的橘子的一半"，找到它与"还剩3个"之间的联系，明确第二次吃掉的与最后剩下的3个一样多。在解题时鼓励学生运用多种方法解答：连加、乘加或者画示意图直接标注答案。

2. 一本书共68页，佳佳每天看8页，8天能看完吗？错题：68÷8=8

【错因分析】错误答案68÷8=8，学生已经明白数量关系，但是受已有知识的限制，没有学习有余数的除法，所以不能用合适的数学算式表达自己的想法。

【控错方法】教给学生准确的表达方法：用68-8-8……连续减的方法表示，还可以用8×8=64，64<68，进行比较得出结论。鼓励学生多角度思考创新解题方法。

3. （苏教版二年级上册第86页）

【错因分析】学生不理解第二问,受思维定式影响,以为所有问题的解决都是一步完成的。学生不会将图和文字结合起来看。

【控错方法】解答第二个问题时可以启发学生根据第一个问题的答案作为解决第二个问题的一个条件,找到两个有联系的条件,才能解决最后的问题。

四、经典案例及评析

【教学实录】

课题:解决复杂的实际问题

师:出示一捆绳长100米,第一次用去35米,第二次用去的比第一次多4米。你能提出哪些实际问题?

生1:两次用去多少米?第二次用去多少米?

生2:现在比原来短了多少米?

生3:用去的比剩下的多多少米?

……

师:相机贴板书。

师:这些问题你喜欢解决哪个就解决哪个,比比谁的方法多。

生:独立思考并用不同方式呈现结果。

(列式;画图)

(教师按问题分类收集资源并分层呈现。先呈现"第二次用去多少米?"的答案,再呈现"两次用去多少米?"的答案,最后呈现"用去的比剩下的多多少米?""现在比原来短了多少米?"的答案。)

师:我们先来看看解答这一问的同学。(问题指"第二次用去多少米?")呈现不同结果。有计算正确的,有计算错误的。你们想说什么?

生:左边的是正确的,右边的是错的,算错了。

师:呈现第二问"两次用去多少米?"的结果。

方法一:$35 + 4 = 39$(米) $39 + 35 = 74$(米)

方法二:$35 + 35 + 4 = 74$(米)

方法三:画示意图。

生:评析,并说出哪种方法更优化。

第三问让学生同桌交流计算对错,以及方法的优劣。

师:小结:刚才大家的表现非常积极,通过活动,我们发现灵活选择方式表达结果很有必要。这样可以快速解答,提高结果正确率。

师：下面老师把题稍稍改一下：一捆绳长100米，第一次用去35米，第二次用去一些，还剩24米。还是这些问题（两次用去多少米？第二次用去多少米？比原来短了多少米？用去的比剩下的多多少米？），请在规定时间内，用最好的方法很快计算出每问的结果。

【评析】分层要求，尊重学生的知识储备，积极鼓励多角度思考，鼓励学生根据数据特点思考合适的计算方法。当学生尝试一种方法后，鼓励思考不同方法，学生体验成果乐趣，变式练习注重学生对题意的理解和对数感的把握，体现得更加简单高效。案例中，教师教学目标明确，在"谁的方法多"的学习活动中培养学生的基本技能、基础知识，提高学生积累基本活动经验和掌握运用基本数学思想的能力。

二年级下册 小学数学学科关键能力校本化

实施手册

口 算

一、类型与标准

类　型	质量标准		
	时段	速度	正确率
例题： 两位数加两位数（不进位、进位） 45 + 23 =　　45 + 28 =	初学	10 题/分	95%
两位数减两位数（不退位、退位） 56 - 24 =　　56 - 27 =	期中	10 题/分	96%
整百数加减整十数或者整百数 300 + 40 =　　300 + 400 =	期末	12 题/分	97%
综合： 4 × 4 - 3 = (　) × (　) + (　) 6 × 8 - 8 = (　) × (　) 25 + 34 =　　　86 - 34 =　　　61 - 6 =	初学	10 题/分	96%
25 + 35 =　　　90 - 34 =　　　61 - 46 = 25 + 39 =　　　90 - 43 =　　　61 - 56 = 300 + 20 =　　　90 + 700 =	期中	12 题/分	96%
940 - 40 =　　　850 - 700 = 5000 + 700 =　　600 + 3000 = 5700 - 700 =　　8400 - 8000 =	期末	12 题/分	97%
拓展： 45 + 55 =　　60 + 60 =　　30 + 90 =　　33 + 67 =	初学	10 题/分	94%
	期中	10 题/分	97%
145 + 65 =　　600 + 600 =　　300 + 900 =　　100 - 33 =	期末	12 题/分	97%

二、教学策略

1. 齐抓共管，养成口算习惯。

课前 2 分钟口算练习，同伴互助及时批改；课堂常规"开火车"3 分钟，60 道一步口算比谁算得快，校对统计正确率；利用教辅口算天天练，每日一页，使学生养成坚持口算的习惯。

多次考核，分层过关制度制定，鼓励促进学生人人过关。过关学生自主申报帮助教师考核其他同学。

进行每月考核。对不过关的学生进行方法指导与家长沟通，平时多关注这类学生计算能力发展。

激励机制跟进评选"口算大王""口算标兵""口算小能手"等荣誉称号，定期发放荣誉证书，起到促进作用，提高口算能力。

2. 阶段练习，促进新旧衔接。

这学期学习两位数加减两位数进退位口算，整百数加减整百数或几百几十加减整百数、整十数的口算，穿插在习题中出现，教师不能忽视。本学期虽然不再学习表内乘法口诀的乘除法，但在一年级下册都有检测过关活动和丰富的趣味游戏活动，促进口算能力的螺旋上升，这些计算内容是后续学习的基础，必须做到人人过关，时时达标。因此，在平时的教学中时不时需要复习巩固这些基础口算内容，以达到"九层之台起于累土，千里之行始于足下"的作用，促使学生熟能生巧，巧能生变的灵通。这一过程中允许学生分层发展提升。期末对口算内容进行整体考量，允许不同计算能力学生分时段进行检测，只要这次成绩比上次有进步，就可以拿到"口算进步之星"荣誉称号。对于一次过关的学生，根据完成质量评出相应能级称号。

3. 口算平台，实现减负增效。

随着社会信息技术的发展，学生对新技术的掌握也是与时俱进的。例如，利用好一些计算（口算）的信息化平台，还有一起作业网、和教育、网上家长学校等多种网络平台。做好家长动员工作，以点带面，促进全体提升。由于这些平台的练习丰富，系统批阅，之后还有相应的语音表扬和物质奖励，学生非常喜欢，家长也能实时观测学生学习口算的动态，三者皆大欢喜。

三、典型错误及分析

1. 620 − 60 = 660   680

【错因分析】平时经常练习几百几十减几百或几百几十减几十,学生形成了思维定式,想当然地认为不是等于几十,就是等于几百。

【控错方法】打破常规,多变换一些题型,不能让学生形成思维定式,如 660 + 60 = 600,能很显然发现答案错误,养成检验的习惯,联系实际进行自我反思:和与被减数的大小关系。

2. 600 + 500 = 110

【错因分析】学生对于得数是四位数运算少,审题和数感差,对参与运算的数的数位不敏感。

【控错方法】学生经常练习此类计算。经常让学生玩几千几百几十的教具,如:学生由形象到抽象理解才能更深刻,说算理6百加5百得数是11百,利用算理帮助学生自我反思,看到三位数加三位数,和一定是三位数或者四位数,以此来估值确定答案的合理性以培养数感。

3. 52 + 18 = 60   70 - 45 = 35   58 - 39 = 21
   45 - 30 = 75   64 - 18 = 54

【错因分析】有错题可见学生在口算计算时往往进位退位口算不熟练;被减数不够减,用减数个位减;不关注运算符号;计算思维不严谨;心里知道是退位减,但是计算时出现错误、计算时有为难情绪。

【控错方法】养成借助标记帮助提高计算正确率,哪位满10,就在加数前一位下面做小记号,不够减时,在被减数前一位做记号;设计题组区分退位减和不退位减;平时对此类学生的错误多一些关注,加强对个别学生的辅导和帮助;针对类似的题型多练习。

四、经典案例及评析

【教学实录】

课题:两位数加两位数(口算)

1. 教学 45 + 23(不进位的两位数加法)。

……(媒体:玩具汽车23元,火车45元)。

(1)问:这样要付多少钱呢?(指名回答)

师:不进位的两位数加两位数容易口算吗?

(2)交流口算方法

问:以 45 + 23 为例,你是怎么口算的?有什么方法?

引导学生讨论交流,打开口算思路,说出三种口算方法:

① $45+20=65$　　　　$65+3=68$

② $40+23=63$　　　　$63+5=68$

③ $40+20=60$　　　　$3+5=8$　　　　　　$60+8=68$

（3）比较渗透"转化"

师：我们想出了三种口算方法，这三种口算方法有什么共同的特点？

（引导学生说出"都看成整十数来口算"，渗透"转化"的数学思想。）

【评析】 由于学生对口算加法有较多的经验积累，因而可以鼓励学生根据自己的知识、经验和思维习惯主动探索，得出自己的口算方法。

2. 教学 $45+28$（有进位的两位数加法）。

师：大家都会算两位数加两位数不进位了，那进位加法呢？

（媒体：火车 45 元，汽车 28 元）

（1）问：火车和汽车一共要付多少钱？（$45+28$）

（2）交流口算方法，引导学生讨论交流。

① $45+20=65$　　　　$65+8=73$

② $40+28=68$　　　　$68+5=73$

③ $40+20=60$　　　　$5+8=13$　　　　$60+13=73$

3. 比较两种口算的异同。

问：上面两题在计算时有什么不同，有什么相同？

生：交流。

生汇报，小组间辨析，补充。

师交流相机小结：两题都是两位数加两位数，口算时都可以采用相同的思路和方法，只是需要注意的是，相加时要不要进位，今后在口算时要注意适当加以区分。

4. 适当拓展，解决新问题。

师提出要求：根据图中的条件，你还能提出哪些问题？（引导学生列式口算）

小结：口算的方法要选择能够使计算更简便的方法和适合自己的方法。

【评价】 通过比较不进位加和进位加，进一步巩固和掌握两位数加两位数的口算方法，让学生找到适合自己的算法。学生的学习活动围绕计算能力的提升而展开，教师引导学生开放思维，渗透"转化"数学思想。

在教学过程中，先通过游戏唤醒学生学过的旧知识，并在生活情境中，了解估算和精算的意义和作用。然后学生在尝试探究过程中进行知识迁移，通过渗透"转化"的数学思想，理解和掌握两位数的加法口算方法。最后在教学解决问题时，引导学生自己读题分析，让学生在思考交流中掌握解决问题的方法。同时通过创设问题，促进学生估算能力的提高。

笔 算

一、类型与标准

类　　型	质量标准		
	时间段	速度	正确率
例题： 表内有余数除法 $12 \div 4 = 3$ $15 \div 2 = 7\cdots\cdots1$	初学	2题/分	93%
三位数加减二、三位数的竖式计算及验算	期末	4题/分	96%
加法　　　　　　　　　减法 $142 + 86 =$　　$298 + 405 =$　　$215 - 93 =$　　$204 - 108 =$	初学	2题/分	90%
	期末	3题/分	92%
综合： 除法 $34 \div 5 =$　　　$61 \div 9 =$ 加法 $542 + 405 =$　　$74 + 794 =$　　$647 + 353 =$ 　　　$90 + 910 =$　　　$303 + 28 =$ 　　　$895 + 105 =$　　$238 + 488 + 89 =$ 减法 $305 - 121 =$　　$305 - 218 =$　　$847 - 755 =$ 　　　$200 - 95 =$　　　$603 - 245 =$　　$407 - 89 =$ 　　　$1000 - 345 - 377 =$	初学	2题/分	90%
	期末	3题/分	92%
拓展：笔算（能口算的要口算） $278 + 476 + 337 =$　　　$978 - 476 - 337 =$ $126 + 359 - 198 =$　　　$600 - 254 + 89 =$ $141 - 53 - 47 =$　　　　$16 + 8 \div 2 =$ $40 \div 5 + 777 =$　　　　$742 - 42 \div 7 =$	初学	2题/分	88%
	期末	3题/分	90%

二、教学策略

1. 借助学具，加强操作，知行合一。

教学中注重创设操作情境，帮助学生理解算理，由具体向抽象过渡。由于数学知识本身的抽象性，低年级学生不容易理解，我们要加深学生对知识的理解，形成知识系统，构建新的知识结构，可以采用实际操作、建立表象去启发学生，让学生通过实际操作领会算理，突破难点。

比如：两位数减两位数退位减法的教学 50 - 26 - 24，虽然列竖式时有相应的方法——个位不够减，向十位退1。但对于低年级学生来说，只知其形，不知其理，显得很空泛，因而这里要先借助计数器、小棒来帮助学生进行理解。

用学具操作──→理解算理──→竖式写法与操作一致──→学会用竖式表达操作过程。

2. 鼓励算法多样化，提倡算法优化。

低年级学生对多种算法的分析、比较、自主择优的能力不强，难以理解同伴提出的算法，所以，教师必须注意对多种算法进行优化，选择一种最能让低年级学生理解并且喜欢的算法，提高计算的效率。例如，在教学例题4：142 + 86 时，鼓励学生先尝试计算，这一过程中教师收集到口算直接写得数的方法；写出 2 + 6 = 8、4 + 8 = 12，所以 142 + 86 = 228；2 + 6 = 8，40 + 80 = 120，100 + 120 = 220，220 + 8 = 228 多种方法显现结果，此后我们呈现资源，让学生在观察、比较中得到2、3两种方法就是相同数位相加的方法，自然而然引出竖式计算，体会到竖式计算的必要性。

三、典型错误及分析

1. 420 - 325 = 105

```
   420
 -  325
 ─────
   105
```

【错误原因】学生很容易就会遗忘进位加、退位减，学生不习惯进1或退1。连续退位减计算难度大。

【控错方法】在教学时，教师要有意识强调验算的重要性，身先示范，板书验算，或者养成口头验算的习惯。在练习进位加、退位减时要穿插几道不进位加、不退位减的题，强调验算的有效作用。鼓励、表扬、自我检查发现计算错误。

2. 405 - 319 = 96

```
  405
- 319
─────
   96
```

【错因分析】隔位退位减掌握不扎实，对算理理解不透彻。

【控错方法】新授时要让学生用计数器拨一拨。练习时要经常问学生"十位上应该是几减几"，再追问"为什么是90减10"，同伴互相说说。

四、经典案例及评析

【教学实录】

课题：有余数除法的竖式计算

师：同学们，你能用小棒表示12+4、12-4吗？

生操作。（同桌可以相互检查）

师：那么你会用竖式表示你刚才摆小棒的过程吗？两者有什么相同点？

生：相同数位对齐。

师：你们真厉害。那么12÷4呢？

生：把一捆拆成10根和2根合起来，12根平均分成4份，每份3根。

师：有道理。你会用竖式表示你刚才操作小棒的过程吗？

```
    1 2
÷     4
─────
      3
```

师：13÷3呢？

```
    1 3
÷     4
─────
      3
```

师：怎么啦，怎么都停下来啦？

生：写不下去了。

生：要有余数不知道写哪里了。

……

师：看来啊，这个除法竖式跟其他竖式写法还不一样。数学上，我们这样写除法竖式。

师：请同学们看好 12÷4 怎么列竖式算。（写一横和一撇，表示除法竖式；被除数写在里面，除数 4 写在这一撇的左边，就表示 12 除以 4。）

你会模仿写 12÷5 竖式吗？

（2）商是几，接下来怎么写呢？

你觉得这样完整了吗？

在除法竖式中，算出商后，我们还要考虑实际分掉多少苹果，用被除数减去实际分的，再画一条横线表示剩下的。

师：现在你知道除法竖式是怎样计算的了吗？

生：试一试。

师：那 12÷5 的商是几呢？怎么想的？

接下来怎么算？

生独立完成。

……

【评析】教师认识到计算教学的结构化，充分关注学生思维能力的可视化，用学具操作把竖式计算进行勾连，学生利用知识迁移发现除法竖式与之前的加减法竖式计算不可用同样格式，引起知识冲突，吸引学生学习除法的竖式，学习书写过程。这是对固化的书本怎么说、教师怎么教、学生怎么模仿的一种挑战，这一过程中，学生对新旧知识有认知的冲突，通过学具操作解决这一问题。

灵活运算

一、类型与标准

类 型	质量标准（正确率）
快速算出下面算式的结果。 987 − 199 =　　　438 − 299 = 987 − 499 =　　　678 − 299 = 888 + 888 − 888 = 888 +（888 − 888）= 888 巧算： 61 − 23 + 23	90%

二、教学策略

1. 丰富练习内容，鼓励学生灵活计算。

计算练习时，教师要注意提供学生灵活计算的习题，便于培养学生灵活运算的意识和思维能力。利用好手边资源，教师也可以自行购买一些练习辅导资料，从中选取合适的练习或者根据班级情况自行改编。学生在有针对性的练习中能够产生灵活运算的兴趣。有凑整十、整百数的加减法 678 − 399；有利用乘法计算连加和连减的 80 − 7 − 7 − 7 − 7；有利用加法交换律的 45 + 277 + 55，等等。

2. 创设 PK 的平台，激发学生灵活计算。

创设如"游园活动——谁算得快""速算擂台赛""网络速算王"等形式给学生提供 PK 的平台，在竞争中提高学习乐趣，体验学习成果的乐趣。通过阶段计算考核、过关等形式达到全面提高计算能力、关注全体发展、养成灵活计算的习惯和自我反思的能力。

3. 评价方式多样化，促进学生灵活计算。

用"积分换礼品""夸夸神算子""爸爸妈妈夸夸我"等形式激励在平时作业批改时发现运用灵活计算来解题的学生。利用家校合力，请家长参与评价，家长在班级群里进行语音表扬或者留言激励的方式促进更多学生树立巧算的信心,增强计算的积极性。

三、典型错误及分析

1. 61 + 39 − 53 − 47 = 31

【错误原因】平时学生对此类计算涉及较少,没有引起重视;对数据的特点没有敏感性,只是进行机械的计算。

【控错方法】计算前,先观察数据运算符号的特点,再灵活计算。

2. （苏教版二年级下册第 64 页）

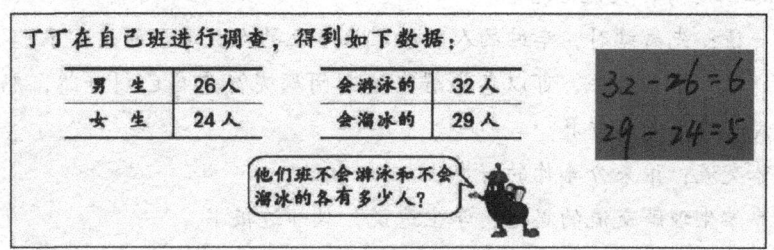

【错因分析】文字信息多,人物多,学生要考虑的信息自然也多,多而生乱,乱而生错。

【控错方法】（1）鼓励学生阅读分析。独立审题,从图表文字信息中剥离数量关系,找到问题的条件进行解答。（2）平时有意识多做一些这样的练习,做到熟能生巧,巧能生慧。

四、经典案例及评析

【教学实录】

课题：灵活计算实际问题一

1. 激动经验,揭示课题。

出示问题：果园里有 45 棵苹果树,挖走 13 棵,还剩几棵?又种了 16 棵,现在有多少棵?

师：先自己读题,说说已知条件是什么,问题是什么。现在请同学们先自己想想可以怎样列式,然后同桌之间说说你是怎样想的。

（独立思考）

全体师生检查交流：先说说你是怎样列式的,然后再说说你是怎样想的。

2. 说明思路,揭示课题。

师：同学们真厉害,知道可以利用两个有联系的条件先解决第一个问题,然后根据算出的结果和另一个条件来解决第二个问题。

师：在生活中，其实有很多我们熟悉的实际问题可以应用数学知识来解决，今天老师就和学生们一起来探索两步计算的加减法实际问题。板书课题：灵活计算实际问题。

比一比哪些小朋友最爱动脑筋，最有办法，获得的星最多。

3. 呈现问题，探索解决。

出示例题3：

要求：请小朋友先自己读题，然后说一说已知条件是什么，问题是什么。

4. 独立思考，交流思路。

猜一猜：先离站时，车站的人数比原来车上的人数多了还是少了？

想一想：根据条件，可以怎样解决这个问题呢？先自己想一想，然后和你的同桌说说你准备怎样算。

集体交流：谁来分享你的好办法？

引导学生理解交流的思路，学生边说，教师边板书。

生：先减后加：原有34人－下车的15人＋上车的18人＝离站时，车上有37人。

先加后减：原有34人＋下车的15人－上车的18人＝离站时，车上有37人。

先减后加：原有34人＋上车比下车多的3人＝离站时，车上有37人。

5. 提出检验。

师：同学们想到的办法可真多啊！现在请同学们选择一种自己喜欢的办法，再说说你是怎样算的？

师：答案我们是算出来了，那怎样知道我们算得对不对？

师：你打算怎样检验？

生：（1）再算一遍。（2）用另一种方法计算。（3）也可以倒过来推算，先减去上车的，再加下车的人数，就是原来的人数。

师：现在请你选择一种你喜欢的检验方法算一算，看看结果对不对。

生：先独立完成任务，再相互交流校对，指出同桌的正误。

师：出示想想做做第1题。那如果是几句话你能把它们编成一个实际问题吗？同桌试一试。

生：交流互动。

生1：小红有37张画片，又买了13张，送给小芳15张，还剩多少张？

生2：我认为是小红原有37张画片，又买了13张，送给小芳15张，现在小红有多少张？

师：你们听出两人的不同了吗？

生：我喜欢生2。因为问题还剩多少张就是问小红现在的张数。

师：是啊。怎么解答呢？试一试。

生：独立完成。

师：呈现 37 + 13 = 50（张），50 - 15 = 35（张）；13 比 15 少 2，37 - 2 = 35（张）；15 - 13 = 2（张），37 - 2 = 35（张）。

生：我都看懂了。第一种，一步一步计算；第二种，用买来的跟送了的比，送了的多2张，原来就少2张。我喜欢这种巧算的方法。

6. 回顾反思，总结解决问题的一般步骤。

引导：请小朋友们回忆一下，刚才我们解决问题经历了哪些过程？

根据回答相机板书：(1) 弄清条件是什么，问题是什么？(2) 明确先求什么，再求什么？(3) 列式解答。(4) 检验。

【评析】 重视计算与解决实际问题的有机结合。这些实际问题题材丰富，呈现形式多样生动，能使学生在解决实际问题的过程中进一步加深对相关数量关系的理解，体会所学计算的实际应用价值，不断提高解决问题的能力。关注学生良好的验算习惯的形成和发展。验算是检验计算过程和结果正确与否的主要手段，也是计算教学内容的重要组成部分，本单元重视让学生结合计算学习，学会验算方法，逐步养成自觉验算的习惯。

算理的理解

一、类型与标准

类　型	质量标准 （正确率）
例题： 理解类：通过计数器和方块板操作帮助理解算理。（苏教版二年级下册第 68 页） 1. 例题： 　　142 + 86 加法算法：相同数位对齐，从个位加起，哪一位上的数相加满 10，就向前一位进 1。 2. 例题： 　　215 - 93（苏教版二年级下册第 74 页）	93%
掌握类： 算理： 用整式计算 643 - 580，并验算。 笔算减法要注意什么？互相说一说。 （苏教版二年级下册第 75、77 页） 减法算法：相同数位对齐，从个位减起，哪一位上的数不够减，要从前一位退 1，在本位上加 10 再减。	93%

二、教学策略

1. 生活经验助理解算理。

在运算教学中，我们可以借助生活原型创设情境，唤起学生的生活经验，在解决实际问题中，达到理解算理的目的。此外，在课堂教学中，教师举例贴近儿童的生活实际计算练习,还能激发一种"似曾相识"的亲切感,从而帮助学生消除学习的心理障碍,促使他们进一步探索知识。例如,我们让学生学习运算的时候,通过圈一圈具体的实物进行计算。这样学生不仅感受到了数学与生活的联系,而且运用生活中的具体实物解决了问题。

2. 多种活动促掌握算理。

在平时的教学中,教师注意收集、制作一些适合低年段学生的计算学具(操作小棒、计数器等),开展凑数游戏卡、摆彩条图等游戏活动,引起学生的学习兴趣,运用算理帮助其提高计算正确率。

三、典型错误及分析

$$
\begin{array}{r} 458 \\ +542 \\ \hline 1000 \end{array} \text{验算}
\quad
\begin{array}{r} 1000 \\ -458 \\ \hline 648 \end{array}
\quad
\begin{array}{r} 458 \\ +542 \\ \hline 1000 \end{array} \text{验算}
\quad
\begin{array}{r} 1000 \\ -458 \\ \hline 642 \end{array}
$$

【错因分析】把验算的目的当作任务,忽视验算的真正价值。计算时虽然有小记号参与,但是对于算理和算法理解不够,尤其是退位减算法复杂了,对于计算能力薄弱的学生来说,这样的计算题并不是理解算理那么简单。而是要通过反复操练加强提高计算熟练程度,达到提高计算能力的目的,从而促进算理的理解内化。

【控错方法】首先,仔细计算。因为往往一开始计算出错后就很难发现问题,所以要有下笔就认真计算的习惯。其次,让学生清楚看到退位产生的过程和合理性,在计算时就不容易遗忘,从而造成出错。对于计算能力薄弱的学生来说,必须通过方法练习提高计算能力。可以边计算边用语言讲清楚计算过程;认识到验算的重要和价值。出现上述错误的学生可以让其当面指出错误的原因并及时修正,如果学生不能及时发现,教师可以追问验算的结果应该等于几,这样来引起学生对验算的认知;养成自己查阅的习惯。鼓励学生自己查阅,对一次性计算全对的学生鼓励表扬,并请他们介绍自己控错的好方法。

四、经典案例及评析

【教学实录】
课题:有余数除法的初步认识
观察比较,探索规律。
师:谈话引入:请你用4根小棒摆1个正方形,那么8根小棒可以摆几个正方形？怎样列式？像这样用 12、13、14、15 或 16 根小棒摆正方形，结果会怎样？

（生动手操作：先摆一摆，再填写除法算式，并把表格填写完整。）

（师巡视、指导，呈现资源。）

生：讨论交流：

（1）用 12 根小棒或 16 根小棒摆正方形，小棒正好用完，没有剩余；用 13、14、15 根小棒摆正方形，都有剩余的小棒，为什么剩下的小棒根数分别是 1 根、2 根、3 根？

（2）用 12、13、14、15 根小棒都摆成 3 个正方形，而用 16 根小棒可以摆成 4 个正方形，为什么多了 1 个正方形？

（3）如果用 17、18、19、20 根小棒摆正方形，余数可能超过 3 吗？

生 1：我发现 12 根、16 根能正好摆完。但是积不是 4 乘几的，就不能正好平均分。

师：你的意思是不能 4 根 4 根正好分完是吗？你们听懂了吗？

生 2：我知道了，因为每次多下来的没有 4。

生 3：也就是剩下的是比 4 小的数。

师：其他同学你们听懂了吗？

生：听懂了，那么这里是不是平均分？

生：是。

师：请你们试着写写它们的除法算式。

生：独立思考，写算式。

师：过程中提问 13÷4=3 对吗？

生：不对，可以这样写，13÷4=3，还剩 1 根。

师：其实就是 13 除以 4 等于 3 个，还余下 1 根，可以写成 13÷4=3（个）……1（根）。

这样的算式我们读作 13 除以 4 等于 3 余 1。

生：读一读。

师：你们都清楚这里每个数的意思吗？相互交流。

巡视指导。

生：13 根小棒平均每 4 根 1 份，分成 3 份还剩 1 根。

师：你真棒！谁再来说一说。

师：请你们试着写一写 14 根、15 根平均分的结果。

生：写一写。

师：先呈现正确答案，再指出错误资源中的错误，让学生修改完善。

……

师：观察比较：比较除法算式中的余数和除数，你有什么发现？交流讨论。

生1：余数是1、2、3。

生2：余数都比4小。

……

师：归纳总结：余数都比除数小。

实际运用，举一反三。

【评析】教学环节设计环环紧扣教学知识任务的同时，关注学生良好思维品质的培养。例如，由实际操作小棒形成到表象，再到抽象具体规律，从具象到抽象形成思维能力，养成推理的习惯和方法，然后实际运用。在举一反三的过程中，理解、强化余数与除数的关系，也理解算理的意义。教师在教学过程中指导关注全体学生的计算能力和算理的理解与掌握。

计算结果合理性的判断

一、类型与标准

类　　型	质量标准（正确率）
式题类： 先说说得数是几十多，再口算。 54 + 14 =　　　　　49 + 37 = 67 − 35 =　　　　　72 − 53 = 438 + 276 = 600 多　　800 − 535 = 300 多	90%

二、教学策略

1. 题组练习，总结判断方法。

计算实际问题时，多进行题组练习和分析，在观察比较中发现结果的合理性。运用多种方式验证答案或者结果的正确与否。平时教学中多进行一些题组练习，鼓励学生发现各题的异同，提醒学生注意什么，怎样合理判断。如：根据数据、符号特点判断；问题结果代入原题判断。

2. 培养学生用估算判断结果合理性的意识。

估算也是计算内容的一部分。它不仅能帮助学生把握笔算结果的合理性，其本身也是解决实际问题的常用方法。如利用数据特点判断 35 − 18 的得数一定是十几，因为这是退位减，如果二十几，就一定是错误的。总结估算方法：（1）凑成整百数。如：389 看作 400、709 看作 700。（2）两个数一个估成整百数，另一个不估。（3）根据题意判断是应该估大还是估小。

三、典型错误及分析

1. a. 两套衣服，一套是 491 元，一套是 298 元。妈妈带了 800 元，够买这两套服装吗？

b. 两套衣服，一套是 506 元，一套是 308 元。妈妈带了 800 元，够买这两套服装吗？如果不够，还差多少钱？

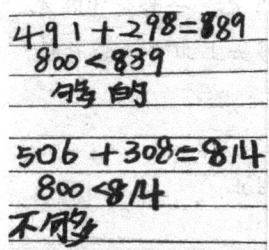

【错因分析】学生估算意识比较弱，部分学生是用精确计算方法；用估算方法的学生，估算的表达方式不够完整。

【控错方法】两题估算都是800，为什么一题是够，一题是不够呢？要让学生多说一说，再同桌互说，上面一题不到500加不到300，结果一定是不到800，下面一题是500多加300多，结果一定大于800，以此加深理解，学会表达。因为下面一题光用估算不能得到结果，所以我们要根据实际情况合理选择计算方法，让学生看到估算和准确计算的合理性和实际运用。

2.（苏教版二年下册数学补充习题）

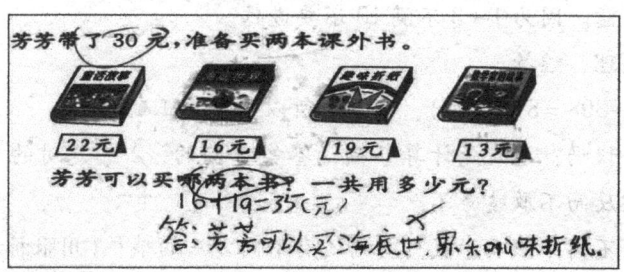

【错因分析】条件信息较多，审题不仔细。学生往往不关注题意中的全部信息。两问的题目只完成一问。部分学生不关注芳芳带30元买两本课外书这个信息，而是任意选择两本书价格进行计算。

【控错方法】从题头逐字逐句阅读，圈出重要字词，做题时，按序号一一逐题完成。读题包括图和文字、条件和问题。

四、经典案例及评析

【教学实录】

课题：选择合适的方法计算

在教学完并估算后，请同学们试一试。

a. 两套衣服，一套是491元，一套是298元。

b. 两套衣服，一套是506元，一套是308元。

如果妈妈带了800元，够买上面哪一套衣服？

生：独立完成。

（教师巡视近一半人精确计算）

师假装没看见也不指导纠正。

> 1：491+298=889（元） 506+308=814（元）都不够
>
> 2：491+298=789（元） 506+308=814（元）够买第一套
>
> 3：491+298≈800元 506+308≈800元够买第一套

师呈现学生资源。

师：下面我们来分享自己的思考。师：先来判断3份作品。

生：我认为第一份491+298=789（元）算错了，答：够的。

师：哦！有意思！你认为呢？

生：我同意。因为1+8不满10不要进位。

师：有道理，继续。

生：506+308=814（元），不够，所以2号是正确的。

师：有异议吗？也就是计算正确，答案正确的，2号是对的。没有。这时用估算的同学反而不敢吱声了。

师：还有不同方法吗？我可看到还有不同方法的哦！（用眼神积极暗示鼓励发言）

生：其实不用计算。

师：故作神秘，张大嘴巴。继续来分享你的作品。

生：我认为3号是最好的。展台投影作品展示491+298≈800（元），够的。506+308≈800（元），不够，所以只能买第一套。

师：听懂了吗？

师：都赞成这种方法吗？

生：赞同。

师：可以小组交流他的想法。先判断这样可以吗？他是什么意思？

生：他就是估算，491≈500，298≈300，491+298<800，所以够的。506≈500，308≈300，506+308>800。

师：相机板书 491＋298＜800　够
　　　　　　　500　300
　　　　　　506＋308＞800　不够
　　　　　　　500　300

师：此处有掌声。听懂了吗？相互说。

生：相互交流。

师：我想采访一下你，你为什么不计算出准确的结果呢？

生：因为问题只要我们回答够不够。

师：对啊，看清问题很重要，不要总是拿到问题就拿笔算哦。

师：看来我们还要学会选择合适的方法计算呢。同时板书。

老师把大大的赞送给你。其实在巡视中，我发现还有好多同学也是这样思考的，但是他们不敢轻易质疑别人，导致失去了展示的机会，老师希望同学们在以后学习中看清问题，想到合适的方法，敢于挑战不同答案，成为会学习、巧学习的人。

【评析】由于学生对精确计算的一种依赖和习惯，导致一开始学生精确计算。教师欲擒故纵，制造矛盾冲突，有利于学生主动参与估算活动，从而感受到生活是离不开数学的，估算的价值得以真正体现，课堂上教师利用学生半成品资源，通过引发思考的问题，采用相互交流的形式促进全班同学参与学习。确立"有用的数学"意识，理解数学学习的价值和意义。课尾，教师还不忘培养学生敢质疑的品质。

选择灵活方法解决实际问题

一、类型与标准

类 型	质量标准（正确率）
做一个灯笼用 4 张纸，30 张纸够做 8 个灯笼吗？如果不够，还差几张纸？ 方法一：4×8＝32（张）　　方法二：30÷4＝7（个）……2（张） 　　　　32＞30　　　　　　　　　　8＞7 　　　　32－30＝2（张）　　　4－2＝2（张） 　　　　不够　　　　　　　　　　不够 2. 将 40 厘米长的纸条对折对折再对折，每段长多少厘米？ 方法一：40－20＝20（厘米）　　20－10＝10（厘米）　　10－5＝5（厘米） 方法二：40÷2＝20（厘米）　　20÷2＝10（厘米）　　10÷2＝5（厘米） 方法三：2×2×2＝8（段）　　40÷8＝5（厘米）	85%

二、教学策略

1. 借助符号语言表征思维，形成解题方法。

语言是思维的外壳，教师在教学中要鼓励学生思考并表达自己的思维过程，利用多种形式的符号、文字语言表征自己的思维信息，体验到学习的乐趣，同时有助于学生新课堂常规表达能力的养成和提高。

> 一共有 30 块饼干，每盒装 4 块，用 7 个这样的盒子装，够吗？
> 方法一：30÷4＝7（盒）……2（块）
> 　　　　7×4＝28（块）
> 方法二：7×4＝28（块）　　28＜30　够的

例如上题：学生先交流分析思考数量关系，然后独立完成记录多种思考方法，再收集计算结果进行比较，判断正确优化的方法并检验，最后反思完成思考过程，并表达清楚整个解题过程，逐步形成解题方法。

教师还可以根据具体实际问题指导学生运用画图表达、纯文字表达、图文结合表达等多种形式让别人明晰自己的思考过程,逐步形成一类题的解题能力。

2. 多形式过程评价,促解题习惯养成。

"给个支点,就能撬动整个地球。"教学中教师指导学生运用多种方式记录思维过程,鼓励学生尝试多种路径寻找结果,并能养成相互检查结果的合理性和准确性的习惯,通过一系列自主学习活动,学生会给我们带来无限的精彩。这期间,教师要巧用心思设计出精美的表扬信、适时发礼物、发信息等形式引导学生能多角度思考、会补充别人发言、做完题目能自觉检查,使学生自主获得多方法得到结果的意愿。

三、典型错误及分析

实验小学各年级学生人数:

年级	一	二	三	四	五	六
人数	289	319	351	328	346	356

一共有多少人?

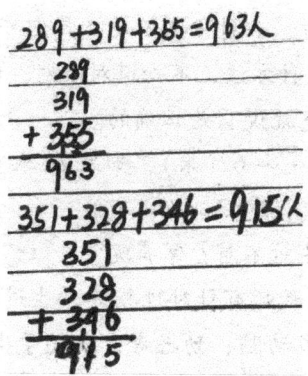

【错因分析】计算难度大,学生只考虑到小的数要与大的数结合才能达到两次人数的平衡,忽视了最后的结果。平时对估算的要求掌握不扎实。

【控错方法】养成选择多种方法解题的习惯,在这里,估算要比竖式计算更容易得到结果,根据数据346与355相加要再加289,然后把二、三四年级相加并估算,得到结果,真正运用灵活方式解决实际问题。强调计算结果判断来完善多种方法思考的思路,用不同方法检验的习惯,除了指导小数加大数,中间数加中间数能大大提高结果的正确率,还要指导计算过程的技巧,像这样复杂的三位数加三位数可以先算两个数相加的结果,再加第三个数,做到计算正确、合理。

四、经典案例及评析

【教学实录】

课题： 算法多样化教学

出示：做一条裙子要用3米布，20米布能做7条裙子吗？

自读题目。

提问：谁来解答？

生1：$3 \times 7 = 21$（米），7条裙子需要21米布，现在只有20米布，$21 > 20$，所以不能做7条裙子。

师：他是用乘法解答的，思路非常清晰，有理有据，谁还有不同方法解答吗？

生2：$20 \div 3 = 6$（条）……2（米），20米布最多只能做6条裙子，还剩的2米不能再做一条，$6 < 7$，所以不能做7条裙子。

师：两位同学一个是用乘法解决，一个是用除法解决，而且表达非常清晰，思维很严谨，值得我们每一位同学学习。从这里我们可以看出，我们在解决问题时可以从不同方面去思考，一种方法不会，我们可以选择另一种方法。

生3：老师，我还有一种方法，不知道对不对？（有点出乎老师的意料）

师：只要你道理讲清楚就说明是正确的。

生3：$20 \div 7 = 2$（米）……6（米），如果20米布要做7条裙子，那么每条裙子只有2米，而不是3米，$2 < 3$，所以不能。

师：你们说他这种方法对不对？掌声呢？

【评价】教学过程中，教师有针对性指导学生进行思考，鼓励算法多样化。用激励的语言鼓励学生要多动脑、勤思考，激发学生探究的意识。这道题教师的目标是学生要掌握生1和生2的方法，如果学生能够想到生3的方法，那更好，拓宽一下学生的思路，想不到也不会特意去教。课堂上学生的思维活跃，发散思维表现很突出，可见，平时教师对学生的思维多样性培养很扎实有效。

三年级上册　小学数学学科关键能力校本化

实施手册

口　算

一、类型与标准

类　型	质量标准		
	时段	速度	正确率
例题： $20 \times 3 =$　$8 \times 200 =$　$60 \div 3 =$　$600 \div 3 =$　$\frac{5}{8} + \frac{2}{8} =$	初学	12题/分	95%
	期中	18题/分	96.5%
	期末	20题/分	97%
综合： 两位数乘一位数　$18 \times 3 =$　$48 \times 2 =$ 表内除法　$6 \div 3 =$　　$12 \div 4 =$	期末	12题/分	96.8%
拓展： $7 \times 6 + 6 =$　　$7 \times 8 + 6 =$ 首位不够除的整十数除以一位数：$120 \div 3$、$400 \div 5$ 非整十数除以一位数：$36 \div 3$、$36 \div 2$ 补充：$1 - \frac{5}{8} =$　　$\frac{5}{6} - \frac{5}{6} =$	期末	10题/分	95.3%

二、教学策略

1. 整体把握教材，促进有效教学。

教师全面把握教材，根据已有知识基础设计教学板块，基于学情引入新知。学生已学过的相关内容有表内乘、除法，万以内的加减法；本册教学的相关内容有整十数、整百数乘一位数的口算，两位数乘一位数的口算，整十数、整百数、几百几十除以一位数的口算，两位数除以一位数的口算，简单的同分母分数的加减法。后续三年级下册学习的相关内容有十乘两位数、整十数乘整十数的口算，整百数、几百几十除以整十数等。

2. 梯度设计练习，有效拓展提升。

基础练习包括：百以内的进位加、退位减，用乘法口诀能一步算出结果的乘除法，同分母分数加减法。拓展练习包括：简单的乘加（减）、需要熟记结果的一些常见算式、首位不够整除的口算、用口诀能计算的有余数的除法、进位乘。提升练习包括：125×16、72÷18、142－99、184＋98、500－23 等有一定计算技巧的题目。

3. 趣味全面评价，激发学习内驱。

评价时，以激励为主，避免给学生造成不必要的心理压力，在玩中提升口算技能，实现口算整体水平的提高。评价形式有期末整体考核过关；平时学生自主申报分层过关；在"一站到底""PK 擂台赛"等游艺活动中评选出"口算大王""口算达人""口算标兵"等，颁发证书。

三、典型错误及分析

1. 比一比，算一算。

```
24×5 =100×   24×4=60 √
16×5 =82     15×6=80 ×
18×5 =90     15×8=90 ×
12×5 =30×    15×2=30
```

【错因分析】题组中参与运算的数据相似，容易混淆。教师课堂教学中缺少了"比一比"这一环节，学生局限于快速算出结果，经验主义导致错误发生。

【控错方法】观察数据特点，比一比，找出数据的差异，初步判断结果可能不一样。学生找出运算过程的差异，运用方法，准确计算。多进行题组对比练习，加强检查。

2. 34÷2＝12

【错因分析】首位除不尽，有余数，需要与个位上的数合起来继续除，计算步骤多，比较复杂。学生嫌烦，不愿意一步一步扎扎实实计算，而是凭感觉写一个结果。

【控错方法】（1）理解算理：把 34 分成 20 和 14，20÷2＝10，14÷2＝7，10＋7＝17。（2）做除法，想乘法：17×2＝34，34÷2＝17。（3）学生在头脑中想竖式。

四、经典案例及评析

【教学实录】

课题：两、三位数乘一位数（口算）

1. 出示情境图。（王阿姨在购物网站订了3箱玉米，每箱20根。）

师：看图说一说你知道了什么，要解决什么问题。

2. 新授口算整十数乘一位数。

师：你能解决这个问题吗？

学生口头列式，教师板书。$20 \times 3 =$

师：你会算这个算式吗？试一试。组内交流思路。

生1：$20+20+20=60$

生2：2个10乘3得6个10，6个10是60。

生3：$2 \times 3 = 6$，$20 \times 3 = 60$

师：第一种方法是大家都能理解的。那么下面两种方法理解吗？"2"表示什么？"6"呢？

生：2是指十位上的"2"，表示2个10。3个2个10就是6个10，"6"表示6个10。

师：这就是我们今天要学习的新本领：整十数乘一位数，只要根据表内乘法，想第一个乘数十位上的数乘一位数是多少，再在积的末尾添上1个0就可以了。整百数乘一位数呢？你也会算吗？怎么算？

生5：整百数乘一位数，只要根据表内乘法，想第一个乘数百位上的数乘一位数是多少，再在积的末尾添上2个0就可以了。

师：你真会学习！

3. 试一试：口算200×3。

4. 练一练：$2 \times 3 =$ $20 \times 3 =$ $200 \times 3 =$ 学生结合算理，同桌说说算法。

【评析】 教师以学生为主体，基于对学生的了解，相信学生，让学生先尝试计算，再说一说思路，从而明白算理，再比一比算法，优选出最简方法。

笔 算

一、类型与标准

类 型	时段	质量标准 速度	正确率
例题： 乘法竖式计算： 1.（不进位）12×3=36 2.（进位）48×2=　　48×4= 3.（乘数中间、末尾有0的）102×4=408　4×120=480 除法竖式计算： 1.（每位都能整除的）46÷2=23 2.（有余数的）65÷3=21……2 3.（首位不能整除的）52÷2=26　　738÷2=369 4.（首位不够除的）312÷4=78 5.（商中间有0的）306÷3=102　　432÷4=108	初学 期中 期末	1题/分 1题/分 2题/分	94% 96.3% 97.1%
综合： 1. 笔算：42+36=　　3×7= 2. 列竖式计算：68÷2=　　669÷6= 　　　　　　　　36÷3=　　65÷3=	期末	4题/分	98.3%
拓展： 1. 在□里填上合适的数字。 　□3□　　9□5 　×　7　　×　□ 　5□□4　　4□7□	期末	0.5题/分 1题/分	83.2% 93.5%

续 表

类 型	质量标准		
	时段	速度	正确率
2. 先计算，再说说发现了什么。 24×3×2 =　　　105×2×4 =　　　350×3×3 = 24×6 =　　　　　105×8 =　　　　350×9 =	期末	0.5题/分	83.2%
3. 先计算，再说说发现了什么。 848÷4÷2 =　　　900÷2÷3 =　　　909÷3÷3 = 848÷8 =　　　　 900÷6 =　　　　909÷9 =		1题/分	93.5%

二、教学策略

1. 整体把握教材，促进有效教学。

熟知笔算教学的知识脉络，胸中有丘壑，教学中的难点和重点就能拿捏有度。学生已经掌握了加减乘除竖式计算的基本结构。已学过的相关内容有表内乘除法、有余数的除法、万以内的加减法。本册教学的相关内容有两、三位数乘一位数（不进位、不连续进位、连续进位），乘数中间或末尾有0的乘法，两、三位数除以一位数、除法的验算。后续学习的相关内容有两位数乘两位数，三位数乘两位数，两步混合运算，两、三位数除以两位数等。

2. 坡度练习导入，架构新旧知识间的桥梁。

笔算教学与新旧知之间的联系密切，呈现螺旋上升的态势，课前积累很重要。上课伊始，教师精心设计针对性练习，起到承前启后、温故知新的作用。譬如，教学"两、三位数乘一位数"（不连续进位）时设计的课前积累练习如下：(1) 口答：3×9+5 =　　5×7+6 =　　9×4+7 =　　7×7+4 =　　4×6+2 =　　8×8+6 =　　交流时，学生先说计算过程，再说结果。教师根据学生回答，在乘法下面画线，写出计算过程中的积，提高正确率，也就是方法指导。(2) 笔算：112×4 =　　243×2 =　　42×2 =　　学生通过算一算、说一说，达到温习算理、巩固旧知的目的。

3. 教学过程开放互动，学生主动建构体系。

新授时，学生会发生新旧知识间的冲突，譬如，旧知不能解决新问题，方法不够优化等。此时，教师第一时间根据预设捕捉到有价值的学生资源并呈现，小组间先讨论，然后全班辩论，找到最佳方案。资源分层呈现，先呈现正确的，再呈现有争议的,最后呈现有问题的。在不断辨析的过程中,学生逐渐架构对新知的认识,并有效降低错误发生的概率。

三、典型错误及分析

1. $8 \times 467 = 3626$

```
    4 6 7
  ×     8
  ─────────
    3 6 2 6
```

【错因分析】乘数的数据较大,进位加容易算错;横式上忘记写结果。

【控错方法】(1)进位的数据在竖式上做进位标记。(2)练习乘加混合的口算,夯实基本功。(3)及时验算检查。

2. $1500 \times 6 =$

$1500 \times 6 = 8000$

```
    1500
  ×    6
  ──────
    8000
```

【错因分析】乘数末尾有0的乘法简便计算格式不对。两位数乘一位数计算错误。

【控错方法】加强算理理解,明白简算的原理:先算 $15 \times 6 = 90$,再在末尾添两个0。15个百乘6,得90个百,即9000。乘数6对准1500的5来列竖式。

3. $560 \div 4 =$

$560 \div 4 = 14$ $560 \div 4 = 140$

【错因分析】(1)三位数除以一位数(被除数末尾是0),前两位刚好除完。被除数个位上的0除以除数,漏写商的末尾0。(2)余数0不知道对应哪一位写。

【控错方法】(1)加强算理理解,明白每一步数据的来历,建立竖式计算的结构。(2)自主验算检查。

4. 742 ÷ 7 =

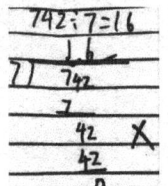

【错因分析】首位刚好够除,十位上的数不够除,而与个位上的数合起来刚好除尽。商中间的0不写,结果本来是三位数,现在却变成了两位数。

【控错方法】从简单入手,通过动手操作,加强算理的理解,熟悉计算法则,除到哪一位,商就写在哪一位的上面,并结合估算教学,通过估算检验结果的合理性。

5. 与0有关的乘法

$$
\begin{array}{r} 503 \\ \times\ \ 2 \\ \hline 106 \end{array}
\qquad
\begin{array}{r} 260 \\ \times\ \ 4 \\ \hline 104 \end{array}
\qquad
\begin{array}{r} 350 \\ \times\ \ 8 \\ \hline 280 \end{array}
$$

【错因分析】这些跟0有关的错误,有的是对"0乘任何数都得0"的运用不熟练,有的是算理上的模糊,迁移的能力较弱,有的是算法上出现了混淆等。

【控错方法】弄清错误的原因,在加强算理理解的同时,通过单项练习熟练掌握算法。新授时,教师关注末尾和中间有0的乘法计算题。

四、经典案例及评析

【教学实录】

课题:笔算两、三位数除以一位数(首位或首两位都能整除)

1. 出示苏教版数学三年级上册教材第50页例3。观察情景图,找出已知条件和问题。

师:根据以前所学的知识,怎么样解决这个问题?列出算式。

生:46÷2   学生独立计算,然后组内相互交流,完善表达。

生1:每筒有10个,有4筒,平均分给2个班,用除法计算。每班先分得2筒,是20个,再分得3个,加起来是23个。

生2:把4个10平均分成2份,每份是2个10,也就是20,列式为40÷2=20(个),把剩下的6个平均分成2份,每份3个,列式为6÷2=3(个)。最后把两次的商加起来就是23个。

生3：40÷2＝20（个）　　　　6÷2＝3（个）　　　20＋3＝23（个）

师：大家的想法都正确，你会用竖式计算这个算式吗？为什么2写在商的十位上？

生4：40里面有20个2，这个20，也就是2个10，把2写在商的十位上，表示2个10。同理，6里面有3个2，这个3，也就是3个1，因此要把3写在商的个位上，表示3个1。

2. 试一试。用竖式计算246÷2。

【评析】教学笔算两、三位数除以一位数的笔算时，竖式的写法是一个难点，通过有层次地说过程、说算理，自主归纳出口算或笔算除法的基本方法，同时，学会用简洁的语言表述自己的思考过程。

灵活运算

一、类型与标准

类　型	质量标准（正确率）
例题： 1. 小强在用计算器计算 $968 \div 8$ 时，错按成了 $968 \div 2$。要想得到正确的结果，可以（　　）。 A. 接着乘以 4　　B. 接着除以 4　　C. 接着加 6 2. 下列各题，能口算的直接写出结果，需要列竖式计算的用竖式计算。 $600 \div 3 =$　　　　$4 \times 800 =$　　　　$8 \times 673 =$ 3. 王老师家离学校 300 米，王老师平均每分钟走 68 米，他 5 分钟能走到学校吗？ 请你在合适的估算方法后面的□里画"√"。 强强想："把 68 看成 70，$70 \times 5 = 350$，$350 > 300$，所以王老师不能走到学校。"□ 红红想："把 68 看成 60，$60 \times 5 = 300$，68×5 肯定大于 300，所以王老师能走到学校。"□ 芳芳想："把 68 看成 70，$70 \times 5 = 350$，$350 > 300$，所以王老师能走到学校。"□	68.6%

二、教学策略

1. 灵活计算，以练促思。

本册教材中这部分内容没有设计专门的例题进行教学，主要是出现在练习当中，综合程度较高，训练学生的数感，使学生灵活运用口算、估算、精确计算等运算能力解决问题。针对这类题目，教师不能简单让学生做一做就算了，解决问题之后，教师要带领学生进行反思，比较异同，选择合理的解题思路，以便更好地发挥这类题的育人学科价值。

2. 借助情境，建构计算方法。

对于三年级的学生来说，灵活计算是比较陌生的，学生没有灵活计算的意识，对于能够灵活计算的内容也较难接受。在教学时，教师可以借助情境来帮助学生掌握灵活计算的方法，掌握灵活计算的窍门。譬如，类似 205 - 99 这样的题目。如果教师在教学时只是阐述"先减 100，再加上 1"这个方法的话，估计有一些学生就听不懂了。教师可以创设一个购物的情境，如"妈妈带了 205 元，想买一条 99 元的裤子，可以找回多少元呢？"学生很快就能得出 205 - 99。在计算时，教师启发学生回忆一下付钱的过程，妈妈先给店员 100 元，即 205 - 100，店员找回妈妈 1 元，所以还需要 + 1，即 205 - 100 + 1。通过这样的讲解后，再归纳出算理，学生更容易接受和理解。

3. 借助比较体验，择取最优方法。

灵活计算，顾名思义，就是要求学生根据题目灵活地选择方法进行计算。对于三年级学生来说，他们往往能做到计算，却还谈不上灵活。就拿"两位数乘两位数"这一类型的题目来说，大部分学生出于固定思维，立马采用精确计算的方法，对于其他的方法往往不加考虑。譬如，25 × 36，大部分学生拿到题目时，都是直接列竖式计算。其实，仔细观察数据可以发现，它可以拆分成 25 × 4 × 9 来算，这样又对又快。

三、典型错误及分析

小强在用计算器计算 968 ÷ 8 时，错按成 968 ÷ 2。要想得到正确结果。可以（ A ）。
A. 接着乘以 4　　B. 接着除以 4　　C. 接着加 6

【错因分析】学生不理解 968 ÷ 8、968 ÷ 2 这两道算式之间的关联，不明白出题者意图，导致选错。

【控错方法】（1）加强题组练习，例如：366 ÷ 6、366 ÷ 2 ÷ 3，明白这就是除法性质的运用：一个数连续除以两个数等于这个数除以这两个数的积，反之亦然。（2）渗透选择题的答题技巧，用选项中的答案一个一个去试。

四、经典案例及评析

【教学实录】
课题：练习讲解
教师出示题目：350 - 64 - 36

师：请同学们在自备本上算一算。

学生独立计算。教师巡视，收集资源。

师：大家做完以后，与同桌交流。

学生1：　　　　　　学生2：
350 − 64 − 36　　　350 − 64 − 36
= 286 − 36　　　　 = 350 −（64 + 36）
= 250　　　　　　　= 350 − 100
　　　　　　　　　　= 250

师：（并列呈现资源）老师收集到两种典型做法，一起来看一下。问：你看得懂吗？说一说你的想法。

生1：左边的同学是直接按原来的运算顺序从左往右计算的；右边的同学先把后两个减数相加再减，计算更简便，结果不容易错。

生2：右边的同学根据数据的特点，运用减法的性质来算，又对又快。我也是这样做的。

师：（调查反馈用不同方法计算的学生数。）如果现在再让你来选择做法，你会选择哪一种？为什么？

指名说一说。

师：计算也是有窍门的。同学们做计算题时，要学会观察数据的特点，灵活选择方法，能简算的就要简算。"磨刀不误砍柴工"，体现数学的智慧。

【评析】同一道题目用不同的方法来做，过程能够很清晰地反映出学生的数学品质。教师用好每一次练习的机会，通过做一做、看一看、比一比等环节，引导他们提高灵活计算的意识和水平，深刻体验简算的优越性，加深印象，提高灵活计算的能力。

算理的理解

一、类型与标准

类 型	质量标准（正确率）
掌握类： 1. 湖里有 48 只灰天鹅，白天鹅的只数是灰天鹅的 2 倍，白天鹅有多少只？ 　　4　8 ×　　　2 ────── 　　1　6 　8 ────── 　9　6 算理：2×8=16　　2×40=80　　16+80=96 2. 46÷2=24 算理：40÷2=20　　6÷2=3　　20+3=23 3. 36÷2=18 算理：20÷2=10　　16÷2=8　　10+8=18	81.3%

二、教学策略

1. 直观操作，明晰算理。

在动手操作中，学生边想、边说、边摆能够优化学生的思维过程。再通过教师的直观演示、规范操作，帮助学生在操作、表述、观察、思考的训练过程中，调动脑、口、手等多种感官，实现由具体的操作过程抽象到计算方法表象的建立。在此基础上，引导学生逐步抽象、概括出具体的方法、技巧。

2. 联系实际，感受算理。

数学来源于生活，又回归于生活。现实生活中有着很多数学素材，数学情境可以用来加以运用，成为学生更好学习数学的资源。课程标准中就指出"让学生在现实情境中体验和理解数学"，"计算教学应注意与学生现实生活相联系，让学生感受到通过计算可以解决一些实际问题"。由此来看，教师要充分运用身边的生活情境，激发学生的探究欲望，让他们在情境中轻松理解算理，掌握知识。如，同学过生日，4 位同学集资买了一个大蛋糕，花了 84 元钱，平均每人要拿多少钱？$80 \div 4 = 20$（元），$4 \div 4 = 1$（元），$20 + 1 = 21$（元）。

三、典型错误及分析

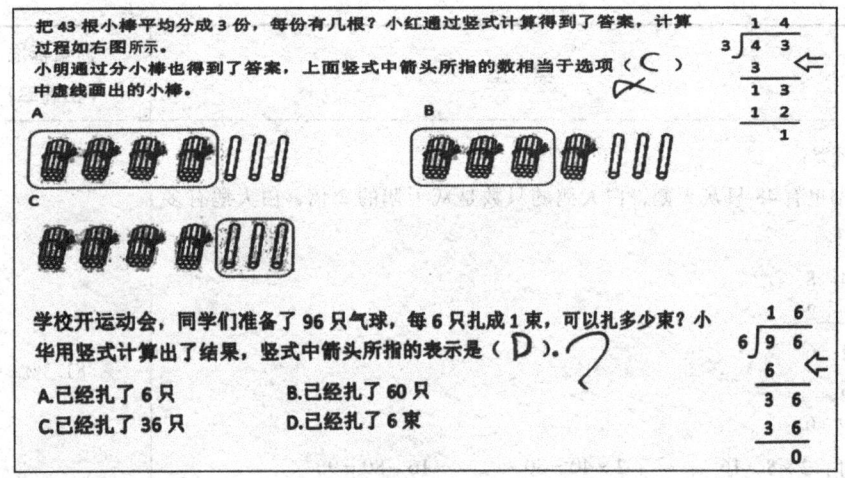

【错因分析】最根本的问题就是不理解算理，在学习的过程中，学生只关注结果，而不注重过程。

【控错方法】教学时，我们要重视在分小棒的操作活动和竖式之间建立起对应的联系。操作是为了更好地思考，要引导学生做一做、想一想，并与竖式比一比、说一说等。

四、经典案例及评析

经典案例：
【教学实录】
课题：笔算两、三位数除以一位数
1. 实际操作，理解算理。
师：有 46 棵树苗，平均分给 2 只熊，每只熊种多少棵？谁会列算式？
生：$46 \div 2 =$
师：请同桌两人合作拿起桌上的小棒摆一摆，把你的思考过程记录在①号作业纸上。

师：谁愿意来黑板上摆一摆，把你分的过程展示给大家，其他同学注意观察，看看他摆的和你的一样吗？（学生板演摆法）

生：先分4捆，每人分得2捆，再分6根，每人分得3根。

2. 教学竖式，深化算理。

师：笔算也是一种方法（板书：笔算），你能用竖式表示分的过程吗？请在②号作业纸上试一试。（学生尝试，教师巡视并收集资源）

师呈现两种资源：

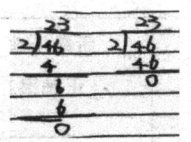

师：两个竖式都能完整反映分的过程吗？

师：同学们让我们一起完整地来经历竖式分的过程。教师边板书边语言引导：把46棵树苗分给2只熊，先分4捆，也就是先分4个10（板书：先分4个10），每人分得2捆，2写在十位上，表示分掉了4个10（板书：分掉4个10）。再分6根，把6移下来做好准备，也就是再分6个1（板书：再分6个1），每人分得3根，3写在个位上，表示每人分得3个1，分掉了6个1（板书：分掉6个1），6减6正好分完。

师：我们列竖式的过程和摆小棒有什么关系呢？让我们跟着电脑老师一起来看一看。（PPT动态呈现每一步对应的过程）

师生答：每只熊种23棵树。

【评析】充分利用学具进行直观操作，帮助学生有效理解算理。学生动手操作的过程也是将分小棒的过程、算式的过程和竖式的过程建立起统一联系，从而清楚直观地认识到无论采取哪种方法，都是先分4个10，再分6个1。

计算结果合理性的判断

一、类型与标准

类 型	质量标准 (正确率)
式题类：（来自调研题） 1. 102×4 =　　你能估一估、算一算吗？ 2. 4×32 =　　23×4 =　　想想积是几位数？ 3. 312÷4 =　　先估计商比100大，还是比100小。 4. 432÷4 =　　估计商是几位数。 5. 738÷2 =　　估计结果是几百多。 6. 72和5相乘，积一定不小于（　　），69和7相乘，积一定不大于（　　）。 7. 64÷5，估计商是几十多。 465÷3 =　　465÷5 =　　商是几位数？ 8. 不计算，填">""<"或"="。 13×5○31×6 9. 判断计算结果是否合理。 同学们在计算"753 - 456"时，出现了如下三种结果，你认为哪两种结果肯定是错的，把你的想法写在得数后面的空格内。 | 303 | | | 297 | | | 407 | |	88.2%

二、教学策略

1. 创设贴切的情境，激发学生主动判断的内需。

在教学中，我们不难发现，学生对于计算结果合理性的判断缺乏主动意识，很多情况下都是在教师的提醒下才会主动去判断计算结果是否合理。针对这种现状，教师在教学中可以创设出有效情境，在具体的情境中，让学生产生判断的内在需要和认可。

2. 总结判断方法，提高自觉判断的能力。

估算、验算等方式都是学生对计算结果合理性判断的方式。估计的方法有大估、中估、小估。对三年级学生来说，他们对这些判断的方法还有些陌生，更不要说灵活运用，需要教师耐心指导。以估算这种方法为例，教师在刚教学时可以给予学生格式化的指导，引导学生学会规范记录思考过程。如"红星小学400名学生乘坐同样大的大巴车去春游，每辆大巴车可乘坐52人，8辆大巴车能全部坐下吗？"

教学时，可指导学生这样思考：

估一估：把52看作（　　）来估。

算一算：（　　）×8 = （　　）人

比一比：52×8○（　　）　| 坐得下□ | 坐不下□ |

想一想：用"√"表示正确答案。

学生接触到规范的估算方法，形成习惯，在后面对计算结果合理性的判断上就能加以运用了。结果的合理性判断还有结果末位判断法等，对这类题要敏感，发挥其辐射作用，以点带面，纲举目张，会一题带动一类题的解答。

三、典型错误及分析

1. 如果□5÷2的商是30多，□里可以填（3）或（4）。

【错因分析】学生没有掌握思维方法。这需要逆向思考。商是30多，说明被除数可以是60多或者70多。

【控错方法】有序思考，逐一试算，寻找答题路径。

2. 72和5相乘，积一定不小于（360）。
69和7相乘，积一定不大于（483）。

【错因分析】把精确结果算出来填进去。不知道出题意图，无从下手。

【控错方法】72×5≈70×5=350（小估），69×7≈70×7=490（大估）。不小于的意思是大于或等于。不大于的意思是小于或等于。换一个角度理解会容易些。

3. 64÷5，估计商是几十多？（12）✗

【错因分析】没有领会题目意思，把 64 估成了 60，算出了精确值填进去，与题意不符。

【控错方法】看最高位够不够除，最高位上除得几就是几十多或几百多。

四、经典案例及评析

【教学实录】

课题：商中间有 0 的除法

432÷4 的商是多少呢？

生 1：商是 18。

生 2：商是 108。

师：还有不同答案吗？（没有了。）大家都知道，计算题的结果是唯一的，不可能出现两种截然不同的答案。二选一，结果究竟是多少呢？请说说你判断的理由。

生 2：400 多除以 4，首位够除，商应该是三位数，是 100 多，不可能是两位数，所以两位数的 18 肯定是错的。

生 1：我知道错在哪儿了，商的中间少写了一个 0。看来，今后计算（前）后利用估算判断结果大概是多少很有必要，它能快速判断结果是否合理，也是验算的一种快捷方法。

【评析】针对学生拿到题，不观察、不思考，只管闷头算结果的现象，教师力求学习是为了让学生变得更有智慧，而不是只会简单做几道题。所以，在教学的过程中教师应注重答题技巧的训练，特别关注数学思维品质是否得到了提升，这是考查学生数学学得好坏的重要标准。此题在练习讲解中，师生的有效配合发挥了这道题的最大价值：学生不仅会做，而且要能做对；知道错了，还要知道为什么错了，效果显著。

选择灵活方法解决实际问题

一、类型与标准

类 型	质量标准 （正确率）
实际应用类： 1.（1）一篇文章有 700 个字，李叔叔每分钟打 90～100 个字，8 分钟能打完这篇文章吗？ （2）一篇文章有 750 个字，李叔叔每分钟打 90～100 个字，8 分钟能打完这篇文章吗？ 2. 从学校到少年宫的路程一共有 500 米，小华每分钟步行 72 米，8 分钟能从学校走到少年宫吗？ 3. 上午有 3 批学生来参观，每批 69 人，下午有 213 人，上午参观的人数多，还是下午参观的人数多？ 4. 选择合适的方法解决下面的问题。 （1）每套课桌椅坐 2 个学生，学校新买来 200 套课桌椅，一共可以坐多少个学生？ （2）阳光小学每个年级都是 136 个学生，全校 6 个年级一共有多少个学生？ （3）小军家距学校有 400 米，他每分钟走 65 米，7 分钟能从家走到学校吗？	52.7%

二、教学策略

1. 掌握步骤，灵活选择方法。

首先，引导学生拿到一道题后，不要着急写，先观察问题情境和数据特点，找到条件和问题之间的联系，再选择合适的方法解答。解题中，加强估算意识和能力的培养，结合具体情境，激发学生灵活选择算法的需求。最后，汇总不同的答案，学生通过观察、比较，在方法多样化的基础上进行优化选择，提高答题的思维品质，培养数感。

2. 把握各运算特点，精确选择解题方法。

引导学生深刻体会口算、估算、笔算、简算等方法的最佳适用领域，在面对一题可以多解时，根据题目判断哪种方法更合适，生生和师生之间进行良好的沟通交流，把各自的算法展示出来并集体讨论，进而发现各算法的优劣，引领学生选择最佳方案，快速解决问题。一般来说，口算适合数据较简单的一步计算；估算适合不需要精确结果判断的类型；笔算适用较复杂、需要精确结果的类型；简算适合参与运算的数据比较有特点的。

三、典型错误及分析

1.

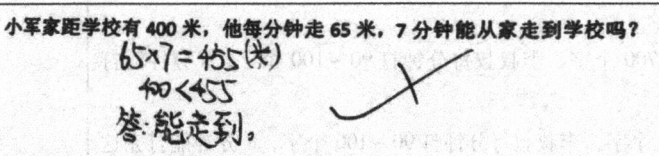

【错因分析】能用估算快速解决的问题却用了笔算，策略选择上不够灵活。

【控错方法】创设真实的情境，进行题组设计，让学生在解决实际问题的过程中，灵活选择答题策略，快速解答。此题应用估算解答：65≈60（小估），60×7=420（米），420＞400。

2.

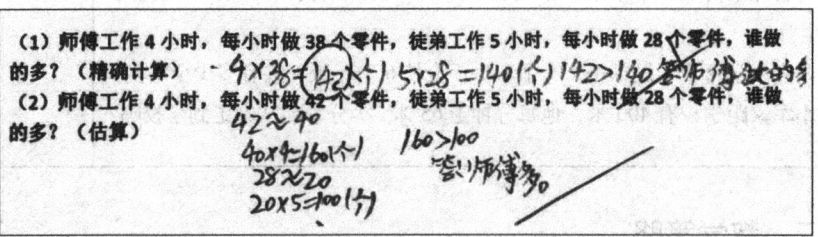

【错因分析】学生分不清什么时候用估算，什么时候用精确计算。

【控错方法】加强思路的指导和数量关系的分析，在对比中找到异同，选择合适的方法。

四、经典案例及评析

【教学实录】

课题：整十、整百数乘一位数（苏教版三年级上册数学书第3页"想想做做"第7题）

甲城到乙城三种不同火车的票价：

普通列车	特快列车	动车组列车
每张198元	每张312元	每张405元

吴老师买3张同样价格的火车票，付给售票员1000元。他买的是哪一种？

（问题一出，学生纷纷举手，可也有一些学生忙着在草稿纸上计算。教师有意挑那些正在笔算的同学先回答。）

生1：我是这样想的，198×3=594（元），312×3=936（元），405×3=1215（元），594<936<1000<1215，所以吴老师买的是单价312元的车票。

生2：我认为这道题目只要用估算就可以了，198×3≈200×3=600（元），单价看大了，还只要600元。如果票的总价小于600元，吴老师根本不用拿出1000元来付。405×3≈400×3=1200（元），单价看小了，总价却还超出1000元，付1000元明显不够。312×3≈300×3=900（元），接近1000元，又小于1000元，就是它了。

师：现在谁能来说一说这两种方法，你觉得哪种更好？为什么？

生3：我更喜欢第二种估算方法，因为这样很简便，心算就可以得出结果了。

生1：我也喜欢估算方法，虽然我算出了正确结果，但速度不及估算快，以后我要注意审题。

师：看来我们在解决实际问题时，不能只满足得到答案，还要能够根据实际情境，选择最合适的方法解答。我们在学习数学的很多时候都要注意，观察思考远比闷头解题更重要。

【评析】先让笔算的学生来汇报结果，然后组织学生比较讨论，虽然学生自己体会到了估算和笔算都能解决这个问题，但是具体到情境中我们发现，"估算比笔算快"，估算更加简便，是解决此题的灵活计算方法。学生自己的感悟和体会充分发挥了学生的主体性，远远比教师强加给学生的更深刻，更有助于学生对灵活计算方法建立初步的概念。

三年级下册 小学数学学科关键能力校本化

实施手册

口 算

一、类型与标准

类 型	质量标准		
	时段	速度	正确率
例题： $12 \times 10 =$　　$24 \times 20 =$　　$20 \times 10 =$　　$20 \times 30 =$ $0.5 + 0.7 =$　　$3.4 - 2.8 =$	初学 期中 期末	10题/分 12题/分 18题/分	95.3% 97% 98.5%
综合： 两位数乘一位数　　乘法口诀　　整数加减法 12×1、$24 \times 2 =$　　2×1、$2 \times 3 =$　　$27 + 24$、$43 - 16 =$	期末	20题/分	98.2%
拓展： $2 \times 4 = 8$　　　　　$2 \times 4 = 8$ $20 \times 4 = 80$　　　$20 \times 40 = 800$ $200 \times 4 = 800$　　$200 \times 400 = 80000$ $2000 \times 4 = 8000$ 比较这组题，你发现了什么？（口算末尾有0的乘法，可以先算0前面的数，再在得数的末尾添上0）	期末	20题/分	96.8%

二、教学策略

1. 整体把握教材，促进有效教学。

厘清了教材内容编排的脉络，了解了学生的学习基础和发展方向，我们在教学时才能有的放矢，有效教学。已学过的内容：乘法的认识与乘法口诀，两、三位数乘一位数，简单的同分母分数的加减法。本册教材的主要内容有：十乘两位数，整十数乘整十数，简单的一位小数的加、减法，相较于学生的已有认知，主要增加了一位小数的加减法这部分内容。后续四年级下册学习的相关内容：三位数乘两位数的口算。

2. 分阶段关注侧重点，有序进行练习。

学习初期，应重正确率、轻速度，确保能运用合理的口算方法将口算题做对。待熟练掌握口算方法后，逐渐对口算速度提出更高要求，既对又快。具体来说，初学阶段，练习以基本类型为主，夯实基础后，适当进行拓展练习。像 $1-\frac{1}{4}=$、$\frac{2}{9}+\frac{7}{9}=$、$1.3+0.7=$、$3-0.8=$ 这样的类型要在拓展题中适当涉及，使学有余力的学生有更广阔的思维发展空间。

3. 在精心设计的练习中夯实口算基础，提升口算能力。

练习的形式有很多，如对比练习、题组练习、拓展练习等。其作用也不尽相同，有的练习有助于学生及时巩固知识点，有的练习有助于学生获得能力的提升。教师需要根据不同的内容及不同学生的学习需求来制定不同的练习。譬如，在教学 20×30（苏教版三年级下册第 1 页）后，可以设计如下题组练习：20×3=、200×3=、20×30=、200×30=、200×300=。比较这组题，你发现了什么，组织学生重点讨论如下两个问题：（1）最后两道是整百数乘两位数、整百数乘整百数的口算，老师还没教，谁能做做"小老师"，告诉大家你是怎么想的？（2）比较这组题，你发现了什么？根据学生回答，总结出口算末尾有 0 的乘法时，可以先算 0 前面的数相乘的积，再在得数的末尾添上 0。

三、典型错误及分析

1. 25 与 40 相乘，积的末尾有（ B ）个 0。
   A.1　　B.2　　C.3

【错因分析】（1）学生往往根据经验认为乘数末尾有 1 个 0，积的末尾也只有 1 个 0 来选择 A。（2）学生只想到"25×4=100"，积的末尾有 2 个 0 来选择 B。

【控错方法】（1）对常见的口算类型加强背诵记忆。（2）注重检查，培养学生检查的习惯。

2. 50×60=300

【错因分析】正确得数应有 3 个 0，1 个是 5 乘 6 得 30 的 0，另外 2 个是添上的 0，学生没有搞清楚得数中 0 的来源，因此在 0 的数量上产生了错误。

【控错方法】（1）强调口算方法，先把两位数看作一位数 5×6=30，再根据乘数末尾一共有 2 个 0，在积的末尾添上 2 个 0，得到 3000。（2）加强此类训练,形成一定辨别意识。

3.　$0.5+0.7=12$　　　　$0.7-0.7=0.0$　　　　$0.2+0.8=1.0$

【错因分析】漏写小数点;结果没有化简。

【控错方法】估算检查:零点几加零点几不可能等于十几;为了与学生后续进一步学习小数加减法的要求内在统一起来,这时渗透计算结果应该是最简的思想。

四、经典案例及评析

【教学实录】
课题:两位数乘整十数(口算)

教学 12×10　　　每盒12个,有10盒,一共有多少个?

师:从这幅图中,你知道了哪些数学信息?怎么列算式?

生:12×10。

师:怎么计算呢?先自己想一想,写一写,再在4人小组中交流你的想法。收集学生资源。

生1:先算9盒有多少个,再加上1盒的12个。$12\times9=108$,$108+12=120$。

生2:先算5盒有多少个,再算10盒有多少个。$12\times5=60$,$60\times2=120$。

生3:先算10个10是多少,再加上2个10,一共是$100+20=120$。

生4:因为$12\times1=12$,所以12×10就是把10看作1个10,我们先算$12\times1=12$,再想12个10就是120。

师:刚刚同学们讨论出了这么多种方法,你们觉得哪种算法最简便?

师:快速完成"试一试":24×10　　　20×10　　　20×30

【评析】让学生自主探索算法,鼓励学生算法多样化。让学生说说哪种算法最简便,给予学生自主选择算法的机会。让学生快速完成"试一试"并请学生介绍经验,让学生在比较中再一次体会口算的最优算法。

笔 算

一、类型与标准

类　型	质量标准		
	时段	速度	正确率
例题： 竖式计算： 1.（不进位）24×12 = 2.（进位）24×53 = 3.（乘数末尾有 0）32×30 = 4. 小数加减法 0.5 + 0.7 =　　　3.4 − 2.8 =	初学	0.7题/分	84%
递等式计算 1. 乘加乘减，先算乘法　5×3 + 20 = 2. 除加除减，先算除法　40÷5 + 12 = 3. 有括号的先算括号里面的　（50 − 20）÷5 =	期中	1题/分	93.6%
	期末	1.5题/分	95.5%
综合： 1. 两位数乘一位数竖式及验算（交换乘数位置）　24×8 = 2. 除法竖式及验算（乘法验算）　565÷5 =　　789÷3 = 3. 加减法竖式及验算　356 + 45 =　　596 − 104 = 4. 同一级运算的运算顺序（从左往右） 32 + 3 − 20 =　　　56÷7×8 =	期末	1.5题/分	95.8%
拓展： 1. 在□里填上合适的数字。 　　　　2 □　　　　　　　　□ 9 　　×　□ 3　　　　　　×　9 □ 　　　　□ 1　　　　　　　2 0 □ 　　1 3 □　　　　　　□ □ □ 　　□ □ □ □　　　　□ □ □ 3	期末	0.7题/分	86%

111

类型	质量标准		
	时段	速度	正确率
2. 32×300 = 先计算，说说发现了什么。 180 − 36 − 44 =　　　　320 ÷ 4 ÷ 2 = 180 − (36 + 44) =　　　320 ÷ (4×2) = 4. 小马虎在计算 900 − □ ÷ 4 时，看错了运算顺序，先算减法，得到的结果是 150，那么正确的计算结果是（　　）。 5. 把两道算式合并成综合算式。 14 + 6 = 20　　15×20 = 300	期末	0.7题/分	86%

二、教学策略

1. 整体把握教材，促进有效教学。

本册笔算教学编排的知识内容结构如下：两位数乘两位数的笔算、两步计算的混合运算（含认识小括号）、简单的小数加减法。为了提高教学效率，教师需准确把握学生已有基础和知识的前沿后续。学生已学过的相关内容：两、三位数乘一位数，连加、连减和加减混合运算，连乘、连除和乘除混合运算，乘加、乘减两步混合运算。后续四年级上册学生要学习的相关内容：三步混合运算（含认识中括号）。

2. 精心设计课前积累，为新授助力。

利用课前积累时间复习算法、学法，激活已有经验，帮学生铺设台阶，促进学生学会思考，活学活用，融会贯通，从而事半功倍。譬如，教学"两位数乘两位数（进位）"的笔算时，笔者设计了如下课前积累练习：（1）列竖式计算并验算：14×21 =　　31×23 =　　42×2 =　　（2）30×40 =　　60×60 =　　80×50 =　　50×90 =　　6×12 =　　9×4 + 5 =　　教师在亲身实践中，惊喜于学生思维火花的激烈碰撞。学生在计算 6×12 时有这样想的：2×6 = 12，6×10 = 60，12 + 60 = 72。学习计算时，学生不满足仅仅掌握计算技能，还善于观察思考，结合加法的分与合、乘法的意义等知识培养数感，进行巧算，活学活用，始终对计算学习充满激情，实乃可喜可贺。

3. 沟通算理和算法，巩固计算技能。

新授时，要把教学的重点放在算理的理解上。根据算理，掌握算法，再以算法指导计算。学生掌握计算方法的关键在于理解，既要让学生懂得怎样算，又要让学生懂得为什么要这样算。如：苏教版三年级下册"两位数乘两位数"的教学中，24×12，教材通过直观呈现情境图让学生知道就是要求 12 个 24 连加的和是多少，可以先求 2 箱南瓜有多少个，即 2×24 是多少，再求 10 箱南瓜有多少个，即 24×10 是多少，然后把两个积加起来。

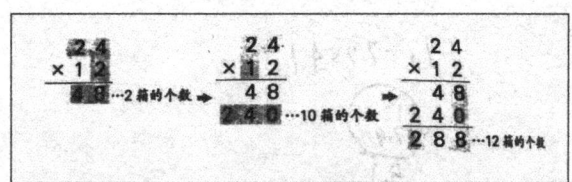

三、典型错误及分析

1. 运算顺序的掌握。

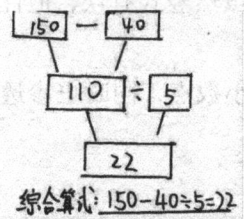

综合算式：150-40÷5=22

【错因分析】学生易写成 150 - 40 ÷ 5，四则运算顺序掌握不扎实，特别是理解运用小括号改变运算顺序。

【控错方法】对运算顺序理解得更加深入，重点理解小括号的使用方法；多尝试此类型题目的练习；学会倒推检查。

2. 乘法运算。

```
 31×28=?
   31         38         85
  ×23        ×70        ×40
   63        2660        340
   62
  683
```

运算1   运算2   运算3

【错因分析】运算1：乘法与加法计算混淆，横式上不写结果；运算2：乘数末尾有 0 的简便计算，末尾忘添 0；运算3：没有掌握乘数末尾有 0 的简便计算的竖式结构，末尾忘添 0。

【控错方法】（1）重视乘数末尾有 0 的乘法计算，关注竖式结构的写法；（2）提醒学生两次相乘的积再相加，不要把求积的过程做成加法；（3）验算检查。

3. 小数减法。

```
12-7.9=2.3          12-7.9=4.1
   12                  12
  -7.9                -7.9
  ————                ————
   2.3                 4.1
```

图 1　　　　　　　　图 2

【错因分析】在学生的已有认知中知道小数减小数需要做到小数点对齐，但对于整数减小数，图 1 和图 2 都找不到整数 12 中隐藏的小数点，因此竖式列得不对。图 1 将 12－7.9 当成 10.2－7.9 计算；图 2 虽然竖式有误，但计算结果却是正确的。

【控错方法】理解 12＝12.0，找准整数中隐藏的小数点，同时也渗透小数的化简这一知识。

四、经典案例及评析

【教学实录】
课题：笔算两位数乘两位数（不进位）
出示教材第 3 页例 3 主题图。12 箱迷你南瓜，每箱 24 个，一共有多少个？
1. 读懂信息，尝试估算。
师：谁能估算一下大约有多少个？你是怎样估算的？
生 1：把 24 看成 20，20×12＝240（个）。
生 2：把 24 看成 25，12 看成 10，25×10＝250（个）。
生 3：把 24 看成 20，12 看成 10，20×10＝200（个）。
2. 合作探究，解决问题。
师：你能计算出结果吗？
学生独立思考，尝试解决。
小组 1：6 个 2 箱是 12 箱，每箱 24 个，先算 2 箱是 48 个，再算 6 个 48 是 288 个。列式：24×2＝48（个）　48×6＝288（个）

小组2：将12箱拆分成2箱和10箱，每箱24个，先算2箱，2乘24得48个，再算10箱，10乘24是240个，相加是288个。列式：2×24＝48（个） 10×24＝240（个） 48＋240＝288（个）……

3. 探究笔算方法。

学生独立尝试列竖式，再和同桌交流，说说为什么这样做。

呈现学生资源：

```
    2 4          2 4          2 4          2 4
  × 1 2        × 1 2        × 1 2        × 1 2
  ─────        ─────        ─────        ─────
    4 8        2 4 4 8        2 8 8          4 8
    2 4                                   2 4 0
  ─────                                   ─────
    7 2                                   2 8 8
```

师组织交流：这么多方法，你觉得哪一种是正确的？你是怎么想的？

全班一起讨论交流：我们在前面已经算出结果应是288，第一种和第二种方法的得数明显不符，所以肯定是错的。第三种方法虽然得数正确，却没有计算过程，像是口算得到的，也不符合，所以我觉得第四种方法是正确的。

师：请列出第四种方法的同学来说一说他是怎么算的。

生：教师适时追问：48和240是怎么得到的？它们表示什么意思？第二步的4为什么要对齐十位写？

生：先算2箱，2乘24得48个；再算10箱，10乘24是240个；48和240相加是288。

师指出：在把两个所得的乘积相加时，个位上是计算8加0，0只起占位作用，为了简便，这个0可以省略不写。

教师板书：

```
    2 4
  × 1 2
  ─────
    4 8
  2 4
  ─────
  2 8 8
```

师：谁能再来说一说计算过程呢？同桌互相说。

4. 归纳总结。

两位数乘两位数（不进位）的笔算方法：笔算时，先用第二个乘数个位上的数去乘第一个乘数各数位上的数，得数的末位和乘数的个位对齐，再用第二个乘数十位上的数去乘第一个乘数各数位上的数，得数的末位和乘数的十位对齐，最后把两次乘得的积相加。

5. 教学"试一试"。

师：过去我们算两位数乘一位数时，为了判断结果是否正确，我们可以通过验算来检验，那么怎么来验算 24×12 呢？

生：调换 24 和 12 的位置相乘。

师：可不可以呢？赶快验证。

师小结：结果一样吗？所以今后我们可以用这种方法来验算。

【评析】在整个笔算的过程中，让学生在思考中产生矛盾，激发学生内在的探索兴趣，调动学生主动学习的积极性，体会两位数乘两位数的算理。整个过程从估一估、算一算、探索新方法到验证，要让学生在较轻松愉悦的气氛中充分掌握知识。

灵活运算

一、类型与标准

类 型	质量标准（正确率）
例题： 350 − 36 − 64　一个数连续减去两个数等于这个数减去两个数的和。 320 ÷ 4 ÷ 2　一个数连续除以两个数等于这个数除以两个数的积。	66.8%
综合： 36 × 9 + 36 =　　　43 × 11 − 43 =　　　25 × 12 =	87%
拓展： 36 × 11 =　　　43 × 29 =　　　125 × 16 = 123 −（23 + 69）　一个数减去两个数的和等于这个数连续减去两个数。 100 ÷（25 × 2）　一个数除以两个数的积等于这个数连续除以两个数。	65.5%

二、教学策略

1. 整体把握教材，促进有效教学。

虽然这部分内容教材中没有设计专门的例题进行教学，但是在练习当中都有涉及，譬如，二年级就有渗透：4 + 4 + 4 + 3 = 4 × 3 + 3 = 4 × 4 − 1。三年级时，在此基础上进一步借助对乘法意义（求相同加数的和即求几个几是多少用乘法做）的理解，渗透运算律、运算性质的运用。其综合程度较高，根据数据的特点灵活计算，培养学生的数感。

2. 借助意义和性质的理解，巧妙计算。

针对这类题目，教师不能简单地只让学生做一做，关键是做过之后，要带领学生进行反思，在练习中进行归纳整理，识别同类型的题目并选择恰当的解题思路，以便算得又对又快。譬如，在计算 36 × 9 + 36 时，常规方法是按既定的运算顺序进行笔算，用递等式表示每步计算的结果。但是我们通过观察数据特点发现，这个算式可以根据乘法的意义灵活运算，求 9 个 36 加 1 个 36 就等于 10 个 36，能快速得出结果，而且正确率较高。这一过程中，提升了学生的计算技巧，渗透了运算律等知识点的理解。

三、典型错误及分析

1. 25×12

```
 25×12
=25×10+2
=250+2
=252
```

【错因分析】学生不能灵活运用乘法的意义进行简算，他们对乘法的性质不理解，一个数连续乘以两个数等于这个数乘这两个数的积。

【控错方法】方法①：指导学生运用乘法的意义来简算，$25 \times 12 = 25 \times 10 + 25 \times 2$；方法②：指导学生可以用乘法的性质来简算，$25 \times 12 = 25 \times 4 \times 3$。最后教学设计题组练习，区别方法。如，$25 \times 12$、$25 \times 10 + 2$、$25 \times 3 \times 4$ 的对比练习。

2. $123 - (23 + 69)$

```
 123-(23+69)
=123-23+69
=100+69
=169
```

【错因分析】学生不理解减法的性质；不会使用括号。

【控错方法】教师要利用生活情境，帮助学生理解减法的性质。指导学生使用括号的方法，在运用减法的性质进行简算时，加（去）小括号要注意改变运算符号。最后加强题组对比练习：$123 - (23 + 69)$、$123 - 23 - 69$、$123 - 23 + 69$，使学生造成激烈的认知冲突，从而加深对减法性质的印象。

四、经典案例及评析

【教学实录】
课题：练习讲解
师：在自备本上完成计算。教师出示题目：25×12

学生独立计算，教师巡视，收集资源。

师：（呈现资源）看了这几份典型的作业，你有什么想说的？

学生1：　　　　　　学生2：　　　　　　学生3：

$25 \times 12 = 300$　　　　25×12　　　　　25×12

$$\begin{array}{r} 25 \\ \times\ 12 \\ \hline 50 \\ 25 \\ \hline 300 \end{array}$$

　　　　　　　　　$= 25 \times 4 \times 3$　　　$= 25 \times 10 + 25 \times 2$
　　　　　　　　　$= 100 \times 3$　　　　$= 250 + 50$
　　　　　　　　　$= 300$　　　　　　$= 300$

生1：第一种是笔算，第二、三种是简算。

生2：如果现在让我来做的话，我肯定选第二种方法。

师：为什么？

生2：它特别容易懂，正确率会很高，是运用了乘法的性质来做的。

生3：第三种方法是我写的。虽然它属于简算，但比第二种复杂，可能还有同学不理解。

师："不怕不识货，就怕货比货。"通过比较，三种方法一下分出了高低。计算时，用好"会看（观察数据特点）、善思"这两把刷子，会事半功倍哟！

【评析】此题是一道纯计算题，计算方法具有开放性。学生根据自己的计算经验灵活计算，呈现出的作业资源比较丰富。教师通过收集、展示学生的作业资源，引导他们"比一比"谁的方法更快速简便，聚焦算法在多样化的基础上进行优化。教师明确提出能简算的要灵活计算的要求，对于三年级学生来说，要求还是比较高的。学生正是在这样不断试水的过程中得以知识的习得和能力的提升的。

算理的理解

一、类型与标准

类 型	质量标准（正确率）
理解类： （苏教版三年级下册第3、4页） 幼儿园购进12箱迷你南瓜，每箱24个，一共有多少个？ 迷你南瓜 $24 \times 12 = $ ____ （ ） $\begin{array}{r}24\\ \times 12\\ \hline 48\end{array}$ …2箱的个数 → $\begin{array}{r}24\\ \times 12\\ \hline 48\\ 240\end{array}$ …10箱的个数 → $\begin{array}{r}24\\ \times 12\\ \hline 48\\ 240\\ \hline 288\end{array}$ …12箱的个数	88.5%
掌握类： 结合数量关系理解运算顺序。 1. 乘加乘减，先算乘法　$5 \times 3 + 20 =$ 2. 除加除减，先算除法　$40 \div 5 + 12 =$ 3. 有括号的先算括号里面的　$(50 - 20) \div 5 =$	95.5%

二、教学策略

1. 联系实际，感受算理。

课程标准中就指出"让学生在现实情境中体验和理解数学"，"计算教学应注意与学生现实生活相联系,让学生感受到通过计算可以解决一些实际问题"。教师充分运用身边的生活情境,激发学生探究欲望,让他们在情境中轻松理解算理,掌握知识。例如在教学 24×12 时,教师可以结合具体的情景理解:

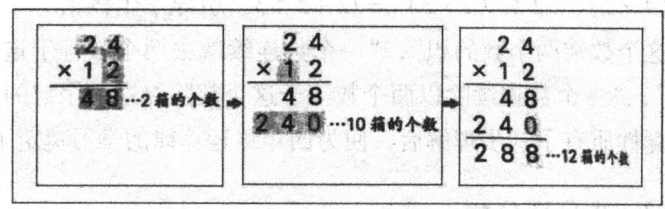

通过理解后,学生就轻而易举地归纳出算法了。

2. 动手操作,体验算理。

在计算教学中,应积极引导学生自己动手动脑,通过实践操作,主动探索计算法则。教师不能只讲,而是在教学中要发挥学生的主观能动性,使其动手操作,利用学具摆一摆、看一看、想一想,有效突破运算的重难点。如在教学"混合运算"时,计算"小军买3本笔记本和1个书包,一共用去多少元?"这个问题上,可让学生自己先画画图(如下图),在这幅图的引导下,学生就能轻而易举地说出数量关系,从而列出算式。

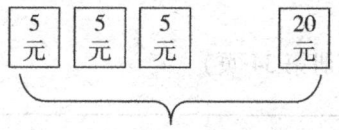

3. 具体计算,领悟算理。

在具体计算的过程中,学生会默默地思考计算的顺序和过程,运用知识的能力不断增长,并会不断提出自己的观点,尝试概括和总结计算中出现的法则,从而对算理有进一步的领悟和理解。如苏教版数学书三年级下册第10页(第5题),又如第40页(第6题)。

| 5. 42×4×5 | 35×15×2 | 12×5×8 |
| 42×20 | 32×30 | 12×40 |

6. 180-36-44	159-(59+37)
180-(36+44)	159-59-37
320÷4÷2	72÷(2×3)
320÷(4×2)	72÷2÷3

可以先出示题目让学生进行计算，待学生计算出结果后，再比较各组算式结果的特点，根据结果相等的特点，用等号把算式连接起来：40×4×5＝40×20，180－36－34＝180－（36＋24），159－（59＋37）＝159－59－37，320÷4÷2＝32÷（4×2），72÷（2×3）＝72÷2÷3。引导学生概括"一个数连续乘两个数等于这个数乘两个数的积"，"一个数连续减去两个数等于这个数减去这两个数的和"，"一个数连续除以两个数等于这个数除以这两个数的积"等。学生对这些运算性质有了初步理解后，便为四年级运算律的学习奠定了基础。

三、典型错误及分析

1.

$$\begin{array}{r} 24 \\ \times 12 \\ \hline 448\ \times \end{array} \qquad \begin{array}{r} 14\times 2=42 \\ 14 \\ \times 21 \\ \hline 14 \\ 280 \\ \hline \end{array}$$

【错因分析】由于对算理的不理解，导致计算方法掌握不当。

【控错方法】在教学时，重视算理教学，通过分层分板块理解每一步计算的缘由，理解竖式中每一个数据的来历，边实践操作边同桌互说每一步的意义，巩固算理和算法。

2.（苏教版三年级下册第34页）

小军买3本笔记本和1个书包，一共用去多少元？

$$20+5\times 3$$
$$=25\times 3$$
$$=75(元)$$

答：一共用75元。

【错因分析】实际计算脱离算理，运算顺序错误。

【控错方法】借助问题情境，分析数量关系，勾连算理和算法。理清先求3

本笔记本的元数,再求一共用去的元数,以此迁移到综合算式中,先求 $5 \times 3 = 15$,再求 $20 + 15 = 35$,即先算乘法,再算加法。

3. (苏教版三年级下册第 5 页第 2 题)

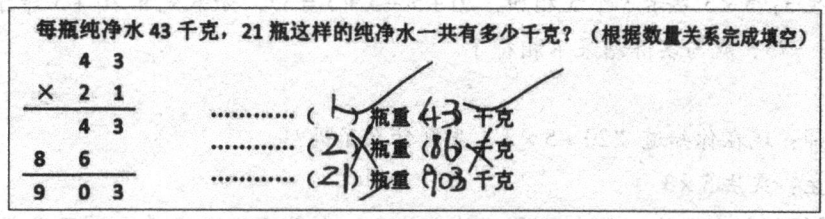

【错因分析】学生不理解算理。十位上的 2 乘 43 表示的是 20 个 43 是多少。

【控错方法】在例题讲解时,注重算理和算法的沟通,必要时让学生反复多说数据表示的意义。

4. 60×4 的积是 24 个 (一),60×40 的积是 24 个 (十)

【错因分析】学生不理解乘数末尾有 0 的乘法的简算算理。

【控错方法】理解算理,让学生说一说 6 个 10 乘 4 得 24 个 10 等。也可以在本题前面增加一道题目:6×4 的积是 24 个 (   ),利用思维对比异同,帮助学生注意区分结果的不同。

四、经典案例及评析

【教学实录】

课题:不含括号的乘法和加减法两步混合运算

教师板书 "$20 + 5 \times 3$",说明:像这种运算就叫混合运算。

师:你认为这道算式应先算什么?为什么?

生:先算乘法,再算加法。妈妈教过我。

师:感觉说不清理由是吧?那这道算式到底应该先算什么,为什么呢?

教师相机出示例题图,说明:这幅图可能会帮助你们,大家可以同桌合作研究研究。

学生同桌合作研究后,组织全班学生交流。

生1:根据图中的信息,如果求"买 3 本笔记本和 1 个书包一共多少钱",就可以列成算式 $20 + 5 \times 3$,5×3 表示 3 本笔记本多少钱,$20 + 15$ 表示 1 个书包和 3 本笔记本一共多少钱,所以要先算 5×3。

生2：我没有看图，我是这样想的。假如有一张20元和3张5元的人民币，求一共有多少元，算式也是 $20+5\times3$，如果先算 $20+15$ 再乘3的话，结果就与实际的钱数不相符了。

生3：5×3 表示3个5相加，$20+5+5+5=35$，如果先算 $20+5$ 等于25，$25\times3=75$，就与实际结果不相符了。

……

师：现在你知道"$20+5\times3$"先算什么了吗？

生：乘法 5×3。

【评析】 教学中，笔者放慢了教学节奏，在致力于激发学生学习欲望的前提下，努力引导学生自主研究"$20+5\times3$ 先算什么的理由"，这样，不但能够更好地帮助学生理解运算顺序的合理性，而且有利于培养学生的学习能力。

计算结果合理性的判断

一、类型与标准

类　型	质量标准 （正确率）
式题类： 1. 先估计积大约是多少，再用竖式计算。 　$27 \times 32 =$　　　　$51 \times 18 =$　　　　$49 \times 58 =$　　　　$73 \times 61 =$ 2. 根据 $25 \times 20 = 500$、$30 \times 20 = 600$，判断下面哪几题的积在 500 和 600 之间。 　$28 \times 20 =$　　　　$34 \times 20 =$　　　　$30 \times 25 =$ 　$25 \times 19 =$　　　　$23 \times 30 =$　　　　$20 \times 27 =$ 3. 计算 $623 - 247$，下面哪个结果不正确，请写出理由。 　| 476 | | 　| 376 | | 　| 374 | |	80%
实际应用类： 1. 一辆载重 3000 千克的卡车装了 47 桶豆油，每桶豆油连桶重 58 千克。这辆卡车超载了吗？（先估算，再用竖式计算） 2.（苏教版三年级下册第 17 页）	70%

续表

类 型	质量标准（正确率）
3. 一篇文章有 600 个字，小华每分钟打 80~90 字，问小华 7 分钟能打完这篇文章吗？ 一位同学是这样想的：$90 \times 7 = 630$，$630 > 600$，所以小华 7 分钟能打完这篇文章。你认为这位同学的想法合理吗？为什么？把你的想法写在下面。	70%

二、教学策略

1. 精选问题情境，引导学生产生判断的需求。

学生受数学精确性、严谨性的影响，主动估算的意识极为薄弱，计算结果合理性的判断缺乏主动意识，很多情况下都是在教师的提醒下才会被动地去判断计算结果是否合理。针对这种现状，在教学中，教师可以创设出有效情境，让学生产生判断的内在需要和认可。比如，估算一下三位数除以两位数的商是几位数，可以快速判断计算结果是否合理。

2. 合理表达思考过程，积累判断方法。

判断时，不仅要会思考，还要会说出思考过程，并准确简洁地用数学语言记录下来，鼓励每个学生准确表述自己的思路和理由。我们总结归纳出判断的方法：①凑整法，即把数量看成整十整百整千再计算。②位数估算。例如：$4715 \div 23 = 25$，除数是两位数的除法，被除数的前两位比除数大，可以商2，所以商应该是三位数，这道题商25是错的。③中间数估计。比如27、28、24、23这四个数求和，这些数都接近25，有的比25大一点，有的比25小一点，就取中间一个数25，直接用 25×4，就大约能算出这四个数的和。④运算性质估算。例如：$457 + 245 - 178 = 444$，根据"减去的数比加上的数小，其结果应比原数大"，可判断444是错误的。⑤生活经验判断。例如：一个蓄水池有两个进水口，甲进水口单独注水需要4个小时，乙进水口单独注水需要5个小时，甲、乙同时注水需要几个小时？根据经验可知，甲、乙同时注水肯定比甲或者乙单独注水需要的时间短一些。如果有学生这么算：$4 + 5 = 9$（小时），说明一定是错的。⑥利用特殊的数作参照。如 126×8，就可以想到 125×8，这样就得到了1000。判断的方法还有很多，学生可以根据不同情况采取不同策略。

三、典型错误及分析

（苏教版三年级下册数学第18页）

> 根据 25×20=500，30×20=600，判断下面哪几题的积在 500 和 600 之间。
> 28×20 ✓　34×20 ✗　30×25 ✗
> 25×19 ✗　23×30 ✓　20×27 ✓

【错因分析】由于判断失误，学生容易出现多选或者少选的现象。

【控错方法】这是一道变式题。在讲解时，教师要注重引导学生寻找算式与算式之间的联系，在比较中做出选择。

四、经典案例及评析

【教学实录】

课题：练习讲解

问题情境：阶梯课室每排22个座位，一共有18排。有350名同学来听课，能坐下吗？

学生尝试独立解决实际问题。组内交流。

教师收集并呈现典型资源。

22×18≈22×20=440（个）　　22×18≈20×20=400（个）　　22×18≈20×18=360（个）

组内交流。这三种方法哪一种更恰当？为什么？

生1：我认为第三种方法合理。把22估成20来估计有360个座位，能坐下350名同学。

师追问：为什么这个最合理呢？生1、生2得出的结论也是能坐得下所有学生呀！

生5：我来补充。把22看成20，估小了还有360个座位，够坐。生1和生2的估计方法存在风险，因为他们进行了大估。

【评析】大问题导入，学生根据已有经验，得出自己的判断。组内讨论，组际辨析，最后达成共识。教师引导学生分析：要判断能否坐下350名同学，我们可以先估计大约能坐多少人，再做出判断，这样能较迅速地解决问题。

选择灵活方法解决实际问题

一、类型与标准

类 型	质量标准 （正确率）
实际应用类： 1. 小军从家去学校，每分钟走 68 米，6 分钟到达；小红从家去学校，每分钟走 72 米，也是 6 分钟到达。谁家离学校近一些，请写出你的思考过程。 2. 一篇文章有 600 个字，小华每分钟大约打 80～90 字，问 7 分钟能打完这篇文章吗？一位同学是这样想的：90×7＝630，630＞600，所以 7 分钟能打完这篇文章。你认为这位同学的想法合理吗？为什么？把你的想法写在下面。 3. 在"迎六一"讲故事活动中，三（1）班有 12 位同学获奖。王老师想给获奖的人同样的奖品，就从以下商品中选了一种，付给营业员 600 元，然后找回了一些。 台灯 51 元/盏　　文具盒 18 元/个 词典 48 元/本　　书包 78 元/个 （1）王老师买的是哪一种商品？把你的想法写在下面。 （2）找回了多少元？	66.5%

二、教学策略

　　1. 整体把握教材，促进有效教学。

　　苏教版三年级下册"选择灵活方法解决实际问题"这部分内容较上册多了一些，也是在综合练习中出现的，渗透减法的性质、除法的性质、加法结合律的理解和运用，乘法结合律、乘法分配律主要是结合具体情境以及乘法的意义来理解运用，也是提前渗透。

　　2. 激发估算需要，培养估算意识。

　　在解决实际问题的过程中，口算、估算、笔算、巧算等方法的恰当选择是教师要重点指导学生形成的一项数学学科关键能力。在新授与练习中合理创设问题情境，激发学生灵活选择方法解决问题的内需。（苏教版三年级下册第8页）如：学校买81块地砖铺一个实验室，付出4000元，找回一些。学校买的是哪一种砖？

解决这道题时，学生会想到算一算每种砖花费多少，然后和4000元进行比较得出结论。是否有更简便的方法呢？鼓励学生想到用估算的方法来解决。（1）$42×81≈3200$，（2）$49×81≈4000$，（3）$58×81≈4800$。相比较精确计算，估算能更加快速地得出结论。在计算的过程中，估算也有着检验的作用，教师要带领学生经历"估—算—比较"的过程。

三、典型错误及分析

1. 小军从家去学校，每分钟走68米，6分钟到达；小红从家去学校，每分钟走72米，也6分钟到达。谁家离学校近一些，请写出你的思考过程。

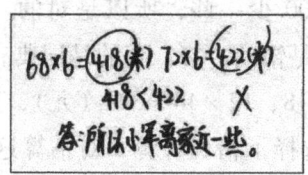

【错因分析】第一，计算错误；第二，选择用准确计算解决问题，这不是最优方法。

【控错方法】组织学生讨论作业资源，进行比较优化。方法一：$68×6=408$（米），$72×6=432$（米），$408<432$，所以小军离家近一些。方法二：因为$68<72$，小军和小红走的时间相同，所以小军离家近一些。方法三：

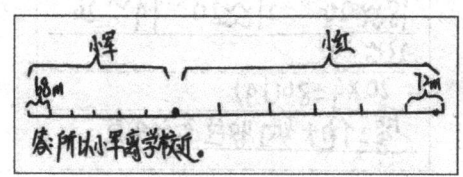

本题解法多样化，学生呈现出这三种方法，体现出学生思路的多样性，有纯算式的，也有图文结合的。这三种方法都是正确的，在教学时，教师在此基础上来进行算法优化的讲解，不妨让学生对比这三种方法，看看它们之间有什么联系，哪一种方法更加简便等，提升学生思考的能力。

2. 在"迎六一"讲故事活动中，三（1）班有12位同学获奖。王老师想给获奖的人同样的奖品，就从以上商品中选了一种，付给营业员600元，找回了一些。（台灯51元/盏　文具盒18元/个　词典48元/本　书包78元/个）王老师买的是哪一种商品？把你的想法写在下面。

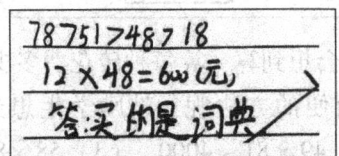

【错因分析】虽然思路简洁清晰，但不够严谨。

【控错方法】出示学生资源，比较分析，优化选择。

方法1（笔算）：$51 \times 12 = 612$（元），$18 \times 12 = 216$（元），$48 \times 12 = 576$（元），$78 \times 12 = 936$（元），$936 > 612 > 600 > 576 > 216$，答：买的是词典。

方法2（估算）：将51看作50，$50 \times 12 = 600$，$51 \times 12 > 600$，超过了600，所以是错的。将18看作20，$20 \times 12 = 240$，比600少很多，所以是错的。将48看作50，$50 \times 12 = 600$，比600少一些，所以是对的。将78看作80，$80 \times 12 = 960$，比960多很多，所以是错的。答：买的是词典。

方法3：$78 > 51 > 48 > 18$，$12 \times 48 \approx 600$（元），答：买的是词典。

刚开始，大部分学生选择了精确计算，对估算这种方法的使用还不是很娴熟，同时发现对估算这种方法掌握和理解不到位。经过研讨，一致认为方法3最为简洁。

3. 张大叔把收获的生姜装在同样大的袋子里，一共装了40袋。他称了其中的4袋，结果分别是18千克、21千克、19千克、23千克。他一共收获了大约多少千克生姜？

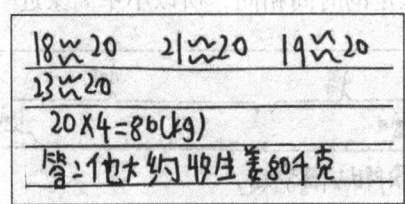

【错因分析】部分学生易写成 20×4=800（千克），只计算出 4 袋生姜的重量，未真正理解题意。

【控错方法】这是一道口算和估算结合题，在指导时，要帮助学生整体把握题意，不要丢条件，要确保口算正确。

四、经典案例及评析

【教学实录】

课题：简单的小数加减法（苏教版三年级下册第 93 页）

呈现题目：小群妈妈打算到超市购买下列物品：一瓶洗发水 29.5 元、一袋奶粉 11.3 元、一瓶洗洁精 4.6 元、一条毛巾 2.7 元、一盒饼干 6.5 元，实际上，小群妈妈正好用去 50 元，她没有买的物品是什么？

师：题目中有不明白的地方吗？"正好用去"是什么意思？

生：正好是指刚刚好，说明小群妈妈刚刚好花了 50 元，不多也不少。

师：尝试做一做。

生：29.5+11.3+4.6+2.7+6.5=54.6（元），54.6-50=4.6（元），没有买的物品是洗洁精。我把商品的钱全部加起来，再减去 50，就能知道多出了没有买的是哪一种商品。

师：除了这种方法，还有其他的方法吗？50 元是一个整数，而我们的商品都有小数部分，你想到了什么？

四人一组再次讨论。

生：只要看哪些商品价格的小数部分正好能凑成整数。29.5 和 6.5 凑起来是整数，11.3 和 2.7 凑起来也是整数，4.6 没有办法凑整，所以多出来的就是一瓶洗洁精。

师：是的。同学们分析得很有道理。我们分别用了精确计算和尾数凑整的方法解决了问题。现在，你觉得哪种方法更简便呢？

【评析】本教学片段中，教师在呈现了一种学生资源后，让学生更加深入地思考其他方法，促其打开思维的广度，找到了运用口算就能解决的方法，很厉害。另一种方法重在学生对题意的理解和对数感的把握，路径体现得更加简单高效。

四年级上册　小学数学学科关键能力校本化

实施手册

口 算

一、类型与标准

类 型	质量标准		
	时段	速度	正确率
例题： 除数是整十数（商是一位数）的口算 60÷20 = 480÷80 =	初学	10 题/分	94%
	期中	12 题/分	95%
	期末	14 题/分	96%
综合： 50×8 = 2×45 = 420÷3÷7 = 125×8 = 400÷50 90÷2 420÷(3×7) = 25×6×4 =	期末	10 题/分	93%
拓展： 1. 75÷5 = 650÷13 = 　750÷5 = 6500÷13 = 　750÷50 = 6500÷130 = 2. □□□÷40 = □ □□□÷40 = □□	期末	12 题/分	94%

二、教学策略

1. 扎实日常基础训练，加快口算速度，提升计算正确率。

　　口算需要常抓不懈，在学生掌握算理算法后，教师可以每天布置一些口算加强练习。譬如，每节课开始 2 分钟练习口算；设计口算达标过关检测，达标的学生颁发"口算大王""口算能手""口算标兵"等过关证书；设计口算游戏，先小组比试，再组间比赛，最后年级竞赛，做到全员参与，从而激发学生的口算兴趣。

2. 注意前后知识联系，实现方法迁移，鼓励算法多样化。

　　教学中，教师要善于迁移和引导，唤醒学生的记忆，鼓励学生运用多种方式解决问题。譬如，在教学新授内容"60÷20"时，可以让学生熟背乘法口诀、同桌互练几十乘几的乘法口算等。然后直接放手给学生运用已有的知识经验，自主探索60÷20的商，组织小组里交流口算方法。其间，学生中出现了以下几种资源：①做除法，想乘法。因为20×3=60，所以60÷20=3；②利用规律推算。因为6÷2=3，所以60÷20=3；③根据除法的意义思考。60表示6个10，2表示2个10，想口诀"二三得六"，所以商是3。这些算法都是正确的、合理的，教学时，教师要让学生选择自己喜欢的方法进行口算，打开思路，掌握多种口算方法。

3. 设计多种形式练习，巩固口算方法，注重算法最优化。

学生积累了一定的口算方法后，还可以通过变式练习帮助学生优化算法。在新授教学后，教师出示针对例题的变式练习，如：根据算式60÷20=3，写出600÷200、600÷2、600÷20这些算式的得数。在练习时，设计易错题对比练习，如：先口算，再比一比上下两道算式，说说你发现被除数、除数和商有什么规律。如：4÷2、40÷20。在学生基本掌握算法后，还可适当做一些能力提升的拓展练习，如：650÷13、6500÷13、6500÷130。

三、典型错误及分析

1. $4 \times 5 \div 4 \times 5 = 1$

【错因分析】只关注数字的特殊性，而忽视了运算顺序。这样的错误说明学生对于运算顺序掌握得不够熟练，被特殊数字迷惑，缺乏对计算顺序的合理判断。

【控错方法】在四则混合运算中，用横线画出每一步先算的部分，并用完整的递等式进行检验。教师将$4 \times 5 \div 4 \times 5$与$(4 \times 5) \div (4 \times 5)$同时出示，让学生从算式、计算过程和计算结果等多方面辨析异同，从而加深对此类易错题的印象。

2. $316 \div 4 = 74$

【错因分析】学生思维定式，被除数中的后两位16容易让学生代入"四四十六"的乘法口诀，而忽略了从首位算起的正确计算过程。

【控错方法】学生需避开经验主义，规范计算过程。除此之外，可用除数乘商是否等于被除数的方法进行检验。

3. $400 \div 20 = 2$

【错因分析】"商不变的规律"运用有误。学生认为$400 \div 20 = 4 \div 2 = 2$，同时去掉被除数和除数末尾所有的0。

【控错方法】利用"商不变的规律"进行计算，被除数和除数同时乘以或除以一个相同的数（0除外），商不变，在做题的时候，建议学生直接在题目上划去相同个数的0。

四、经典案例及评析

【教学实录】
课题：除数是整十数的口算练习

1. 变式练习。

师：你会口算下面的除法吗？独立思考，写出得数。600÷2、600÷20、600÷200。

学生独立完成，指名学生校对答案。

师：这几道题之间有什么联系吗？你是怎么算的？快速和你的同桌说说。

生：它们的被除数都是600，计算时都想到6÷2。

2. 题组练习 4÷2 =　　　9÷3 =　　　21÷7 =　　　40÷8 =
　　　　　　40÷20 =　　90÷30 =　　210÷70 =　　400÷80 =

师：计算并比较每组算式，你有什么发现？

生：都可以根据上面的算式来算出下面算式的得数。

师：被除数和除数同时去掉末尾相同个数的0，再用乘法口诀计算。

3. 趣味练习。

被除数	10	20	40	200	400
除数	2	4	8	40	80
商					

生独立计算填空，全班校对得数。

师：你发现了什么？

生：被除数乘以几，除数也乘以几，商不变。被除数除以几，除数也除以几，商不变。

师：这是我们以后要学习的"商不变的规律"。

【评析】通过丰富的口算练习对比，学生在巩固思考中掌握计算方法，明确了算法的优化过程。通过趣味练习探索规律，进一步对学生的口算能力进行提升，为以后探索学习除法商不变的规律埋下伏笔。

笔 算

一、类型与标准

类 型	时段	速度	正确率
例题： 1. 整十数除以整十数 商是一位数：60÷20 = 商是两位数：380÷30 =　380÷40 = 2. 两、三位数除以两位数 96÷32 =　272÷34 =　272÷36 =　900÷50 = 　　　　　（四舍调商）（五入调商）（简算）	初学 期中 期末	0.3题/分 0.5题/分 1题/分	68% 86% 92%
综合： 1. 350 里最多有（　）个40，542 里最多有（　）个80。 2. 720÷30 = 72÷（　）=（　） 3. 296÷37，商是几位数？	期末	1题/分	94%
拓展： 1. 4200÷300 = 2. 1600÷32 =　1630÷25 = 3. （竖式填空题）	期末	0.2题/分	85%

二、教学策略

1. 归纳笔算方法，熟记计算步骤。

除数不是整十数的除法笔算是教学难点，计算时使用"四舍五入"的方法试商。教材上安排了三道例题，由易到难、循序渐进，在学生自主探索的基础上，教师引领学生归纳出除法计算的步骤：（1）四舍五入。把除数看作和它接近的整十数试商。（2）试商。先用被除数的前两位除以除数，如果被除数的前两位比除数小，就用前三位数除以除数。学生试商的准确性考验的是学生的数感，可以通过不断训练加以提升。（3）调商。运算过程中，如果结果比被除数大不够减，或者被除数减去结果，余数比除数大，我们就需要调整商的大小。教师要关注学生在交流中归纳并感悟调商的方法：除数四舍，除数看小，初商可能偏大，要调小；除数五入，除数看大，初商可能偏小，要调大。

2. 呈现不同资源，结合算理辨析。

教学中，教师要放手让学生尝试计算、自主探索，在交流评议中并联展示学生出现的有效资源。学生观察，结合算理说一说哪些计算是对的，哪些计算存在问题，问题在哪里。在不断辨析中加深对算理的理解。如：讲解 $60 \div 20 = 3$ 时，学生中出现了四种竖式，教师追问"3 写在商的哪一位上？"明确 60 里面有 3 个 20，所以 3 要写在商的个位上。

又如：拓展 $4830 \div 21$ 时，学生作业中出现了如下三种竖式，哪一种是正确的呢？很显然，下面的第二个是正确的，第一个错在十位上 $63 \div 21 = 3$ 已算完，$63 - 63 = 0$，0 应与十位对齐。第三个错在个位上 $0 \div 21 = 0$，个位上虽没有计算，但仍应写 0 占位。

3. 规范书写格式，培养良好习惯。

学生掌握除法竖式的书写格式，扎实落实一商、二乘、三减、四落除法笔算四部曲。一商，除到哪一位，商就写在哪一位的上面；二乘，将商和实际除数相乘，把积写在实际被除数下面；三减，实际被除数与这一次的积相减；四落，计算差，确保每一步的差都比除数小。照此，接下来再商、再乘、再减……规范的书写有利于学生快速掌握除法竖式的算理与格式。

4. 关注典型错误，强化巩固练习。

在实际除法计算过程中，学生计算仍存在一定困难，特别是一些计算能力差的学生，会出现被除数和除数末尾有0时不简便计算，商乘试商除数，减法算错等现象。教师应该针对出错率较高的题目，如900÷20，以及与其他除法竖式有些许差异的竖式多加练习。我们要多设计有针对性的练习。例如，针对学生试商后调商经常性犯错的问题，可以设计"272÷34 的除数看（　　），初商看（　　），要调（　　）"这样类似的填空练习加以巩固。

三、典型错误及分析

1. 关于 900÷40 的错误。

$$\begin{array}{r} 2 \\ 4\cancel{0})\overline{9\cancel{0}0} \\ 80 \\ \hline 10 \end{array}$$

【错因分析】被除数和除数末尾有 0 的除法的简便计算方法掌握不当。利用"商不变的规律"进行简便计算，将被除数和除数同时除以 10，这时将 900÷40 看成 90÷4 来计算，计算时先用最高位的 9÷4，而非 90。

2. 把除数看作几十来试商。

$$\begin{array}{r} (30)5 \\ 32)\overline{170} \\ 150 \\ \hline 20 \end{array}$$

【错因分析】错解试商的目的。把除数 32 看成 30 试商，该生把除数当成 30 进行计算，改变了题目。

【控错方法】第一，理解把除数看成几十来试商的原因，是为了估计商的大概结果，但并不是改变原来的除数。第二，利用"被除数等于除数乘商加余数"的方法来检验结果的正确性。

3. 商的位置没有写正确。

$350 \div 50 = 7 \cdots\cdots 7$

$265 \div 80 = 3 \cdots\cdots 25$

【错因分析】商的位置写错。

【控错方法】学生学会思考被除数里面最多有（　）个除数。商是两位数，最高位写在十位上；商是一位数，商写在个位上。此类错误主要发生在学习的初始阶段。

4. 余数不正确。

$290 \div 32 = 8 \cdots\cdots 34$

【错因分析】余数 34 大于除数 32。290 里最多有 9 个 32，而非 8 个。

【控错方法】关注余数与除数的关系，余数应比除数小。

四、经典案例及评析

【教学实录】

课题：两、三位数除以两位数的笔算（四舍五入试商）

1. 提出问题。

师：一本书有96页，每天看32页，几天能看完？请同学们在自己的自备本上列出算式。

生写算式。$96 \div 32$

2. 探究问题。

（1）四舍试商法。

师：96 除以 32 等于多少呢？自己先估一估，再同桌交流估法。

生：把 32 看作 30，96 里面最多有 3 个 30，所以 $96 \div 32$ 的商可能是 3。

师：像这样除数不是整十数的除法，我们可以把除数看作接近的整十数来试商。32 接近 30（教师用彩色笔在除数 32 上面板书 30），想一想 $96 \div 30$ 应该商几？（生答：商3）这个 3 是 $96 \div 30$ 的商，而是不是 $96 \div 32$ 的商还不能确定，所以是试商。商3行不行呢？接着往下算。

学生尝试计算，教师巡回指导。

师：哪位同学愿意把你的解法和同学们一起分享？

师指名学生介绍计算过程，教师完成板书。

师：通过计算，我们知道试商的3就是96÷32的商，说明试商成功。

师生共同小结：在刚才的计算中，我们把除数32看作（齐答30）来进行试商，如果除数是41，可以把它看成（齐答40）来进行试商，如果是73，可以把它看成（指名答70）来进行试商。

师：那么，你发现了我们是怎样试商的吗？

生：我们可以把除数两位数的看作与它接近的整十数来进行试商。

（2）五入试商法。

师：我们再来研究192÷39怎样计算，想一想39接近几十？可以把39看作几十来试商？请你们独立计算，如果有困难，可以寻求老师帮助。

学生独立解答后，在小组中交流算法，教师巡回指导，参与学生的讨论。

师指名学生介绍计算思路，师进行板书。

师：如果除数是48，你会把它看作多少来试商？如果是67呢？小组交流你发现了什么。

生：把除数看作与它接近的整十数来试商。

3. 总结方法。

师：这就是我们今天学习的新内容《两、三位数除以两位数的笔算》，除数是两位数的除法，可以怎样试商？计算时还要注意什么？

生：笔算除数是两位数的除法时，通常把除数看作与它接近的整十数来试商。

生：试商后，要用商和原来的除数相乘计算。

师：同学们都说得非常棒！笔算除数是两位数的除法时，通常用四舍五入法把除数看作与它接近的整十数来试商。试商后，要用商和原来的除数相乘。

【评析】把除数的两位数看作整十数试商是试商的方法之一，学生很难想到，所以在教学前可以先安排估算，如：192里面最多有（　　）个40，启发学生循序地思考问题，真切地经历计算过程。在学生经历了四舍试商计算后，尝试五入试商，安排小组合作交流，给每位学生发表见解的机会，实现有意义的学习。

灵活运算

一、类型与标准

类　型	质量标准	
	速　度	正确率
例题： 1. 商不变的规律 | 被除数	除数	除法算式	商 | |---|---|---|---| | 100 | 20 | 100÷20 | 5 | | 100×2 | 20×2 | 200÷40 | | | 100×4 | 20×4 | | | | 100÷2 | 20÷2 | | | | 100÷4 | 20÷4 | | | 2. 被除数和除数末尾都有 0 的简便竖式计算　　900÷50		
综合： 1. 商不变的规律　　$720÷30=72÷\Box=\Box$ 在除法算式中，被除数乘以 3，除数除以 3，商（　　）。 2. 除法的性质　　$720÷(8×6)=$　　　$360÷12=$ 　　　　　　　　$720÷8÷6=$　　　　$360÷4÷3=$	2 题/分	91.3%
拓展： 1. $210÷25$ 2. $111111111÷9=12345679$ 　　$222222222÷(\ \ )=12345679$ 　　$(\ \ \ \ )÷54=12345679$		

二、教学策略

1. 经历探究过程，建构学习思路。

学习和探索"商不变的规律"时，教师一定要引导学生经历"发现—概括—验证—完善—小结"的过程。第一，发现，教师有意识地把结果相等的算式用等号连接起来，学生发现规律。第二，概括，教师请学生用一句话概括发现，培养学生的概括能力，逐步接近规律本质。第三，验证，学生再次尝试，找一找有无反例。第四，完善，修改完善猜想，促进思维严密。第五，小结，师生抽象规律的一般过程，渗透数学方法论。

2. 变换习题形式，增加练习难度。

掌握"商不变的规律"，对于学生来说并不困难，困难在于变换形式之后，学生的反应就稍显迟钝。因此，教师需通过变换习题形式来培养学生灵活应变的能力。第一层次的练习是直接运用规律解决问题，计算 $720 \div 48$；第二层次是判断，辨别哪些符合"商不变的规律"，如：$200 \div 4 = (200 \times 2) \div (4 \times 2)$、$18 \div 6 = (18 \times A) \div (6 \times A)$（A 不为0）、$A \div B = (A \div C) \div (B \div C)$（C 不为0），哪道算式使用"商不变的规律"；第三个层次是联系实际，体会"商不变规律"的具体应用。如：$111111111 \div 9 = 12345679$、$222222222 \div (\quad) = 12345679$、$(\quad) \div 54 = 12345679$。

三、典型错误及分析

1. $48 \div 6 \times 8$

　$= 48 \div (6 \times 8)$

　$= 48 \div 48$

　$= 1$

【错因分析】只关注数据的特征，而误用了除法的性质，忽视了四则混合运算的顺序。

【控错方法】教师提醒学生不仅要关注数据，还要关注运算符号，再次明确四则混合运算的顺序，在不含括号的算式中有乘除，应从左往右依次运算。增加对比题组练习，如，$48 \div 6 \div 8$ 与 $48 \div 6 \times 8$，提升学生的辨析度。

2. $720 \div (8 \times 6)$

　$= 720 \div 8 \times 6$

　$= 90 \times 6$

　$= 540$

【错因分析】除法的性质这一知识点运用错误。

【控错方法】从看清数据特点出发,让学生经历探究除法性质的过程,熟记规律并运用规律。

四、经典案例及评析

【教学实录】

习题:三位数除以两位数(四舍五入法试商)(苏教版四年级上册教材第17页第16、17题)

出示题目:420÷3÷7　　　420÷(3×7)
　　　　　450÷30÷3　　　450÷(30×3)

学生按运算顺序完成上面的混合运算。

师:观察上面的算式,你有什么发现?和你的同桌说一说。

生1:上下两道算式用到的数是相同的,结果相同。

生2:上面的算式是一个数除以两个数,下面的算式变成了一个数除以这两个数的积。

师:大家观察得真仔细。如果把你们的话归纳一下,我们就可以提出怎样的猜想?

学生提出猜想:一个数连续除以两个数或者一个数除以这两个数的积,它们的结果相等。

师:这个猜想是否正确呢?只通过这两个例子是不够的,我们还要再举更多的例子来验证。请再举出两个例子,在小组内交流,验证猜想。特殊数0也要考虑。

师生得出结论:一个数连续除以两个数或者一个数除以这两个数的积,它们的结果相等。(0除外)

师:这个规律也叫除法的性质。

学生根据这个性质来解决题目。270÷6÷5　720÷(8×6)　210÷35

师:回顾一下,刚刚我们是怎样来解决这个问题的?

生1:从几组对比题的计算观察发现规律。

生2:通过举例验证猜想。

生3:我们可以运用规律解决计算问题,使计算更简单。

师:老师把你们的话简单地归纳为"提出猜想—举例验证—得出结论"。

【评析】教师不能只看结果,更要重过程,要教学生用数学的眼光看问题,用数学的方法探究,让学生充分享受"猜想—验证—结论"这样的数学学习过程。

算理的理解

一、类型与标准

类　型	质量标准 (正确率)
掌握类： 两、三位数除以两位数　　380÷30（苏教版四年级上册第9页） $$\begin{array}{r}1\\30{\overline{\smash{\big)}\,380}}\\30\end{array}$$　1为什么写在商的十位上？接下去怎样算？ 2. 整数四则混合运算　　12×3+15×4（苏教版四年级上册第70页） 用3副中国象棋的价钱加上4副围棋的价钱。　　用4副围棋的价钱加上3副中国象棋的价钱。 12×3+15×4 =＿＿＋＿＿ =＿＿（　） 12×3=36(元)　　15×4=60(元) 15×4=60(元)　　12×3=36(元) 36+60=96(元)　　60+36=96(元)	
理解类： 1. 490÷30 的竖式可以这样列：　　$$\begin{array}{r}16\\30{\overline{\smash{\big)}\,490}}\\3\\\hline 19\\18\\\hline 1\end{array}$$ 商是16，余数是（　　）。 2. 每个书架放 28 本书，448 本书需要多少个书架？右面箭头所指的部分表示的是（　　）。 A. 1 个书架放的本数　　B. 10 个书架放的本数 C. 6 个书架放的本数　　D. 16 个书架放的本数 $$\begin{array}{r}16\\28{\overline{\smash{\big)}\,448}}\\28\\\hline 168\\168\\\hline 0\end{array}$$ ←	86%
拓展类： 小春在计算除法时，把除数 72 误写成 27，结果得到商 26 还余 18。你能算出正确的结果吗？	

二、教学策略

1. 以新旧知识的生长点作为切入口，引导学生明白算理。

在新课教学时，我们要善于挖掘新旧知识的内在联系，并充分利用这些内在联系，创设迁移情境，逐步提高学生学习和探索新知识的能力。在教学"两、三位数除以两位数"之前，二年级通过摆小棒来理解除法算理，三年级除法竖式通过算理的理解讲解算法，教师追问"这个数字为什么要写在这个数位上"，帮助学生在掌握算法的基础上理解算理。理解"整数四则混合运算"，借助分析数量关系，促使运算顺序和算理互相印证。

2. 以同桌、小组合作的模式来考察，鼓励学生说清算理。

在教学算理时，我们往往会发现，即便教材给予了丰富的情境，但是相较于以往的学习，四年级的算理更难表达得科学、规范、准确，有的学生愿意说，但说得不对，有的能说清，但不够简洁，还有的甚至不愿开口说。所以，教师要鼓励学生开口，可以一人先说，其他人跟着说；还可以同桌互相说，同桌都说对的给予奖励，同桌有一人不会的，另一人帮忙，教会了两人都给予奖励；甚至可以四人为一小组进行"说算理大比拼"，对于同样一道题，看看谁能够用最简短的语言说得让大伙儿都明白，就获胜。

三、典型错误及分析

1.

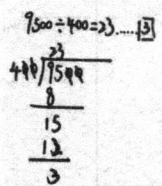

【错因分析】余数 3 表示的含义理解有误。

【控错方法】理解余数的含义，3 在百位上表示 3 个百，因此余数是 300。还可以运用验算的方法，用"除数×商+余数=被除数"来检验结果是否正确。

2.

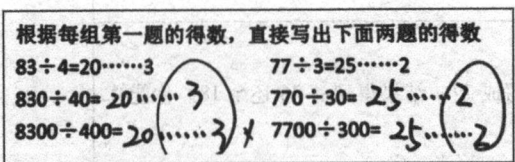

【错因分析】对商的变化规律中余数的含义理解不当。被除数和除数同时乘以或除以同一个数（0除外），商不变，可是余数要变。

【控错方法】强化除法的算理理解，以830÷40为例，计算时看成83个10除以4个10，即被除数和除数同时除以10，那么83个10里最多有20个4个10，还剩3个10，3个10即30，因此答案是20……30。

3.

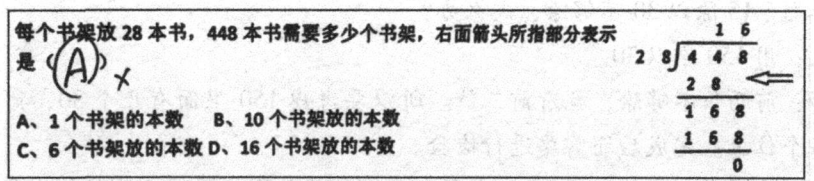

【错因分析】学生对除法的算理理解不当，结合实际的生活情境不明白每个步骤的含义。

【控错方法】理解除法算式中每一个数的得到过程及背后含义。箭头指向28，是由1×28得到的，1在十位上表示1个10，即10个28，表示10个书架放的本数。

四、经典案例及评析

【教学实录】

课题："60÷20"（苏教版小学数学四年级上册教材第8页）

1. 呈现算式60÷20。

师：同学们，这道算式也可以用竖式计算。想不想尝试一下？

学生尝试着在自备本上完成竖式，教师指名学生板演。

师问：3为什么要写在商的个位上？

生1：因为60里面有3个20，如果写在十位上，就是30个20了。

生2：因为20×3=60。

师：是啊！因为60里面有3个20，商是3，所以3应写在商的个位上。那么这么来看，3的位置能随便写吗？

生：不能。

师：3写在不同的位置上，其意义是不同的，我们在写竖式的时候，一定要对号入座，写清楚、写规范。完成后还要进行验算。学生完成在自备本上。

2. 试一试。

96÷20 =   150÷30 =

师：同学们，这儿还有两道题，你们能独立完成吗？写完的同学和你的同桌说一说计算过程。

教师实物投影展示学生作品。

师：这里的 4 为什么要写在个位上？

生：因为 96 里面有 4 个 20，所以 4 要写在个位上。

师：说得真棒！这里余数是 16，符合比除数小的规定，所以计算正确。再看第二题，15 除以 30 不够除，怎么办？

生：用 150 除以 30。

师：前两位不够除，就看前三位。所以要考虑 150 里面有几个 30，商 5 应该写在个位上。完成后还需要进行检验。

师：请同学们仔细观察 96÷20 和 150÷30 两个竖式计算的过程，你觉得它们有什么相同点？和同桌交流。

生 1：除数都是整十数，商都是一位数。

生 2：被除数从首位开始到哪一位够除，商就与哪一位对齐。

3. 总结交流。

师：同学们，今天我们主要学习了除数是整十数的笔算方法。想一想除数是整十数应如何笔算，列竖式应注意什么？

交流归纳：

(1) 商的位置写在十位，代表几个 10，个位代表几个 1。

(2) 注意余数要比除数小。

(3) 要验算，通过验算确认结果的正确性。

【评析】 运算教学主要是让学生在经历探索发现的过程中理解算理。在上述的实录中，教师通过独立尝试、集体评析、重点聚焦、交流内化等环节使学生充分体验计算方法的生成过程，在突出"算法"重点的同时，分解突破了算理这一难点。

计算结果合理性的判断

一、类型与标准

类　型	质量标准（正确率）
掌握类： （苏教版四年级上册第 9 页） 380 ÷ 30 = ＿＿（　）……＿＿（　） 你能估计商大约是多少吗？ 30 × 10 = 300，商比 10 大。 30 × 20 = 600，商比 20 小。 商应该在 10 到 20 之间。	
综合类： 1. 北山小学教职工的平均年龄是 31 岁，张老师今年 48 岁，他可能是这个学校的教职工吗？（　　） 　A. 不可能　　B. 可能　　C. 一定　　D. 无法判断 2. 同学们在计算 7488 ÷ 36 时，出现了如下三种结果，你认为哪两种结果肯定是错的，把你的想法写在得数后面的空格内。 | 28 | | | --- | --- | | 208 | | | 280 | | 3. 3 □ 3 ÷ 38，当□内最小填（　　）时，商的末尾有 0。	65%
拓展类： 1. 右边的杯子装满水正好是 1 升，小明要用它量出 250 毫升的水。他用一把直尺和一支笔找到了 250 毫升的刻度。你知道他是怎么做到的吗？在图中画一画或者用文字说明你的想法。 2. 小红口袋里放了 4 个球，她每次任意摸出 1 个球，摸后收回，共摸了 60 次。她摸到红球 44 次，黄球 16 次，下面（　　）的可能性大。 　A. 2 黄 2 红　　B. 3 红 1 黄　　C. 1 红 3 黄	

二、教学策略

1. 结合具体情境，判断结果是否合理。

结果是否合理，有时判断的标准需要借助具体情境来实现，脱离了情境，孤立的判断是没有价值的。譬如：一瓶墨水 60（　　）（填"升"或"毫升"）。教师应先帮助学生建立"升"和"毫升"在生活中的数学概念，把内容情境与实际情境相互融合，帮助学生建立参照，进行合理判断和推理，进而能够把实际问题抽象成数学模型，用数学方法解决问题。

2. 设计针对练习，总结归纳一般方法。

对于学生来说计算结果是否合理的判断很具挑战性，因为它的题目变化多样，往往在解题时缺乏思路，学生一遇到这样的题，经常一筹莫展，甚至有的学生就是简单粗暴地笔算。教师可以通过设计典型性的针对练习，指导方法，达到讲一题会一类的效果，打开学生的思路，消除学生的畏难情绪，进而主动内化。譬如：5921÷31 这样的题目可以这样练：

19	
191	
190	

（1）5921÷31　先说出商是几位数，再计算。

（2）学生在计算"5921÷31"时，出现了如下三种结果，你认为哪两种结果肯定是错的？把你的想法写在得数后面的空格内。

（3）请估计 5921÷31 的商是多少。

（4）在计算 5921÷31 时，下面三句话中，（　　）是不正确的。

A. 被除数的前两位 59 比 31 大，商的位置应在百位上。

B. 被除数 5921 的个位是 1，商的个位不可能是 0。

C. 把 5921 估成 6000 估大了，把 31 估成 30 估小了，6000÷30＝200，5921÷31 的商比 200 小。

当然，这里只列举了四种练习方式，考察的题目类型还有很多，对一道题进行针对性的练习，熟悉一类题型的解题思路，那么，学生在处理"计算结果合理性判断"这类题目时就会变得有底气了。

三、典型错误及分析

1. （苏教版四年级上册第 7 页）

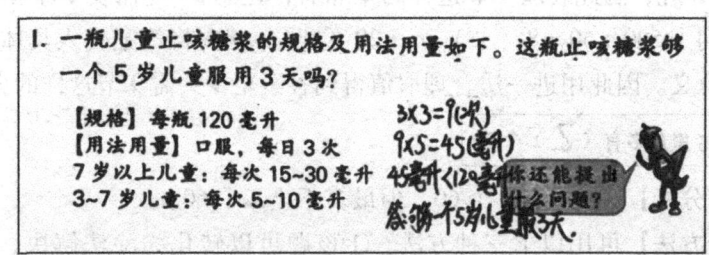

【错因分析】学生按每次最小量来计算，算到够服用 3 天。但并不符合常理，应取每次最大量，若最大量都够 3 天服用，才符合生活实际。

【控错方法】此类题型可根据实际情况选择最大量或最小量计算合理判断。本题应比较最大量，因为每次最大量服药够，则必然够。

2. 做一个中国结要用 60 厘米丝带，小星买了长 400 厘米的丝带，最多可以做多少个这样的中国结？

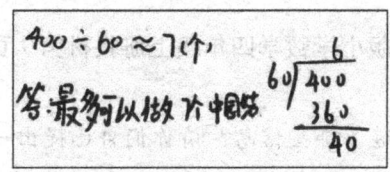

【错因分析】列式正确，思维错误。余数 40 厘米比 60 厘米短，无法做中国结，应用去尾法求近似数。

【控错方法】该题应用去尾法取值。首先理解算式含义，400 厘米丝带可以做 6 个用 60 厘米的丝带做的中国结，还剩 40 厘米。因此算式为 400 ÷ 60 = 6（个）……40（厘米）。其次将答案代入具体情境，做 6 个中国结之后剩下的 40 厘米不够做 1 个中国结，只能弃之不用，因此本题结合具体情境用去尾法合理取值得到答案，最多可以做 6 个这样的中国结。

3. 一节火车车厢限载 60 吨货物，要运走 500 吨货物，至少需要多少节这样的火车车厢？

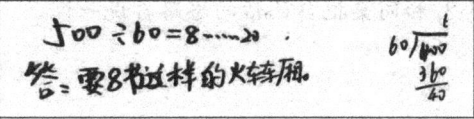

【错因分析】列式正确,思维错误。求运送500吨货物里至少需要多少节载物量60吨货物的车厢,余数20吨还需一节火车厢,应用进一法合理取值。

【控错方法】该题需用进一法解决。首先理解算式的含义,500吨货物每节车厢载货60吨,因此装满8节这样的车厢后,还剩20吨需要1个车厢才能运走,算式列为500÷60=8(节)……20(吨)。其次将答案代入具体情境,考虑余数的含义。因此用进一法合理取值得到答案至少共需9节这样的火车车厢。

4. 206里最多有（2）个60

【错因分析】206里有2个60,但最多不止2个60。

【控错方法】可用以下三种方法。①该题可以转化为除法解决,即求206÷60的商最大是多少。②一一列举方法也可用于该题,1个60是60,2个60是120,3个60是180,4个60是240,240大于206,不可取,因此206里最多有3个60。③通过估算想（ ）个60最接近206,但不多于206,从乘法的角度思考。

四、经典案例及评析

【教学实录】

课题：估算（苏教版小学数学四年级上册教材第9页）

出示例题

师：从图中你们知道了哪些信息？请你们自己提出一个数学问题。

生：新买来380根跳绳,每班分30根,可以分给多少个班,还剩多少根？

师：谁来列式？

生：380÷30。

师：在算出结果之前,你能估计一下商大约是多少吗？

学生先独立思考,再小组交流讨论。

生1：30×10=300,商比10大。

生2：30×20=600,商比20小。

生3：我认为商在10至20之间。

师：如果分给10个班,共分去30×10=300（本）,所以商比10大；如果分给20个班,共要分30×20=600（本）,所以商比20小。商在10至20之间。

师：你会估了吗？和同桌把自己估的思路再说一说。

师生小结：380÷30 的商是两位数，是十几。

【评析】精心设计估算这一环节，目的是让学生在估计商是十几的同时，体会到商的首位位置是十位，以及商在十位上是 1，为下面列竖式计算确定商是几位数以及商的首位取值做好铺垫。

选择灵活方法解决实际问题

一、类型与标准

类 型	质量标准（正确率）
综合： 1. 每副羽毛球拍 97 元，每副网球拍 202 元。李老师买 4 副羽毛球拍和 3 副网球拍，你能估计李老师大约要用多少元吗？他实际用了多少元？ 2. 小明计算器上的数字键"6"坏了，你能用小明的计算器算出 6552÷36 这道题的得数吗？至少写出两种方法。	75%

二、教学策略

1. 提高审题能力，增强观察敏锐性。

对于比较灵活、对思维要求比较高的实际问题来说，清晰审题往往能帮助学生更好地选择合适的方法解决问题。首先，要给予学生充足的时间理解题意，教给学生审题技巧：圈关键字、画横线、点特殊数据、列表、画图等，必要时还可以同桌互说对题目的理解，抓住关键信息，抽丝剥茧，寻求到解题思路。其次，还要通过变式、对比等题组练习锻炼学生的观察能力，增强对数据、文字、图片的敏锐性。

2. 提供方法指导，拓宽思路多元化。

解决题目的方法也很重要，俗话说："授之以鱼不如授之以渔。"教师引导学生分析题意时不能就题论题，而是要进行方法的指导，实现高位引领。学生已经学习了估算（大估、小估、中估）、简便计算、笔算、口算等运算方法，学过了从条件想起、从问题想起、画图等解决问题的策略。学生在选择合适的方法解决问题时，清晰的解题思路是学生高质量思维品质的体现。教师要对学生的解题思路给予指导。例如，在开始接触估算时，教师可以给予学生思考框架，有了这样的指导，相信对于题目的解决，学生能更加得心应手。

三、典型错误及分析

1. 小丽喝一杯 500 毫升的果汁，先喝了半杯，加满水后，又喝了半杯，再加满水，最后全部喝完。小丽共喝了多少果汁，多少水？

学生做法：喝了 2 杯果汁。

【错因分析】学生没有在信息量的转换中抓住本质。这道题目中的关键点是果汁的含量不变，无论加了多少次水，果汁依然只喝了 500 毫升。再根据每次加的水的量计算出一共喝了多少水。

【控错方法】结合实际生活经验，换一种思路思考，不去想喝多少果汁和水，而是想一想加了多少果汁和水。

2.

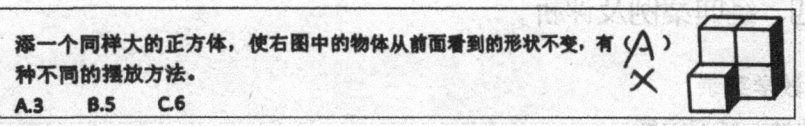

【错因分析】学生有序思考的能力和空间想象能力不足。

【控错方法】这道题学生要理解两点。第一，保证从前面看形状不变，那就只能在物体的前面或后面添加小正方体，而不能在左右两边和上面添加。第二，可以有多少种方法进行添加，要求学生有条理地一种一种数，不能遗漏或者重复。教师在教学中要舍得花时间，让学生开展充分的操作活动，帮助其形成空间想象能力。

3. 一组图形按下列规律排列：○○○△△○○□△△……继续排列下去，第 28 个图形是（□），这 28 个图形中有（12）个○，如果还用"○、□、△"这三种图形设计一个按周期排列的图形，要使第 28 个图形是△，画出你的设计方案：△△△○○□□

【错因分析】周期现象是相同的间隔依次重复出现的现象，因此至少需写出 2~3 组周期排列的事物。

【控错方法】学生不仅要理解周期是按照一定规律不断重复出现的现象，而且要在自己的设计中表现出"以（ ）为一周期重复出现"。在设计完成后，自觉根据题目要求顺向思考，进行检验，判断结果是否合理。

4. 大华水果店上午运进菠萝 140 千克，下午运进的菠萝比上午的 2 倍还多 50 千克。这一天大华水果店一共运进菠萝多少千克？

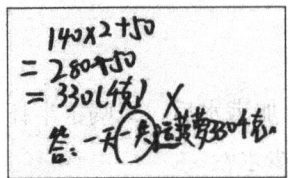

【错因分析】学生数量关系模糊,只求出下午运进菠萝的量,而没有求得一天运进菠萝的量。

【控错方法】理解数量关系,根据数量关系解决问题。本题的数量关系是上午的量+下午的量=一天运进菠萝的总量,上午的量×2+50=下午的量。教师可引领学生画线段图理解份数和总量的关系,寻求到创新方法:(2+1)×140+50。

四、经典案例及评析

【教学实录】

课题:练习讲解

出示例题:汽车的油箱里有28升汽油,每升汽油可供汽车行驶15千米。爸爸去农场要行400千米,他中途要加油吗?

师:同学们,请仔细读题,找一找题中的关键字词。

生:28升、每升15千米、要行400千米。

> 小明是这样做的:15×28=420(千米),420>400,所以中途不用加油。

师:仔细观察小明的方法,同桌互相说说他是怎么思考的。

生:每升汽油行的千米数×升数=28升汽油行的千米数,再把28升汽油可以行的千米数与要行的400千米进行比较,得出中途不用加油。

师:小明的方法是比路程,把可以行的路程和要行的路程进行比较,运用了乘法运算。除了这种方法外,还可以怎么做呢?

生:可以用除法。

生1:400÷15=26(升)……10(千米),要行400千米的路程需要的汽油是比26升多比27升少,不需要28升汽油。所以中途不用加油。

生2:400÷28=14(千米)……8(千米),如果要行400千米的路程,每升汽油只需要行驶14千米多,不用行驶15千米。所以中途不用加油。

师:上面两种方法运用了除法,是把小明的思路倒过来思考。第一种,我们比的是行 400 千米需要多少升汽油。第二种，我们比的是每升汽油需要行驶多少千米才能开完 400 千米。老师发现还有一半同学用了估算，这道题目能用估算来解决吗？

老师呈现学生方法：28 ≈ 30，30 × 15 = 450，450 > 400，所以中途不用加油。

师：同桌讨论是否可行？

学生思考讨论。

生：把 28 看作 30，估大了，估算结果比精确结果大。所以不能用估算的结果和 400 千米进行比较。

师：同学们思考得很对，说得也很好。这道题不可以用估算，只能用精确计算。因为估算的结果比精确结果大。

师：如果这道题稍微改一下数据，我们再来看看，可以用什么方法？

出示变式题：汽车的油箱里有 28 升汽油，每升汽油可供汽车行驶 15 千米。爸爸去农场要行 450 千米，他中途要加油吗？

生：可以用估算。把 28 估大，28 ≈ 30，30 × 15 = 450，把汽油估大才能行驶 450 千米，实际行驶的千米数小于 450 千米，所以中途需要加油。

师：比较这两题，为什么使用的方法一道是精确计算，一道是估算？

生：同样是把 28 估大。前面一题估算的结果比精确结果大，28 升汽油实际可行驶的路程与要行的路程都比估算的结果小，两者无法比较大小，只能精确计算。后面一题估算的结果比精确结果大，28 升汽油实际可供行驶的路程小于要行的路程（即估算结果），中途需要加油，估算就可以比较大小。

师：当然，后一题除了用估算，还可以用精确计算。同学们，我们已经学了估算、笔算、口算等运算方法。在解决问题时一定要认真读题，认真分析到底是用估算还是用精确计算，抑或是二者都可以用。

【评析】这是一道市区学业质量检测题。就这题而言，根据数据特点，只能用精确计算解决问题，但部分学生受平时练习的思维定式影响，选择了估算答题反而做错了。教师在分析题目时，要以此为抓手，重点解决"是否可以用估算"和"解题思路是什么"两个问题。教师通过同桌讨论、对比练习等形式解决了难点，帮助学生对计算方法、解题思路进行整体建构。

四年级下册　小学数学学科关键能力校本化

实施手册

口 算

一、类型与标准

类 型	质量标准		
	时段	速度	正确率
例题： 三位数乘两位数（乘数末尾有0） 800×50 = 410×20 = 800×15 = 400×32 =	初学	10题/分	94%
	期中	12题/分	97%
	期末	15题/分	98%
综合： 1. 两位数乘一位数或整十、整百数 24×3 = 24×30 = 24×300 = 2. 两、三位数除以一位数 60÷5 = 600÷5 = 两、三位数除以整十、整百数 600÷50 = 600÷300 =	期末	12题/分	98%
拓展： 1. 1600×4 = 1600×40 = 160×400 = 2. 450÷18 = 600÷120 = 3. 在□里填上合适的数字，使等式成立。 □□×□□=1600 □□×□□=2400	期末	11题/分	95%

二、教学策略

1. 精讲多练，强化学生口算意识。

口算能力的提高不可能一蹴而就，而是需要长期训练才能形成。教师要尽可能地为学生提供练习口算的平台：可以初学时游戏活动说口算。可以学习后每节课用课前积累2~3分钟渗透口算练习，还可以阶段学习后，集中利用信息平台让学生自主练习。

2. 自主过关，激发学生口算兴趣。

三位数乘两位数（乘数末尾有0）是在教学一位数乘一位数和两位数乘一位数之后，算理和算法有所类似，学生容易感觉枯燥，为激发学生口算的兴趣，针对学生的练习程度和完成速度，教师可以设计分项过关挑战卡，包括速度挑战卡和内容挑战卡（如下表）。

整数口算过关挑战（速度卡）		
速度	做对题数	是否过关
8题/分		
12题/分		
16题/分		

整数口算过关挑战（内容卡）		
口算内容	做对题数	是否过关
乘法口诀表		
两、三位数除以一位数		
……		

专项练习用速度挑战卡：如进行三位数乘两位数口算的速度过关，学生根据自身水平的不同，挑战不同速度。同时一份口算卷可以反复使用。综合练习用内容挑战卡：按照一至四年级的口算内容编制不同的口算过关卷，如：乘法过关卷、除法过关卷、两位数乘一位数过关卷等，学生分项过关，扎实了每一项口算的技能，口算速度慢的学生也会积极参与。

3. 提高速度，题组记忆常用口算。

数字的奥秘其乐无穷，有趣的数字组成了数学天地中神奇的规律，让人为之深深着迷。本学期，教师可以收集一些高频出现的乘法趣味口算，在发现规律之余，让学生记忆下来，不仅能够提高学生的口算速度，也为后面笔算和灵活运算打下了基础。教师可以有意识地对常见整数口算整理罗列，如：

$25 \times 2 = 50$　　　$25 \times 4 = 100$　　　$25 \times 8 = 200$　　　$125 \times 8 = 1000$

$15 \times 2 = 30$　　　$15 \times 4 = 60$　　　$15 \times 6 = 90$　　　$15 \times 8 = 120$

$12 \times 5 = 60$　　　$14 \times 5 = 70$　　　$16 \times 5 = 80$　　　$18 \times 5 = 90$

三、典型错误及分析

1. 24×5=100

【错因分析】24×5 与 25×4 混淆。口算时,个位四五二十得 20,个位写 0,十位二五一十得 10,十位写 0,向百位进 1,没有加上个位向十位进的 2。

【控错方法】将 24×5 和 25×4 综合对比,发现两者十位运算有差异。24×5 的十位运算是二五一十,25×4 的十位运算是二四得八。

2. 800×50=4000

【错因分析】乘数末尾的 0 和乘得的 0 发生混淆。乘数末尾共 3 个 0,运算 5×8,五八四十乘得 1 个 0,因此结果末尾共有 4 个 0。

【控错方法】明确乘数末尾有 0 的乘法算法,两个乘数末尾的 0 先不计算,求得乘得的结果,再把乘数末尾的 0 添上。还可以通过估算的方法对结果进行合理性判断。

3. 24×30=620

【错因分析】乘法计算漏进位。24×30,先算 24×3 的结果,再在末尾添 1 个 0。运算 4×3,三四十二,写 2 进 1,运算 2×3,二三得六,加上进位的 1 得 7,因此结果是 720。

【控错方法】口算中的进位,参照笔算,在旁边写上进位的数字,减少遗忘。

4. 80÷5=12   80÷5=14   80÷5=18

【错因分析】口算片面化,学生仅仅考虑乘法口诀,而缺乏严谨的口算过程。也就是说,学生只关注了商与除数相乘积的末尾是 0(即二五一十、四五二十、五八四十),忽视了十位 8 除以 5 后的余数是多少,即个位上是几十除以 5。

【控错方法】训练科学规范的计算习惯,不抢不漏口算步骤,并养成良好的检验习惯,把商和除数相乘的结果与被除数比较,看是否吻合。

四、经典案例及评析

【教学实录】

课题:积的变化规律(苏教版小学数学教材四年级下册第 33 页)

(一)谈话引入

1. 创设问题。

呈现:小明在口算"42×50"时,将乘数 50 看成了 5 并进行了口算。

师：小明算出的积和正确答案之间有什么关系呢？

生：小明算错了。50 缩小了 10 倍，42 不变，积也会缩小 10 倍。

2. 导入新课。

师：在乘法里面，两个乘数相乘就得到了积，乘数的变化是否也会引起积的变化呢？它们之间会有怎样的变化规律呢？今天这节课，我们就一起来探索积的变化规律。（板书课题）

（二）交流共享

1. 课件出示教材第 33 页例题 4 的表格。学生计算并填写表格。

2. 观察比较，发现规律。

师：我们再来看看这张表格中是否存在规律呢？请同学根据下面的要求展开活动。

出示活动要求：

（1）独立观察。请同学们观察表格中的乘数和积的变化情况。

（2）小组交流。学生将自己的发现在四人小组内进行交流。

（3）全班汇报。小组内选派一名组员准备交流。

师：谁来说说你们的发现？

生1：第一个乘数不变，第二个乘数乘 2，得到的积等于原来的积乘 2。

生2：第一个乘数不变，第二个乘数乘 10，得到的积等于原来的积乘 10。

生3：第二个乘数不变，第一个乘数乘 4，得到的积等于原来的积乘 4。

生4：第二个乘数不变，第一个乘数乘 5，得到的积等于原来的积乘 5。

师：谁能将刚才四位同学的发言进行概括，用一句话说一说积的变化有什么规律？

生：一个乘数不变，另一个乘数乘几，得到的积就等于原来的积乘几。

师：我们把这个规律称为"积的变化规律"。

3. 验证规律。

师：刚才大家发现的规律是不是具有普遍性呢？研究数学问题一般不要急于得出结论。请同学们再找一些例子进行验证，小组交流，关键还要找一找有没有反例。

（1）学生在四人小组内验证规律。

（2）交流验证的情况。

师：说明"一个乘数不变，另一个乘数乘几，得到的积就等于原来的积也乘几"这个规律是正确的。

4. 练习巩固规律，快速口算。

24 × 3 =　　　　　　7 × 15 =　　　　　　16 × 5 =

24×30 =   7×150 =   160×50 =
24×300 =   7×1500 =   1600×500 =

师：你们发现这些题目之间有什么联系吗？对于这些口算，你们有什么口算的窍门吗？

师生小结：整百数乘两位数，可以先看作一位数乘两位数，乘数末尾有2个0，再在积的末尾添上2个0。这其实运用的是积的变化规律。

【评析】三位数乘两位数（乘数末尾有0）的口算是在学生学习了"积的变化规律"的基础上进行学习的，通过一系列的探究活动，学生理解了此类乘法口算的基本方法是运用了积的变化规律，为后面学习小数乘法口算奠定了基础。

笔　算

一、类型与标准

类　型	质量标准		
	时段	速度	正确率
例题： 1. 三位数乘两位数 128×16＝　　　　45×743＝ 2. 三位数乘两位数（乘数末尾有0） 850×15＝　　　　850×20＝	初学	0.5题/分	85%
	期中	0.6题/分	89%
	期末	1题/分	91%
综合： 1. 列竖式计算： 802×23＝　　207×40＝　　8320÷40＝ 2. 看右面的乘法竖式，圈出的部分表示（　　）。 ①112个一 ②112个十 ③112个百 　　　　　　　　2 8 　　　×　4 0 3 　　　　　　　8 4 　　　112 　　112　　8 4	期末	0.7题/分	86%
拓展： 四位数乘两、三位数 1234×12＝	期末	0.3题/分	80%

二、教学策略

1. 立足课堂教学，借助情境理解算理算法。

苏教版四年级下册教材中以住宅小区住户为题材，呈现了需要用三位数乘两位数的乘法运算解决的实际问题。在课堂教学中，学生根据数量关系列出乘法算式后，教师无须做过多的提示和说明，直接以填空的形式呈现竖式结构，学生利用已有乘法运算的知识和经验，尝试列竖式算出得数。反馈与交流时，学生归纳计算方法。借助情境的设置,让学生在尝试计算、合作交流的过程中理解三位数乘两位数的算理与算法。

2. 培养自学能力,鼓励学生之间帮扶结对。

学生在学习"两位数乘两位数、三位数乘一位数"的基础上学习本单元内容,对乘法意义的理解、乘法的计算方法有着丰富的学习经验。教师可以在课前布置预习作业,鼓励学生先进行自学,运用旧知的迁移进入新知的学习。教学过程中,分层关注,关注班级中自学能力强的学生,这部分学生率先学会。对于有困难的学生,教师则要进一步进行乘法运算方法的指导。在这个过程中,学生的力量可以充分利用,请学会的"小老师"完整地讲解运算步骤。通过组间同质、组内异质的学习小组互帮互扶,共同提高。

3. 收集错题资源,锻炼"学""思"能力。

针对学生的错题情况,可以让每个学生收集自己的错题,一条条编上序号,分析错误的原因,再进行订正,建立自己的错题集。一方面不断反思,以便今后不再犯同样的错误;另一方面,促使自己端正作业态度,逐步养成看清题目、认真书写、验算、检查等良好的运算习惯。

三、典型错误及分析

1.

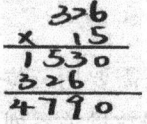

【错因分析】算理理解错误;三位数乘两位数的运算数位没有对齐;三位数去乘两位数的哪个数位,就应和哪个数位对齐。

【控错方法】结合具体的情境,帮助学生厘清三位数乘两位数的数位的对齐意义,强调第一个乘数去乘第二个乘数的哪一位,结果就和哪一位对齐。

2.

```
   326
 ×  15
  1530
  326
  4790
```

【错因分析】漏加进位的数。三位数乘两位数属于数据较大的乘法,在笔算过程中经常会出现多次进位,任何一次进位漏加都会导致计算结果的错误。

【控错方法】培养良好的竖式习惯，个别运算有困难的学生可以在竖式旁边用小数字标出每次进位的数字，以提醒自己加上进位的部分。

3.

```
    4 0 3
 ×    3 5
 ─────────
    2 1 5
  1 2 9
 ─────────
  1 5 0 5
```

【错因分析】三位数乘两位数中间有0的乘法，0处理不当。在计算时，忽略乘数中间的0，算成了 $43×35$，改变原有算式，导致结果错误。

【控错方法】计算乘数中间有0的乘法时，中间的0要乘，但要注意0和任何数相乘都得0，尤其要关注前一位的进位情况。

四、经典案例及评析

【教学实录】

课题：末尾有0的乘法（苏教版小学数学教材四年级下册第34页）

1. 出示例题。

月星小区有850平方米草坪。这种草坪每平方米每天能释放氧气15克，吸收二氧化碳20克。月星小区的草坪每天大约能释放氧气多少克？月星小区的草坪每天大约能吸收二氧化碳多少克？

学生分析数量关系并列出算式：$850×15$、$850×20$。

2. 梳理知识，指导学法。

师：比较这两个乘法算式和昨天学的乘法有什么不同。

生：这是乘数末尾有0的乘法，昨天学习的乘法中，乘数末尾没有0。

师：是的，今天这节课，我们主要学习乘数末尾有0的三位数乘两位数乘法笔算。估一估 $850×15$ 的结果是多少。

生1：把850估成800，15估成10，用 $800×10=8000$，我估小了，实际结果应该比8000大。（板书 $800×10=8000$）

生2：把850估成900，15估成20，用 $900×20=18000$，我估大了，实际结果应该比18000小。（板书 $900×20=18000$）

师：精确结果到底是多少呢？自己先算一算，再在小组中交流，说一说你是怎样算的。小组内学生交流，教师巡视，让不同算法的同学到黑板上板演，可能出现以下几种情况：

```
①   850        ②   850        ③   850
   × 15           × 15           × 15
   ────          ────           ────
   4250          4250            425
   850            85             85
   ─────         ─────          ─────
   12750         12750          12750
```

3. 全班交流讨论：

师：比较这三个竖式有什么共同点？答案和估算的结果比，合理吗？

生：这三个竖式的计算结果相同，且在估算的范围之内，12750是正确的。

师：结果都一样，却有三种不同竖式的写法，到底哪一种更加准确简洁呢？

生1：第一种方法计算第一步个位 $850×5$，得到4250；计算第二步十位 $850×1$，得到850，过程是对的，但是0都参与了计算，不够简洁。

生2：第二种方法计算第一步个位 $850×5$，得到4250；计算第二步十位 $85×1$，得到85，0有时参与计算，有时不参与计算，这样做容易出错。

生3：先不看乘数末尾的0，就是把0前面的数相乘。$85×15=1275$，然后在积的末尾添上0。我觉得这样做最简洁。

4. 完整计算，感悟简便方法。

师：用简便方法计算，做的时候，首先要会摆竖式，下面请同学到黑板上列竖式。

生独立完成，指名板演，师带领学生集体计算。

师：计算过程中，我们学会了什么方法？

生：先计算0前面的数，再在积的末尾添上0，这样运算更简便。

师：接下来，我们用简便方法算一算草坪吸收的二氧化碳，算的时候，先通过估算得出大致范围，再计算得到准确的结果。

学生尝试练习，教师巡视，让不同算法的学生到黑板上板演，可能出现以下几种情况：

```
①   850        ②   850
   × 20           × 20
   ─────         ─────
   17000         1700
```

师：你认为谁的计算是正确的？判断理由。

生1：我认为第一位同学计算正确。我通过估算，$850×20$ 估小看作 $800×20$ 得16000，$850×20$ 估大看作 $900×20=18000$，实际答案在16000与18000之间，17000比较合理，1700算错了。

生2：估算的结果是五位数，第二位同学算到的结果是四位数。

师：应该怎样计算呢？

生：先不看乘数末尾的0，把850×20看作85×2，运算完之后在积的末尾添两个0。

师：为什么添两个0？

生1：乘数的末尾有两个0，积的末尾也要添上两个0。

生2：一个乘数扩大10倍，另一个乘数也扩大10倍，积要扩大100倍。

【评析】本课中，教师起到了引导作用，帮助学生主动建构自己的数学知识框架，实现从已有计算经验向三位数乘两位数（末尾有0的乘法）迁移；组织学生广泛交流，完善计算法则，组建更具概括性的认知结构；鼓励学生尝试估算，提供检验的新方法。

灵活运算

一、类型与标准

类 型	质量标准（正确率）
例题： 1. 加法交换律 $a+b=b+a$ $28+17+72=28+72+17$ 2. 加法结合律 $(a+b)+c=a+(b+c)$ $28+17+23=28+(17+23)$ 3. 乘法交换律 $a\times b=b\times a$ $3\times5\times12=3\times(5\times12)$ 4. 乘法结合律 $(a\times b)\times c=a\times(b\times c)$ $23\times5\times6=23\times(5\times6)$ 5. 乘法分配律 $(a+b)\times c=a\times c+b\times c$ $6\times24+4\times24=(6+4)\times24$	

综合：
1. 加法结合律：$238+305=238+300+5$
2. 乘法结合律：$25\times28=25\times4\times7$
3. 乘法分配律：$12\times(40-5)=12\times40-12\times5$
                 $32\times98=32\times(100-2)=32\times100-32\times2$
                 $32\times102=32\times(100+2)=32\times100+32\times2$
4. 减法的性质：$178-(78+7)=178-78-7$
5. 除法的性质：$210\div6\div5=210\div(6\times5)$
6. 商不变的规律：$210\div25=(210\times4)\div(25\times4)$
	91%

拓展： 等差数列的和 偶数个：$1+2+3+4+5+6$ 奇数个：$3+5+7+9+11$	

二、教学策略

1. 借助生活情境，帮助学生理解运算定律。

课标提倡将运算教学融于现实情境。在这几条运算定律的学习中，教材都设计了现实的生活情境让学生提出问题，并用不同方法解决问题。首先，学生在对不同方法算式的比较中，建立等式发现规律。这里，教师要有意识地唤起学生已有的经验，帮助学生把以前零散的感性认识上升为规律性的理性认识。其次，学生通过举出多种不同的例子来加深对规律的理解，从而验证运算定律。最后，学生运用结构加深对运算律的认知。

2. 巧用思维导图，帮助学生整体构建框架。

针对运算定律过多，容易混淆，学生对各种定律选择有困难，或者错误套用运算定律的问题，我们可以借助思维导图，帮助学生整理运算律框架，熟记运算定律，形成自己的知识体系，从而对整个运算律做到了然于胸，提高学习效率。

3. 提倡多元呈现，帮助学生开阔解题思路。

虽然学生熟知定律，但是仍解决不了实际运算中遇到的错综复杂的问题。教师要适当地在可控范围内呈现一些变式练习，鼓励学生创新，打破常规，利用已经学过的知识，合理地进行等值变形，从而达到简便运算的目的，促进学生优化意识的发展。如：加法交换律和结合律可以运用到 n 个加数相加的算式中，乘法交换律和结合律可以运用到 n 个乘数连乘的算式中。在进行此类专项强化练习时，针对典型错误集体讲评，丰富题型，拓宽思维。教师在学生应用定律灵活运算时，更应该关注学生的思维，鼓励一题多解，呈现多元资源，在生生交流中，开阔学生的解题思路，感悟并体验算法的最优化。

三、典型错误及分析

1. 减法的性质。

$$565-(165+97)$$
$$=565-165+97$$
$$=400+97$$
$$=497$$

【错因分析】减法的性质逆运用使用不当。

【控错方法】厘清减法的性质，引领学生换一种角度理解减法的性质逆运用，被减数减去两个数的和等于被减数连续减去这两个数，即 $a-(b+c)=a-b-c$。

2. 乘法运算律。

```
  25×(40×4)
= 25×40×25×4
= 1000×25×4
= 25000×4
= 100000
```

【错因分析】 乘法结合律与乘法分配律的运用混淆，归结原因还是运算律的特征没真正理解和掌握。

【控错方法】 要从乘法的意义入手，进一步帮助学生掌握运算律的基本形式及其特征，注意易混淆运算律的区分。乘法结合律只有一种乘法运算。乘法分配律有乘法和加法两种运算。

3. 乘法分配律。

```
  25×(30+4)
= 25×30+4
= 750+4
= 754
```

【错因分析】 乘法分配律的运用出错，乘数没有分别去乘这两个加数。

【控错方法】 $25×(30+4)$ 是34个25，表示30个25和4个25相加。乘法分配律有乘法和加法两种运算，强调乘法分配律要"分别乘"。

```
  36×101
= 36×(101-1)
= 36×100-36×1
= 3600-36
= 3594
```

【错因分析】 对101这样的特殊数字处理不当，101比100多1，学生在算式中找到了特殊数字101，想到了整百数，但拆的方法缺乏合理性。101应拆成（100+1），前后算式需相等。

【控错方法】 将 $36×101$、$36×100$、$36×99$ 进行辨析，观察算式特点，思考不同的处理方法，举一反三。类似的还有 $76×99$，不能写成 $76×(99+1)$。

4.

```
  43×7+47×7
= (43+4)×7
= 90×7
= 630
```

【错因分析】第一步括号忘记写了，没有括号便改变了算式的含义，说明学生不了解规律。

【控错方法】此类错误追根溯源，问题主要出在学生答题不细致，运算的习惯有问题。解决方法可以提醒学生每次做题认真对待，提高准确率，争取会做题。

四、经典案例及评析

【教学实录】
课题：加法运算律（苏教版四年级下册第 55~56 页）
PPT 呈现第 55 页例 1 情境图：同学们在操场上开展体育活动。
片段一：探索加法结合律

1. 出示问题：跳绳的有多少人？
学生列不同的算式解答。PPT 呈现：①$28+17=45$　　②$17+28=45$
生：第一种方法数量关系是 28 个男生跳绳 + 17 个女生跳绳 = 一共跳绳的人数。
生：第二种方法数量关系是 17 个女生跳绳 + 28 个男生跳绳 = 一共跳绳的人数。
师：这两个算式的结果相等，我们可以用等号将其连接成这样一个等式（PPT 呈现：$28+17=17+28$）。等号两边的算式有什么相同点和不同点？
生：左右两边算式的运算符号相同，数字相同，得数也相同，而加数的位置不同。
师：老师再说些类似等号左边的算式，你能立刻说出右边的吗？
师：$10+100$。
生：$100+10$。
师：$198+223$。
生：$223+198$。
师：$1111+10000$。
生：$10000+1111$。
……

2. 师：它们的得数是否相等，请运算后，说说你的发现。
小组讨论，提出猜想：两个加数相加，交换加数的位置，它们的和不变。
（PPT 呈现）

学生分组举例验证。PPT呈现小组合作要求：

①举例，照样子，每人举1~2个例子。（关注特殊数、不同数位的数，思考有无反例。）

②记录，组内交流例子，并记录典型例子。

③讨论，说说发现准备汇报组内合作成果。

小组汇报。板书：加法交换律。

3. 练习巩固。

①运用加法交换律在括号里填上合适的数。

766 + 589 = 589 + (　　)　　　　(　　) + 55 = 55 + 420

300 + 600 = (　　) + (　　)　　　$a + 15 = ($　　$) + ($　　$)$

(　　) + 65 = (　　) + 35

②判断对错：10 + 56 = 56 + 10　　18 + 60 = 60 + 20　　20 + 40 = 50 + 10

4. 回顾小结：我们是怎样研究加法交换律的？

生交流并进行归纳：提出猜想—举例验证—得出结论—字母表示

片段二：探索加法结合律

1. 出示问题：参加活动的一共有多少人？学生列式解答。

师：你能列出不同的算式吗？

PPT呈现：

28 + 17 + 23　　　　　　　28 + (17 + 23)

= 45 + 23　　　　　　　　= 28 + 40

= 68（人）　　　　　　　 = 68（人）

师：你们是怎样想的？

生：第一位同学先算出跳绳的总人数，再加上23个女生踢毽子等于参加活动的总人数。第二位同学先算出一共的女生人数，再加上28个男生跳绳等于参加活动的总人数。

师：这两个算式的结果相等，我们也可以用等号将其连接成这样一个等式[PPT呈现：(28 + 17) + 13 = 28 + (17 + 23)]。等号两边的算式有什么相同点和不同点？

生：左右两边算式的数字、运算符号、数的位置相同，得数也相同，不同的是它们的运算顺序不同。

2. 师：你们又能提出什么猜想呢？学生小组讨论。呈现猜想：三个数相加，先把前两个数相加，再加上第三个数；或先把后两个数相加，再加上第一个数，它们的和不变。

学生分组探究，举例验证这一猜想。

PPT呈现小组合作要求：①验证，回忆刚才学习加法交换律的过程，验证猜想。

②讨论，小组交流你的想法，准备全班汇报。

小组汇报，得出结论，给出名称：加法结合律，板书名称以及用字母表示式。

师：其实，今天我们所认识的加法运算律，以往接触过。一起来看一看。

3. 练习巩固。

①指出下面分别运用了什么运算定律。

```
  876      验算：  150
 +150            +876
```
用"凑十法"计算：7+9=6+(1+9)

②下面的等式各应用了什么运算律？

82 + 0 = 0 + 82　　　　　　　　47 + (30 + 8) = (47 + 30) + 8

(84 + 68) + 32 = 84 + (68 + 32)　　75 + (48 + 25) = (75 + 25) + 48

4. 算一算，比一比。

38 + 76 + 24　　　　　　　　75 + (68 + 25)

38 + (76 + 24)　　　　　　　(75 + 25) + 68

师：既然结果相等，你愿意选择哪个算式计算？为什么？

【评析】探究加法交换律的过程属于"教结构"。教师在教学加法交换律的过程中引导学生建构了"提出猜想—举例验证—得出结论—字母表示"这一研究框架。在后续探究加法结合律时，教师放手让学生自己"用结构"。由扶到放、由易到难，学生逐渐形成能力框架，培养良好的数学素养。课后的练习既考查了学生对本课时知识点的熟练运用，又是对拓宽知识的外延内涵，便于学生活学活用，为下一课时运用加法运算律进行简算做好铺垫。

算理的理解

一、类型与标准

类　　型	质量标准（正确率）
综合： 1. 把 597×51 按 600×50 来估算，597 多估了 3，即多估了 3 个（　　），51 少估了 1，即少估了 1 个（　　）。 2. 右面的乘法竖式，圈出的部分表示（　　）。 　A. 112 个一　　B. 112 个十　　C. 112 个百 3. 在下面的算式中，即使不用"（　　）"，其计算结果也不会变的算式是（　　）。 　A. 32÷（4×2）　　B.（45－9）×4　　C. 71＋（6×5） 4. 在计算 32×102 时，有位同学是这样写的，32×102 ＝32×（100＋2）＝32×100＋32×2＝3200＋64＝3264，他在计算的过程中应用了（　　）。 　A. 加法交换律　　B. 乘法交换律　　C. 乘法结合律　　D. 乘法分配律	87%

二、教学策略

1. 借助几何直观，助力理解算理。

　　教学中，教师在追问学生运算过程中的每个步骤各表示什么意思的时候，学生概念混淆，似是而非。教师可借助直观形象的情境图或几何图，数形结合，帮助学生建立具体的表象，这样，算理的理解就相对变得简单（如右图）。箭头所指的不就表示的是右图圈出的内容吗？在图上表示得十分明显，学生也就有话可说。

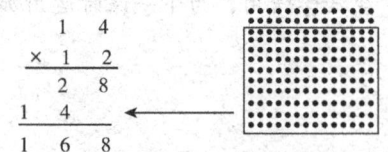

课，我们继续来探究三位数乘两位数的乘法运算。

2. 交流共享。

课件出示教材第 27 页例题 1。已知月星小区有 16 幢楼，平均每幢楼住 128 户，问月星小区一共住了多少户？

生解决问题，探究计算方法。

（1）学生根据数量关系独立列出算式。指名口述算式，教师同时板书：$128 \times 16 =$

（2）尝试计算。师：结果是多少呢？自己独立尝试用竖式计算。

教师巡视指导，特别关注平时计算错误率较高的学生，注意他们每一部分积的书写位置和计算结果是否正确。

（3）小组交流算法。师：算好的同学在四人小组内把计算的过程互相说一说。

（4）全班交流并集体反馈。

师：你能说清运算过程吗？

生：先算 128×6，再算 128×10，最后把 6 个 128 与 10 个 128 相加求和。

师：谁能再把计算过程完整地来说一说？

生：先用两位数个位上的 6 去乘 128，得 768，用十位上的 1 去乘 128，得 10 个 128，1280 里的 8 写在十位上，0 省略不写，再把两次乘得的数加起来。

师：用两位数个位上的 6 去乘 128，得 768，在题目中实际求出了什么？再用十位上的 1 去乘 128，得 1280，在题目中实际就是求出了什么？再把两次乘得的数加起来得 2048，就是求出了什么？

```
        1 2 8
    ×     1 6
        7 6 8  ……（6）幢楼有（768）户住户
    1 2 8      ……（10）幢楼有（1280）户住户
    2 0 4 8    ……（16）幢楼有（2048）户住户
```

同桌互相说一说每个部分表示什么。（同桌互说）

师：用竖式计算时要注意什么？

生：用竖式计算时，对齐相应的数位。

3. 总结算法。

师：三位数乘两位数的笔算方法和步骤与两位数乘两位数有什么区别和联系？讨论：怎样笔算三位数乘两位数？

生：笔算三位数乘两位数与两位数乘两位数的方法类似，都是先用两位数个位上的数乘第一个乘数，与个位对齐；再用两位数十位上的数乘第一个乘数，与十位对齐；最后把两次乘得的积相加。教师提醒学生注意相同数位要对齐。

【评析】在运算过程中，理解算理是运算的前提。如何清晰地理解算理，使之纳入学生原有的认知结构，是本环节重点要解决的问题。教学中以情境图中的生活实例为抓手，引导学生独立思考，再小组交流，逐步领会各部分积所表示的含义。

计算结果的合理性判断

一、类型与标准

类 型	质量标准（正确率）
理解类： 1. 估一估 286×42 的积是几位数，再计算。 2. 计算 158×46×27 后，四位同学的答案分别是 196328、196236、198324、189682，其中只有一位同学算对了。你认为正确的答案是多少？把你选择这个答案的原因写在下面。 3. 学生在计算 122×48 时，出现以下三种结果，你认为哪两种结果肯定是错的，把理由写下来。 （1）5760； （2）5856； （3）5852。	
综合类： 1. 一瓶 180 毫升的口服液的用量是"口服每次 5～10 毫升"。按照这样的用量，这瓶口服液最少可以喝（　）次，最多可以喝（　）次。 2. 公园门票每张 88 元，3 名老师组织 95 名同学去公园，带 9000 元够不够？（请用估算的方法解决，并说明理由）	71%
拓展类： 用 0、1、2、3、4 这五个数字组成一个两位数和一个三位数，要使乘积最大，应是哪两个数？要使乘积最小，应是哪两个数？	

二、教学策略

1. 数位估算法。

如估计 376×54 的积是几位数，376÷54 的商是几位数，根据乘数的位数、被除数与除数的数字大小特点，估计积或商是几位数。乘法积的位数等于两个乘数数位之和或比和少 1，根据这个经验，可以推算出 376×54 这个三位数乘两位数的积是五位数。除法商的位数看被除数从哪一位够除除数，根据这个经验，可以推算出 376÷54 的商是一位数。

2. 末尾估算法。

如计算 158×46×27 后,四位同学的答案分别是 196328、196236、198324、189682。其中只有一位同学算对了。你认为正确的答案是多少?教师采用只计算尾数的方法 8×6=48、8×7=56,得数的个位是 6,推算并选择出这三个数相乘的积是 196236。

3. 近似数估算法。

如 99×32 的积大约是多少,采用取近似值的方法估算,对算式中的数先取近似数,最好是取整十、整百数,99≈100,32≈30,100×30=3000,99×32 的积大约是 3000。

三、典型错误及分析

自行车运动员每天要骑车训练 10 小时,行 300 千米。某位运动员连续训练 20 天,一共要行多少千米?

20×10×30
=200×30
=6000(千米)

答:一共行 6000 千米。

【错因分析】错解条件中"行 300 千米"。300 千米是每天行 300 千米,而非每小时行 300 千米。解决实际问题,合理选择信息十分重要,并非所有的条件都是必要条件,该题中"每天要骑车训练 10 小时"就是对解该题无用的迷惑条件。

【控错方法】厘清所有条件表达的含义,找到数量关系,将列式建立在数量关系的基础之上,选择适当的策略联系生活实际情况解决实际问题。

四、经典案例及评析

【教学实录】

课题:三位数乘两位数练习设计(苏教版四年级下册第 27 页)

1. 多媒体出示以下两题。

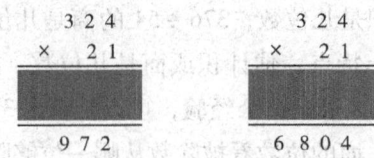

师：左边一题有可能对吗？为什么？

生：可以看积的数位。一个三位数乘两位数，积可能是四位数，也可能是五位数，而不会是三位数。所以是错的。

生：我是用看个位的方法，324 的个位上的数是 4，21 的个位上的数是 1，$4 \times 1 = 4$。相乘后的积的个位上应该是 4，而不是 2，所以是错的。

师：你们说得很有道理。

生：我采用的是估算的方法。把 324 看成 300，21 看成 20，相乘后，积应该是 6000 多；或把 324 看成 320，21 看成 20，我都估小了，实际积应该比 6400 大，所以 972 不可能对。

多媒体动画移开遮住的长方条。

```
    3 2 4              3 2 4
  ×   2 1            ×   2 1
  ───────            ───────
    3 2 4              3 2 4
    6 4 8              6 4 8
  ───────            ───────
    9 7 2            6 8 0 4
```

师：说说左边一题错误发生在哪儿了？应该怎么改？

生独立订正。

2. 试一试，多媒体继续出示下面两题。

师：这两题的结果有可能对吗？

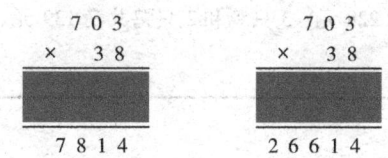

```
    7 0 3              7 0 3
  ×   3 8            ×   3 8
  ───────            ───────
    7 8 1 4          2 6 6 1 4
```

引导学生观察两个竖式，说说自己的判断结果。

【评析】本环节的设计，对学生出现的运算典型错题进行了改编，对其承载的功能进行了深入挖掘，重点突显了运用估算判断对错的方法。这样的设计，在纠错的同时，使学生的估算意识、估算能力得到了发展，也使学生的数感得以提升。

选择灵活方法解决实际问题

一、类型与标准

类 型		质量标准 （正确率）
习题： 1. 王伟同学在用计算器计算 56×724 时，发现计算器上的数字键"5"坏了，无法显示，如果这时仍用计算器计算，怎样才能计算出正确结果，把你想到的方法写在下面。（能想到几种，就写几种，按类别用算式表示即可） 2. 老师到书店买书作为奖品发给学生，看到一种英文书《格林童话》，单价 27 元，老师买 12 本应付多少元？你还有其他算法吗？把计算过程写在下面。（至少写 2 种）	27×12=324（元） $\quad\quad 27$ $\quad\times 12$ $\quad\quad 54$ $\quad\quad 27$ $\quad\quad 324$	82.3%
综合：4 只鸭和 4 只鸡共卖 228 元，3 只鸡和 2 只鸭共卖 139 元。每只鸡多少元？每只鸭多少元？		

二、教学策略

1. 整理多样运算方法，形成完整的运算流程。

到了本学期，学生已经学习了四年运算知识，整数部分的运算教学已经结束。面对这么多的运算内容和运算方法，教师可以帮助学生建构知识体系，丰富学生解题的方法，形成完整的运算认知结构。运算作为解题的一个重要组成部分，往往与实际问题情境紧密联系，教师首先应当让学生理解题意，确定是否需要运算，怎样运算，然后再确定需要选择什么样的运算方法。口算、笔算、计算器、简便计算和估算都是可供学生选择的方式，都可以达到解决问题的目的。计算流程如下：

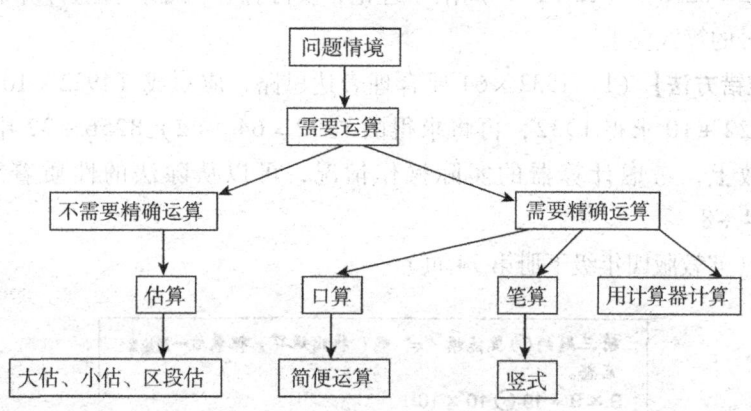

2. 巧妙设计综合练习，对比辨析中灵活选择。

社会发展的今天，解决问题不再是单一地剥离于生活情境的非 A 即 B，复杂综合的问题情境才是生活原态，需要学生用数学的思维综合考虑多种因素，调用多种策略，根据数据的特点，根据情况的变化，对号入座。教师应该打开思路，在教学设计时充分预设，从解题思路、运算方法、运算过程等不同角度进行思考，从不同层面、不同角度来提升学生灵活选择策略解决问题的能力。

譬如，不用计算，分别判断下面几题的对错。375×24＝9004、112×25＝280、603×34＝200502、309×31＝9279。教师在引领学生判断的时候，可以是小组合作，也可以逐题判断对错，但必须是全员参与，说明自己的判断方法。

375×24＝9004 可用判断尾数的方法证明一定不对；112×25＝280 和 603×34＝200502 根据近似数估算判断积的位数，积是三位数和六位数一定不对；309×31＝9279 通过估算和得数尾数判断发现可能对，不能直接判断，需要再次计算，才能准确验证。判断的过程应该是学生灵活选择策略解决问题的过程。

三、典型错误及分析

1. （苏教版四年级下册第 45 页）

小刚的计算器上的数字键"3"坏了。你能用小刚的计算器算出下面各题的得数吗？

1932×64＝1922#×64 8256÷32＝8256÷(22+10)

【错因分析】算式 1932×64 = 1922 + 10×64 不能合理表达计算步骤。算式 8256÷32 = 8256÷（22 + 10）局限于理论，实际操作困难，普通计算器不能满足带括号的算式要求。

【控错方法】（1）1932×64 要合理表达思路，应写成（1922 + 10）×64，通过 1922 + 10 求得 1932，再将求得的 1932×64。（2）8256÷32 中出现的 3 在除数上，考虑计算器的实际操作情况，可以从除法的性质着手考虑：8256÷4÷8。

2.（苏教版四年级下册第 74 页）

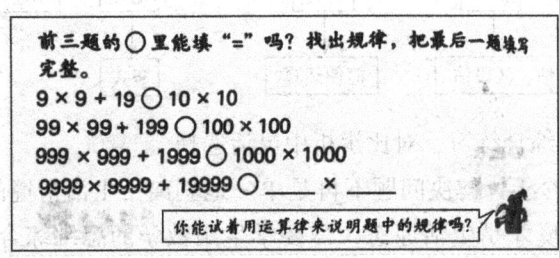

【错因分析】学生在比较大小时，难以找到关联，通常通过计算得到结果，但由于乘法数字较大，计算错误率较高，因此无法正确比较大小。

【控错方法】充分挖掘数字特点，利用乘法分配律进行多次转化。以 99×99 + 199 为例，99×99 + 199 = （99×99 + 99）+ 100 = ［99×（99 + 1）］+ 100 = 99×100 + 100 = 100×（99 + 1）= 100×100 = 10000。

3. 经典案例及评析

【教学实录】

课题：选择合理的计算方法解决问题（苏教版四年级下册第 45 页）

（一）回顾反思

师：你在小学阶段都学过哪些运算方法？

生：估算、口算、笔算、简算、用计算器计算。

（二）情境导入

师：我们学了这么多的运算方法，大家运用它的本领有多高呢？我们来试一试。

（PPT：胡老师买 190 本《科普童话》，每本 38 元，胡老师带了 8000 元钱。）

师：根据这些信息，你能提出哪些数学问题？

生1：8000 元钱够吗？

生2：应付多少元？

生3：如果够了，应找回多少元？

生4：如果不够，应再付多少元？

（三）自主探索

1. 估算

师：我们先来解决"8000元钱，够吗？"这一问题，并思考一下，8000元钱到底够不够？

生：8000元够了。

师：你们选择了哪种计算方法？

生：我用的是估算。

生独立解答，记录自己的估算思路，和同桌交流。

师同时呈现三种估算方法，问：你看懂了哪一种？谁愿意来说一说？

①$38≈40$，$38×190≈7600$；②$190≈200$，$38×190≈7600$。

③$38≈40$，$190≈200$，$38×190≈8000$。

生：我看懂了第一种。估一个数。把每本38元看成40元，40乘190元等于7600元。把38元估成40元，因为估大了，所以估算结果将比实际结果大，所以8000元钱够了。

生：我看懂了第二种。估一个数。把190本看成200本，38元乘200本等于7600元。当把190本估成200本时，得出的估算结果比实际结果大，所以够了。

生：我看懂了第三种。估两个数。把190本看成200本，把每本38元看成40元，都估大了，40元乘200本等于8000元，得出的估算结果比实际结果大，所以够了。

师：想一想，用口算、笔算、计算器算能不能解决这个问题？（生齐答：能）为什么大家都选择了估算呢？

生：我们只要知道大致取值范围，无须知道准确值，估算就可以了。

师：解决这个问题不需要精确计算，可以选择估算。7600或8000是大约结果，根据它可以知道190乘38积的范围，这个范围可以帮我们对问题快速做出判断。对吗？

2. 精确计算

师：解决"应付多少元？"这个问题还能用估算的方法吗？为什么？

生：不能估算，因为它需要知道准确的结果。

学生思考应该选择哪种计算方法？理由是什么？把计算过程写在答题卡上。

生1：用运算律算$190×38=（200-10）×38=200×38-10×38=7600-$

$380 = 7220$（元）。

```
        1 9 0
    ×     3 8
    ─────────
    1 5 2
    5 7
    ─────────
    7 2 2 0
```

生2：用运算律算 $190 \times 38 = (40 - 2) \times 190 = 40 \times 190 - 2 \times 190 = 7600 - 380 = 7220$（元）。

生3：列竖式进行笔算。

师：在解决这个问题时，你们选择计算方法的根据都是这个问题需要精确计算。当然，要精确计算，还可以选择哪种计算方法？

生：用计算器算。

师：那应找回多少元呢？解决这个问题需不需要精确计算？

生：需要。还可以选择笔算、口算、用计算器算。

（四）梳理反思

师：刚才我们解决了几个问题，想一想，当你遇到一个现实问题，要用运算解决的时候，需经历怎样的思考过程，用框架图等方式将你的思考过程按一定顺序写在思考本上。

生小组思考并整理、展示交流。

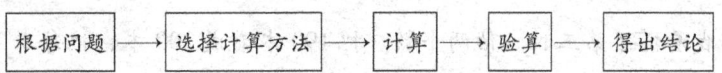
根据问题 → 选择计算方法 → 计算 → 验算 → 得出结论

师：各个小组说法不一，但思路一致。回忆一下，当我们遇到一个问题情境，并需用计算的方法来解决这个问题时，我们首先要看什么？

生：问题情境。

师：根据问题再来判断需用哪种运算方法解决问题。如果不需要精确计算，可以选择……

生：估算。

师：如果需要精确计算，可以选择……

生：口算、笔算或用计算器计算。

师：看来解决问题时并不是简单地算一算就可以了，而是需要根据问题选择合理的运算方法。

在交流的过程中，理顺板书内容，形成思维导图：

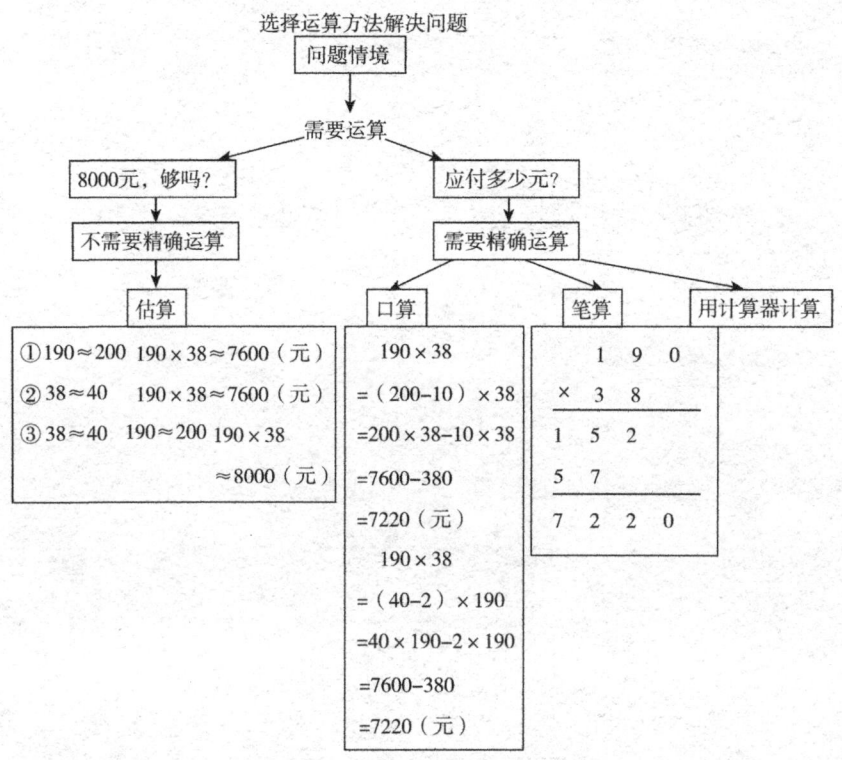

【评析】本课中的教学过程，环节二从"现实情境中提出问题"直奔"策略"教学主题，环节三从"选择合理的计算方法解决问题"为"策略"的形成积累了丰富的经验，再通过环节四的"梳理反思"进一步提升。这样环环相扣，层层深入，最终圆满地落实了"灵活选择合适的方法解决问题的策略"这一教学目标。

五年级上册　小学数学学科关键能力校本化

实施手册

口 算

一、类型与标准

类　型	质量标准		
	时段	速度	正确率
例题： 小数加减法 0.7 + 0.3 =　　　0.3 + 2.46 = 1.6 - 0.4 =　　　0.83 - 0.5 =	初学	6 题/分	90%
	期中	9 题/分	94%
	期末	10 题/分	97.5%
综合： 得数可以化简 4.5 + 0.5 =　　　0.82 - 0.42 = 整数与小数的加减法 6 + 3.4 =　　　2 + 2.8 =　　　9.2 - 6 =	期末	10 题/分	96.5%
拓展： 小数与接近整数的小数的加减法 5.7 + 0.9 =　5.7 + 99.9 =　12.7 - 0.99 =　12.7 - 0.9 = 灵活简便计算 2.4 - 0.45 - 0.55 =　　　3.2 + 0.5 + 6.8 = 整数与小数的加减法 1 - 0.34 =　　10 - 0.34 =　　100 - 0.34 =	期末	10 题/分	94.5%
例题： 小数乘法 2 × 0.07 =　　8 × 0.9 =　　1.2 × 4 =　　0.7 × 0.7 = 0.24 × 0.2 =　　0.4 × 3 =	初学	6 题/分	88%
	期中	9 题/分	92%
小数乘 10、100、1000……的计算 7.2 × 100 =　　0.05 × 1000 =　　1000 × 2.1 =	期末	10 题/分	95%
综合： 得数可以化简 0.5 × 8 =　　6 × 1.5 =　　0.6 × 0.5 =	期末	10 题/分	95%

续表

类　型	质量标准		
	时段	速度	正确率
拓展： 灵活计算 3.5×3.2 =　　2.5×8 =　　2.4×2.5 = 4.5×1.2 =　　8.8×0.25 = 2.4×0.125 =　　1.2×0.5 =	期末	8题/分	96%
例题： 小数除法 9.6÷3 =　　0.75÷25 =　　0.36÷6 = 4÷80 =　　0.49÷0.7 =	初学	6题/分	85%
	期中	9题/分	90%
小数除以10、100、1000……的计算 0.5÷1000 =　　16.5÷100 =　　8.4÷1000 =	期末	10题/分	94%
拓展： 灵活运算 4.8÷3.2 =　　9.6÷1.5 =　　2.4÷0.25 = 1.1÷0.125 =　　33÷0.5 =	期末	8题/分	94%
拓展： 平方计算 5^2　　7^2　　0.4^2　　0.02^2	期末	10题/分	96%

二、教学策略

1. 借助情境，理解算理。

情境的创设给计算教学带来了生机，它不仅改变了计算教学的枯燥、乏味，而且更重要的是能帮助学生理解算理，形成算法。在教学中，教师通过创设情境产生计算需要，让学生在解决情境问题的过程中掌握计算方法，形成技能。显然，创设情境起到了使计算教学与现实生活紧密联系起来的作用。在教学实践中，教师要善于挖掘情境与计算内容相关的结合点，鼓励学生用思考本记录自己的思考发现，在交流汇报对比中，优化算法，理解算理。

2. 整理错题，加强辨析。

错题的分析实质上是对学生自我学习监控的过程，实现了知识的内化。在某个具体的情境中，学生会产生知识的负迁移和自我知识的监管不力，一些存在于学生头脑中的错误被激活。比如：在计算整数加减法时，显性算法是个位和个位对齐，十位和十位对齐，满10进1，不够退1，隐性算法是末尾对齐。在计算小数加减法时，有时末尾对齐却不满足相同数位对齐，学生的负迁移是错误的重要原因。借助错题的管理，学生在反思错题的基础上，找到自己出错的原因，挖掘出错的认知模式。学生准备错题收集本，记录反思纠正。

3. 灵活运算，熟练技能。

有些数比较特殊，有些算式也非常有趣。如9.9接近10，2.5与4相乘得10等。仔细观察数的特点，它会帮助学生灵活计算，并在计算中找到趣味，形成一些小技巧。如计算一个数和另一个接近整数的小数加减法时可以用凑整法，如计算整数减小数的减法时可以用九九法，又如计算末尾是5的乘法时可以找出2、4、6、8数字凑整计算等。教学中可以安排综合口算过关，第一次口算过关的授予"口算小老师"称号，形成口算小队；第二次口算过关的授予"口算小能手"称号，组建口算小组；第三次口算过关的授予"口算标兵"称号……允许学生分批过关。

三、典型错误及分析

1. $4.82 + 4 = 5.22$

【错因分析】小数加减法相同数位没有对齐。整数加减法计算的本质是相同数位对齐，小数加减法亦然。然而在计算小数和整数的加减法中，因为一个数有小数点，另一个数没有小数点，空间想象能力欠佳的学生往往因为相同数位没有对齐而出错。

【控错方法】把整数改写成与另一个加数数位相同的小数，然后进行计算，或用估算的方法进行验算。

2. $1.9 - 0.9 = 1.0$

【错因分析】小数的结果没有化简。学生在计算小数加减法时，相同数位上的数相加减，受整数加减法计算的影响，哪一位上的得数为0，就在相应的数位上写0。但是根据小数的性质，计算小数加减法得到的结果通常要化简。

【控错方法】在小数的计算中，结果的化简处理是学生最容易忽略的地方。在平时的教学中，教师不仅要时刻提醒学生，还要教会学生时刻自我提醒，形成化简意识。比如最直接的办法就是在计算题的要求后面写上"化简"两字，这样在做题时可能会稍好一些。

3. $4.8 - 2.62 = 2.22$

【错因分析】被减数数位比减数数位少，没有补足数位。在整数加减法计算中，相同数位上的数相加减，轮空的数字直接移下来。如 525 - 25，百位上的 5 移下来。但是，在小数加减法中，当被减数数位比减数数位少时，学生就忽视了被减数和减数的数位差别，不能很好地区别减数多出的数位和被减数多出的数位的计算方式。这是整数加减法到小数加减法的负迁移，也是学生建构小数加减法知识体系的拐角点。

【控错方法】当被减数的小数位数比减数的小数位数少时，我们可以把被减数的小数位数增加到与减数的小数位数同样多，然后进行运算。此外，我们还可以利用加法进行验算。

4. $0.45 \div 0.5 = 9$

【错因分析】小数除法的小数点没有找准位置。这是由于解题过程不规范导致的错误。学生借助原有对整数除法计算的经验凭直觉口算，而省略了将除数是小数的除法转化为除数是整数的除法这一步。

【控错方法】要求学生将口算的思路写下来，也就是说，把转化后的"除数是整数的除法"算式写在原算式的上面，长此以往，帮助学生养成理性思考小数除法口算的好习惯。

四、经典案例及评析

【教学实录】

课题：小数乘整数

师：夏天买 3 千克西瓜需要多少元呢？冬天买 3 千克西瓜又要多少元？请你厘清数量关系并列式。

生：单价 × 数量 = 总价。0.8×3　　2.35×3

师：这两个算式和我们以前学过的算式有什么不同？

生：我们以前学习的是整数乘整数，今天这两道算式是小数乘整数。

师：今天我们要学习的是小数乘整数。

【评析】结合生活情境提出问题，列出算式，发现不同，引出新内容，整个过程很流畅。

师：0.8 乘 3 的结果是多少？把你的想法在自己的思考本上记录下来。

学生独立思考，教师收集学生资源。

师：0.8 乘 3 的结果是多少？老师收集了一些同学的思考过程，你能看懂谁的想法？

生：我看懂了第一种，0.8+0.8+0.8=2.4。

师：根据乘法的意义，我们用加法计算，这是一种想法。

生：我看懂了这一种单位转化的方法，0.8元就是8角，3个8角是24角，也就是2元4角，写成小数是2.4元。

师：结合数量的转换，把小数转换成整数计算，也是一种思路。

生：我看懂了第三种方法，0.8其实是8个0.1，0.8乘3里面有24个0.1，也就是2.4。

师：我们从小数的意义入手，解决小数乘法问题也是一种不错的选择。

师：同学们集思广益，想出了很多种计算方法。这些方法都是把新问题转化成我们能解决的问题来计算的。真棒！转化是我们数学学习中的一种重要思想方法。

【评析】学生自主解决问题，交流解决方法，激活了思维。教师在鼓励学生积极思考的同时，促进其思维的发展。

笔 算

一、类型与标准

类　型	质量标准		
	时段	速度	正确率
例题： 小数加减法 $4.75+3.4=$　　$8-2.65=$ $13.8-8.3=$　　$9.3+6.98=$	初学	0.8题/分	94%
	期中	1题/分	95%
	期末	1.2题/分	97%
综合： 得数可以化简 $9.6+18.4=$　　$7.56-4.56=$　　$10.6-8.6=$ 被减数的小数位数比减数的小数位数少 $7.5-3.24=$　　$6.5-5.78=$ 整数与小数的加减法 $13-8.6=$　　$24+9.9=$	期末	1.2题/分	97%
拓展： 题组对比 $24+6.4=$　　$2.4+6.4=$　　$0.24+6.4=$ $13.8-8.3=$　　$13.81-8.3=$　　$13.8-8.31=$	期末	1.2题/分	97%
例题： 小数乘法 $0.8\times3=$　　$2.35\times3=$　　$3.8\times3.2=$ $3.2\times1.15=$　　$0.28\times0.28=$ 小数与10、100、1000……的计算 $5.04\times10=$　　$5.04\times100=$　　$5.04\times1000=$	初学	0.6题/分	90%
	期中	0.8题/分	92%
	期末	0.9题/分	94%

续 表

类 型	质量标准		
	时段	速度	正确率
综合： 整数与小数的乘法 0.68×9＝　　　3.24×65＝　　　54×0.41＝ 小数与小数的乘法 9.8×0.3＝　　　0.5×2.96＝ 1.02×0.76＝　　0.19×0.25＝	期末	0.9题/分	94%
拓展： 题组对比 0.024×1.18＝　　2.4×1.18＝　　　24×1.18＝ 2.6×250＝　　　2.6×2500＝ 乘数中间有0的乘法 3.7×1.06＝　　　3.7×2.04＝　　　3.7×3.08＝ 灵活运算 24×0.125＝　　　32×0.25＝	期末	0.9题/分	94%
3. 小数除法例题： 9.3÷3＝　　　　12÷5＝	初学	0.8题/分	86%
7.98÷4.2＝　　　1.5÷0.75＝　　　6÷2.4＝	期中	0.8题/分	87%
整数与10、100、1000……的计算 21.5÷10＝　　　21.5÷100＝　　　21.5÷1000＝	期末	0.9题/分	88%
综合： 除数是整数的除法 4.26÷3＝　　5.7÷6＝　　　51÷34＝　　　25.2÷12＝ 除数是小数的除法 0.13÷2.5＝　　　0.169÷0.26＝ 6.11÷4.7＝　　　0.9÷0.045＝	期末	0.9题/分	88%
拓展： 商中间有0的除法 0.735÷7＝　　　6.48÷0.8＝ 6.21÷0.03＝　　　12.72÷1.2＝	期末	0.9题/分	88%

续表

类 型	质量标准		
	时段	速度	正确率
例题： 小数四则混合运算 6.5×3.8+3.5×3.8=　　　3.2×1.5+4.8÷2.5= 2.55÷1.7-0.59=　　　（1.2+1.3）÷0.25= 5.4×（1.2+2.15）×5= 0.42÷［（3.2-0.5）÷9］=	初学	0.4题/分	91%
	期中	0.5题/分	92%
	期末	0.5题/分	94%
拓展： 题组对比 40.4÷0.5+7.5=　　　40.4÷（0.5+7.5）=	期末	0.5题/分	94%

二、教学策略

1. 凸显思维，理解算理。

学生在解决计算问题寻求计算方法的过程当中，有时知识处理与转换会发生障碍，思路受到阻碍，这时教师要适时地引导与启迪，帮助学生厘清思路，解除疑惑，重新构建，充分理解算理与算法。另外教师要鼓励学生积极思考，充分展示思维过程，培养学生的数学思维能力。教师可以通过追问："你是怎样想的？""有没有不同的意见？"多给学生充分表达、积极主动发言的机会，在思维的碰撞中，让每个学生的潜能得到发挥，用自己的方式来理解算理。

2. 突出差错，掌握算法。

教师要更多地关注"备学"。"备学"是为"学生学习"做准备，这种准备包括了解学生、解读文本、设计学法等。学生联系已有的知识经验，独立探索、尝试计算，然后进行差错对比交流，展现数学的推理过程，厘清算理，掌握算法。在教学"小数加减法"时，通过对竖式书写形式的比较和小数意义的分析，学生一下子明白了只有相同计数单位的数才能相加减，从而更好地体会小数点对齐就能使相同数位上的数对齐这一意义。

3. 整体思考，构建体系。

数学教材内容的编排是以单元结构形式呈现的。教材将有内在联系的、具有共同主题的内容构成一个整体，并且根据学生的认知规律，由浅入深、由易到难地进行编排。教学时可将一个单元视作一个整体进行思考，优化组合，整体设计，以整体渐进的方式推进教学。"小数乘除法"单元笔算竖式计算分为五段：第一段，学习小数乘整数的计算方法，探索小数点的移动规律；第二段，学习除数是整数的小数除法，探索小数点的移动规律；第三段，学习小数乘小数，求积的近似值；第四段，学习除数是小数的除法，求商的近似值；第五段，学习小数四则混合运算。五段教学后，安排整理与练习。这样的整体思考将帮助教师更好地感知学习内容，厘清单元的知识体系。

三、典型错误及分析

1.

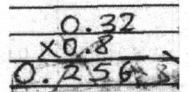

【错因分析】书写格式不正确。学生乘法算理不清，导致书写格式不对。学生在做乘法时，与加法混淆，并没有真正掌握。虽然在做该题目时注意到了不是对齐小数点，但又不知具体该怎样对齐，于是出现了上面的错误。

【控错方法】把计算步骤分解开来，先列出整数乘法竖式，巩固"末位对齐"这一个知识点。再点上相应的小数点，变成小数乘法进行计算。

2.

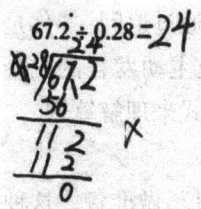

【错因分析】除数和被除数没有同时扩大相同的倍数。但是无论教师怎样强调算理，总会有个别学生出现除数和被除数扩大倍数不一样的情形，特别是当被除数和除数的小数位数不同的时候，方法掌握不到位。

【控错方法】本题可运用"商不变的规律"将除数是小数的计算转化为除数是整数的计算。方法一：设置针对"商不变性质"的练习，提高学生运用"商不变性质"转化除法算式的能力。方法二：进行错例分析，帮助学生加深印象。方法三：利用估算的方法，合理判断商的近似值。方法四：用"商×除数＝被除数"的方法进行验算。

3.

```
0.81 ÷ 27 = 0.3
       0.3
   27 ) 0.81
         81
          0
```

【错因分析】当被除数的某一位不够除时，商没有写 0 占位。商中间有 0 的除法是三年级时学的，到四年级时学被除数是两、三位数，除数是两位数的除法时，没有出现商中间带 0 的情况，学生对商中间要写 0 占位的情况接触比较少，仅限于三位数除以一位数的特殊情况，如 $324 \div 3$。

【控错方法】（1）将学生的错误呈现出来，通过讨论的形式，使学生明白算理：81 个 0.01 除以 27 等于 3 个 0.01，因此所得的商应该写在百分位，十分位不够除时，要写 0 占位。在计算小数除法时，要落一位，商一位，除到哪一位，就商哪一位，哪一位不够商 1，要商 0 占位。（2）有针对性地展开商中间有 0 的除法练习，帮助学生更好地巩固知识。

四、经典案例及评析

【教学实录】
课题：笔算小数加、减法（片段）

师：一本笔记本比一支水彩笔贵多少元？同学们提出的这个数学问题列出的数学算式是 8－6.25，你会做这样的小数减法题吗？在自己的思考本上试一试。

学生独立试算，教师巡视并收集学生资源。

【评析】学生有一定的整数减法计算的基础，让学生自主探索，错误往往是一种资源，从错误中汲取原因，更利于学生的学习。

师展示学生的作品：方法一：8－2.65＝6.65（元），方法二：8.00－2.65＝5.35（元）。

师：你同意哪种算法？理由是什么？同桌交流。

生 1：我同意第一种，因为我就是这样做的。

生 2：我不同意第一种，因为你可以检验一下，6.65＋2.65＝9.30，也就是 9.3，所以是错的。

生 3：我同意第二种，8 可以根据小数的性质转化成 8.00，与减数 2.65 都是两位小数，然后进行计算。

师：刚才第二位同学给了一个很好的建议：验算。现在大家把两个答案都进行检验，找出正确的答案。

学生利用小数加法各自进行检验。

师：现在你们同意哪一种算法？

生：我们同意第二种。

师：谁来说说像此类被减数位数比减数位数少的小数减法应该如何计算？

生：我们不应该把减数中的十分位和百分位上的数落下来，而应该把被减数的小数位数根据小数的性质转化成与减数位数同样多的小数，然后进行计算。

【评析】自身的体验、自身的实践比更多的理论都让人印象深刻。思维方法比算理算法更有利于学生综合素养的发展。当遇见一个新的问题时，独立思考，猜想验证，总结归纳，是良好的数学学习的习惯和能力。

灵活运算

一、类型与标准

类　　型	质量标准 (正确率)
例题： 1. 乘法分配律 $6.5 \times 3.8 + 3.5 \times 3.8 =$　　　$9.35 \times 99 + 9.35 =$　　　$1.02 \times 35 =$ 2. 乘法交换律 $0.25 \times 24 =$　　　　　　　　$0.73 \times 0.25 \times 4 =$ 3. 加法结合律 $0.37 + 1.79 + 0.63 =$	90%
综合： 1. 减法的性质和除法的性质 $5.52 - 0.55 - 0.45 =$　　　　　$8.1 \div (0.9 \times 0.3) =$ 2. 带符号换位置 $8.53 + 6 - 8.53 + 6 =$ 3. 先计算，再简便 $(8.25 - 3.75) \div 2.5 \div 4 =$　　　$4.25 \div 2.5 \times 101 - 1.7 =$ $6.8 + 1.25 \times 6.8 \times 8 =$	90%
拓展： 1. 先转化，再简便 $3.8 \times 0.125 + 6.2 \div 8 =$　　　　$4.5 \div 0.25 - 3.5 \times 4 =$ $3.27 \times 2 + 16.73 \div 0.5 =$　　　$5.5 \times 4.8 - 0.45 \times 48 =$ $7.29 \times 4.6 + 46 \times 1.271 =$　　　$3.6 \times 9.8 + 0.72 =$ 2. 利用积不变和商不变的规律简便 $4.4 \times 2.5 =$　　　$7.2 \times 1.25 =$ $1.8 \div 0.25 =$　　　$1.2 \div 0.125 =$　　　$1.2 \div 0.5 =$ 3. 综合简便 $12.5 \times 69 + 5.3 \times 31 + 7.2 \times 31 =$ $0.1 + 0.3 + 0.5 + \cdots\cdots + 0.9 + 0.11 + 0.13 + 0.15 + \cdots\cdots + 0.97 + 0.99 =$	86%

二、教学策略

现归纳简便计算的几种类型和练习:

1. 当一道计算题只有同一级运算(只有乘除或只有加减运算)又没有括号时,我们可以"带符号搬家"。

12.06 + 5.07 + 2.94　　　　30.34 + 9.76 − 10.34

7.325 − 3.29 − 3.325　　　　34 ÷ 4 ÷ 1.7

102 × 7.3 ÷ 5.1　　　　25 × 7 × 4　　　　7.5 + 2.5 − 7.5 + 2.5

2. 当一道计算题只有加减运算没有括号时,我们可以在加号后面直接添括号,括到括号里的运算原来是加还是加,是减还是减。但是在减号后面添括号时,括到括号里的运算,原来是加,现在就要变为减;原来是减,现在就要变为加。

933 − 15.7 − 4.3　　　　41.06 − 19.72 − 20.28

3.29 + 0.73 − 2.29 + 2.27　　　　23.4 − 0.8 − 13.4 − 7.2

36.54 − 1.76 − 4.54　　　　3.25 + 1.79 − 0.59 + 1.21

3. 当一道计算题只有加减运算和括号时,我们可以将加号后面的括号直接去掉,原来是加现在还是加,是减还是减。但是将减号后面的括号去掉时,原来括号里的加,现在要变为减;原来是减,现在就要变为加。(现在没有括号了,可以带符号搬家了)

19.68 − (2.68 + 2.97)　　　　7.325 − (5.325 − 1.7)

12.49 + (7.51 − 4.08)

当一道计算题只有乘除运算和括号时,我们可以将乘号后面的括号直接去掉,原来是乘还是乘,是除还是除。但是将除号后面的括号去掉时,原来括号里的乘,现在就要变为除;原来是除,现在就要变为乘。(现在没有括号了,可以带符号搬家了)

1.25 × (8 ÷ 0.5)　　　0.25 × (4 × 1.2)　　　1.25 × (213 × 0.8)

15 ÷ (0.15 × 0.4)　　　7.35 ÷ (7.35 ÷ 0.25)

4. 乘法分配律的两种典型类型。

用字母表示:$(a+b) \times c = a \times c + b \times c$　　　$(a-b) \times c = a \times c - b \times c$

括号里是加法或减法运算,与另一个数相乘,注意分配。

(2.5 − 0.25) × 0.4　　　　(12.5 + 0.125) × 0.8

注意相同因数的提取。

$0.92 \times 1.41 + 0.92 \times 8.59$　　　$3.5 \times 2.7 - 3.5 \times 0.7$　　$1.3 \times 11.6 - 1.6 \times 1.3$

5. 一些简算小技巧。

巧借，可是要注意还，有借有还。

$9999 + 999 + 99 + 9$　　　　　　$432 - 299$　　　　　　$567 + 199$

分拆，可是不要改变数的大小。

$3.2 \times 12.5 \times 25$　　　　　　1.25×88　　　　　　3.6×0.25

$4.5 \div 1.8$　　　　　　　　　　$4.2 \div 3.5$　　　　　　$2.7 \div 45$

巧变除为乘（除以0.25相当于乘4，除以0.125相当于乘8，……）。

$3.6 \div 0.25$　　　　　　　　　$5.6 \div 0.125$

注意构造，让我们的算式满足乘法分配律的条件。

$1.8 \times 99 + 1.8$　　　　　　　$3.8 \times 9.9 + 0.38$　　　$3.6 - 3.6 \times 0.5$

2.6×9.9　　　　　　　　　$28.6 \times 101 - 28.6$　　1.01×9.6

102×0.87　　　　　　　　　$5.6 \times 1.7 + 0.56 \times 83$

$13.5 \times 27 + 13.5 \times 72 + 13.5$　　$5.3 \times 0.25 + 2.7 \div 4$

$4.7 \times 0.125 - 0.7 \div 8$　　　　$(32 + 5.6) \div 0.8$

$28 \times 21.6 - 2.8 \times 16$　　　　$3.5 \div 0.6 - 0.5 \div 0.6$

三、典型错误及分析

1. 45×9.9

   $= 45 \times (9.9 + 0.1)$

   $= 45 \times 10.0 - 45 \times 0.1$

   $= 450 - 4.5$

   $= 445.5$

【错因分析】转化格式有问题。在一个数乘一个接近整数、整十数、整百数……的数时，学生不能根据这个数的特点把这个数转化成整数，然后与另一个数的加减计算。如将9.9看成$10 - 0.1$，然后应用乘法分配律进行简算。关键问题是学生没有理解等式的性质（式子转化前后，大小不变）。

【控错方法】教会学生一一对应的思想，转化前后的式子应该是相等的。也可以让学生从数的意义入手，9.9个45就是10个45减去0.1个45。

2. $0.6 \times 0.3 \div 0.6 \times 0.3$

   $= 0.18 \div 0.18$

   $= 1$

【错因分析】为了凑整任意改变运算顺序。学生拿到此类题目时，不由自主被两个0.6×0.3所吸引，两个0.6×0.3的中间是一个除号。任何数（0除外）除以它本身都是1，从而忽视了同级运算从左到右的运算顺序。

【控错方法】帮助学生在关注数据特点的同时，也要关注运算符号的特点，采用合适的运算律进行简便计算。此类题目适用的运算律是带符号换位置。

3.4.05÷0.27
=15

【错因分析】找不到进行简便计算的方法。有些数的特点容易被发现，有些数的特点不怎么明显，学生发现不了，就认为不可以灵活运算。

【控错方法】学生灵活运算一般都是看题目的要求。题目要求灵活运算，就套用运算律进行灵活运算。教师应该在日常的运算中培养学生灵活运算的意识和习惯。这样既加快了运算的速度，也提高了运算的正确率，使灵活运算成为学生的一种技能。

四、经典案例及评析

【教学实录】
课题：小数四则混合运算
（一）复习导入，在小数乘法运算中联想到整数运算定律。
出示：2.5×3.9，4×9.75
师：请同学们按照小数乘法的运算法则列竖式计算。
生独立在自己的思考本上列竖式计算。
展示学生的计算情况。重点关注第二题学生的两种计算情况。

$$\begin{array}{r} 4 \\ \times 9.75 \\ \hline 20 \\ 28 \\ 36 \\ \hline 39.00 \end{array} \qquad \begin{array}{r} 9.75 \\ \times\ \ 4 \\ \hline 39.00 \end{array}$$

师：比较这两种算法，你更喜欢哪一种，为什么？
生：我喜欢右边的计算方法。左边的计算方法要计算三次，4×5=20，末位上的数与5对齐，4×7=28里的8与7对齐，4×9=36里的6与9对齐，最后把这三次计算的结果加起来。右边的只要计算一次975×4=3900，末位上的数与5对齐就可以了，比较简洁。

师：题目出示的是4×9.75，可以计算9.75×4的原因是什么。

生：交换乘数的位置，得数相同。

师：乘法交换律。在刚才计算的题目中，大家联想到了整数乘法的运算定律用到小数乘法中。这样真的可以吗？是不是整数乘法运算定律在小数中都适用呢？

（2）合作探究，验证整数乘法运算定律在小数中同样适用。

出示例题14。（苏教版五年级上册第76页，如下图）

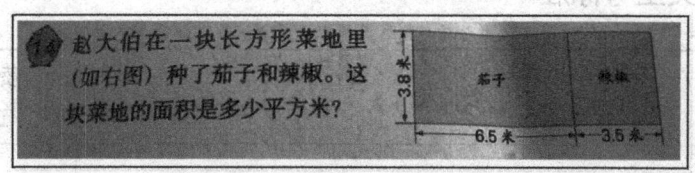

师：同学们，看图想想求这块菜地面积有什么不同的方法。请分别列出不同的算式。

生：我们列出了两种算式。第一，6.5×3.8+3.5×3.8，茄子地的面积加上辣椒地的面积等于这块长方形菜地的面积；第二，（6.5+3.5）×3.8，这块长方形地的长×宽＝这块长方形菜地的面积。

师：按运算顺序计算这两题。男生计算左边一题，女生计算右边一题。做好的同学请起立。

同学们计算。

师：时间到。说说你的感受。

生：老师，我们男生这种方法按运算顺序算比较烦琐。我们算得有点慢。他们女生那种方法按运算顺序算括号里面的数正好算到10，10×3.8＝38，非常简单。有点不公平。

师：既然这两道算式是相等的。6.5×3.8+3.5×3.8＝（6.5+3.5）×3.8。你能看出这两道算式之间的关系吗？

生：乘法分配律。

师：当我们列出算式6.5×3.8+3.5×3.8时，我们可以应用乘法分配律灵活计算，使得计算更简便。

【评析】自然衔接学生的心理发展水平，充分唤醒了学生已有的知识经验，在小数乘法练习中自然感悟乘法的交换律。通过练习了解许多学生在列竖式计算时自觉运用了交换因数位置的方法，作为学生学习新知的一次前测。新授部分，教师在学生自主探索时创设了一种生活情境，感知验证整数乘法分配律对于小数运算同样适用。

算理的理解

一、类型与标准

类 型	质量标准（正确率）
理解类： 4.75＋3.4，相同数位上的数相加。个位和个位相加，十分位和十分位相加，百分位和百分位相加。 0.8×3 表示 3 个 0.8 相加，也表示 8 个 0.1，有这样的 3 组，就是 24 个 0.1。 12÷5 表示 12 除以 5 等于 2，余数是 2，十位上添上 0 后，表示 20 个 0.1，除以 5，等于 4 个 0.1，在十位上写 4。	85%
掌握类： 3.8×3.2　　　　　　　7.98÷4.2 　　3.8　　×10　　　38 　×3.2　　×10　　×3.2 　　76　　　　　　　　76 　114　　　　　　　114 　12.16　←÷100　1216 　　　　1.9 4.2) 7 9.8 　　　 4 2 　　　 3 7 8 　　　 3 7 8 　　　　　0	84%
拓展类： 40÷60 竖式中的 400 表示什么？ 　　　0.6 60) 4 0.0 　　 3 6 0 　　　4 0 0 50÷1.5＝33……（　　）。	84%

二、教学策略

1. 突出本质认识，促进正迁移理解。

在计算教学中，只有准确找到学生学习的起点，教师才能把握学生的已知与未知，从而对症下药，设计出适合学生学情的学习方案。同样，在算理理解方面也是，教师要善于从学生的已有知识经验出发，抓住本质特征，唤起旧知，进而为促进学生的算理理解服务。

2. 借助情境创设，促进抽象化理解。

计算是抽象的、理性的。低中年级的计算教学为了使学生直观地理解，会借助小棒等实物帮助学生理解算理。高年级的计算教学"借助情境和推理"，以及更高层次的思维方式帮助学生掌握算法。比如在"教学小数乘整数和小数除以整数"时，引导学生通过改变题中数量的计量单位，把小数乘除法转化成相应的整数乘除法，并求得结果。初步感知"积的小数位数与两个乘数的小数位数之和一样""商的小数点要和被除数的小数点对齐"，从而为计算方法的进一步抽象奠定基础。

3. 凸显内在关联，增强主动性理解。

数学知识和方法之间有着密切的内在关联，教师在进行"算理理解"的教学时，要找准新旧知识的生长点，充分利用整数与小数之间的相似性，在学生自主解决新的计算问题的过程中，增强学生主动获取知识的能力。教学"小数乘小数和除数是小数的除法"时，教材则分别提醒学生"先把小数乘小数看作两个整数相乘""先把除数转化成整数来计算"，再启发他们联系相关知识着重理解转化前的积或商和转化后的积或商的关系，并由此抽象出相应的计算方法。

三、典型错误及分析

1.

$$3.25+2.3=3.48$$

$$\begin{array}{r} 3.25 \\ +2.3 \\ \hline 3.48 \end{array}$$

【错因分析】计算小数加减法时，相同数位没有对齐，即小数点没有对齐。在计算小数加法时，要做到相同数位对齐，就要将小数点对齐。以上错误表明学生对小数加减法的算理及计算方法未能理解和掌握。

【控错方法】结合生活中的具体情境，帮助学生进行算理的理解，譬如，可以把上述问题看成价钱问题，让学生体会几元加几元、几角加几角，从而明白小数加减计算小数点对齐的法则。

2.

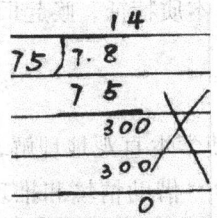

【错因分析】商的小数点没有与现在被除数里的小数点上下对齐，不理解商里每一个数位上的数具体表示什么。

【控错方法】被除数哪一位不够除，就在商对应的那一位用 0 占位，接着在被除数后添 0 继续除。商中间有 0 的题目要进行专项强化练习。

四、经典案例及评析

【教学实录】

课题：小数加减法

（一）创设情境，提出数学问题

师呈现例题，问：同学们，根据图中给出的信息，你能提出哪些用一步加减法计算的数学问题？

生1：小明和小丽一共用了多少元？小明比小丽多用多少元？小明和小芳一共用了多少元？

生2：小芳比小明少用多少元？小丽和小芳一共用了多少元？小丽比小芳多用多少元？

……

师结合回答相机板书。

师：以上问题应该怎样列式？略

师：观察这些算式，它们的共同点是什么？

生：它们都是小数的加法和减法。

师：今天，我们就一起来学习小数加减法。

(二) 借助直观，理解算理算法

1. 先估后算，培养估算意识。

师：4.55 + 3.4，你会用竖式进行计算吗？算出结果后，有办法判断结果是否正确吗？

学生尝试，教师巡视并收集资源，并呈现学生的两种竖式计算过程。

师：你有办法判断哪个结果可能是正确的吗？

生：我是估计判断的。4元加上3元多就有7元多，所以结果4.89肯定是错误的，结果7.95可能是正确的。

师：计算前先估一估，再进行计算，可以有效减少错误。

【评析】学生在交流互动中体会到估算的价值，从而对先估后算的计算习惯进行潜移默化的渗透。

2. 借助直观，直观理解算理。

师：为什么小数加法不能末位对齐？7.95是正确的结果吗？老师为大家准备了学具袋，选择你认为有用的学具帮助你进行计算，算出结果后，在小组内交流想法。

学生分小组探索汇报。

小组1汇报：我们小组通过转化单位进行计算。4.55元等于4元5角5分，3.4元等于3元4角。元加元，4元加3元等于7元；角加角，5角加4角等于9角；分加分，5分加0分等于5分。再把7元加9角加5分等于7元9角5分，也就是7.95元。所以，4.55 + 3.4 = 7.95。

小组2汇报：我们小组通过画图进行计算。4.55用4个块5个条5个格表示，3.4用3个块4个条表示。块加块，4个块加3个块等于7个块；条加条，5个条加4个条等于9个条；格加格，5个格加0个格等于5个格。一共是7个块9个条5个格，表示7.95。所以，4.55 + 3.4 = 7.95。

小组3汇报：我们小组用计数器进行计算。先画4.55（白珠子），4在个位上，一个5在十分位上，另一个5在百分位上；再画3.4（黑珠子），3在个位上，4在十分位上。计数器上合起来就是7.95。所以，4.55 + 3.4 = 7.95。

3. 横向比较，凸显"相同单位"。

师：比较这三种方法有什么相同点？

生：只有相同计数单位的数才能相加。

师：竖式中如何体现相同单位的数相加呢？

生：只要将小数点对齐，相同数位就对齐了，这样就能将相同计数单位的数相加。

师追问：小数加法怎么算？

生：小数点对齐，从低位算起。

教师示范计算过程。

【评析】 学生在不同计算方法的汇报交流中，思维从具体走向抽象，并在比较中凸显对"相同单位"的认识，形成对小数点对齐计算规则的深刻理解，逐步建立理解竖式计算的表象支撑。

4. 迁移内化，类推小数减法。

师出示问题：4.55－3.4，你能自己列竖式计算吗？

师指名板书。

师：列竖式时应怎样对齐数位？为什么？

生：我们列竖式的时候要小数点对齐，小数点对齐，就使得相同数位对齐。

师：小数减法与加法有什么相同之处和不同之处？

生：我们计算小数减法和加法的相同之处是相同数位对齐，并且计算结果要化简。小数减法和加法的不同之处是运算方法不一样。

【评析】 在计算4.55＋2.65和4.55－2.65的过程中，巩固对计算法则的运用，并在比较中发现计算结果可以进行化简，形成良好的计算习惯。

（三）比较沟通，完善知识结构

师：小数加减法与整数加减法在计算时有什么相同点？

生独立思考后，组内讨论。

生：小数加减时，小数点对齐使相同计数单位相加减；整数加减时，末位对齐使相同计数单位相加减。因此，不管是小数加减法，还是整数加减法，都必须相同数位对齐后，相同计数单位的数相加减。计算时都是从低位算起。

师：计算小数加减法要注意什么？

生：小数点对齐。

生：从低位算起，注意进位退位。

生：计算的结果要化简。

【评析】 通过探究，虽然学生体会到小数计算中小数点对齐和整数计算中末位对齐的表象不同，但它们的本质是相同的，就是要让相同数位对齐，使相同计数单位上的数相加减。学生在比较中形成更完整的计算小数加减法的认知结构，也为学习分数加减法做好铺垫。

计算结果合理性的判断

一、类型与标准

类型	质量标准 （正确率）
式题类： 不计算，判断得数和第一个得数的大小关系。 4.9×1.01　　7.8÷1.3　　4.8÷0.1　　1.5÷0.25 4.9×1　　　7.8÷1　　　4.8×10　　1.5×4 4.9×0.99　　7.8÷0.3	85%
实际应用类： 每个足球45元，300元最多可以买多少个足球？ 做一个奶油蛋糕要用7.5克奶油，50克奶油最多可以做多少个这样的蛋糕？ 张大爷家今年一共收获13.6吨橘子，用一辆载重4吨的卡车来运，至少几次才能运完？ 一种西服面料，每米售价58.4元，买3.42米这种面料，应付多少元？	80%

二、教学策略

1. 培养估算能力。

要求学生能结合具体情境进行估算，并解释估算的过程。解决具体问题的过程中，估算的方法是多样的：有大估、小估和中估，还有估一个数或估两个数。估计得数的取值方法也是多样的，有进一法、去尾法、四舍五入法。有时还会根据具体情境具体分析，如求价钱的实际问题，结果一般保留两位小数。有时还要结合生活实际判断，如人数只可能是整数，树的棵数只可能是整数。所以教师引领学生选择合适的方法非常重要，培养学生养成估算的习惯，同时，养成再次验算的运算习惯能提升计算的正确率。

2. 落实方法指导。

在充分预设学生错误的基础上，加强方法指导。在小数计算过程中，学生经常会计算错误，所以计算结果的合理性判断非常重要。学生可以根据数据的运算规律进行判断，教师要引领学生归纳总结形成策略。比如在小数乘除法中：一个数乘一个比 1 大的数，结果大于原数；一个数乘一个比 1 小的数，结果小于原数；一个数除以一个比 1 大的数，结果小于原数；一个数除以比 1 小的数，结果大于原数。又比如在小数加减法中，根据性质判断，加法算式中，和大于加数，减法算式中，差小于被减数。

3. 加强课堂实批。

当堂练习后，加强课堂实批，了解学生出现的错误资源，以及判断计算结果合理性的方法的应用情况，对没有养成估算习惯和验算习惯的学生着重提醒，并做方法指导，巡视过程中，要重点关注学困生的完成情况。

三、典型错误及分析

做一个奶油蛋糕要用 7.5 克奶油，50 克奶油最多可以做多少个这样的蛋糕？$50 \div 7.5 = 6.666 \cdots \approx 7$（个）

【错因分析】该题在求蛋糕个数取近似值时，许多学生往往根据四舍五入法取近似值，而不考虑实际生活情况，得 7 个蛋糕。而实际生活中，在做完 6 个蛋糕后，剩下的 5 克奶油并不够做 1 个完整的蛋糕。

【控错方法】该题在解题时，应考虑实际生活情况，每个蛋糕要用 7.5 克奶油，50 克奶油能做 $50 \div 7.5 = 6$（个）……5（克），剩下的 5 克奶油并不够做 1 个完整的蛋糕，应该舍去，用去尾法解决该题。解题过程：$50 \div 7.5 \approx 6$（个），答：50 克奶油最多可以做 6 个这样的蛋糕。

四、经典案例及评析

【教学实录】

课题：小数乘法估算

师：本周星期六，我们全班同学要去郊外搞一次野餐活动，同学们在劳动课中学会了包饺子，在这次活动中再实践一次。每个同学交 6 角 5 分钱，请同学们今天下午把钱交给老师。(做忽然想起状) 啊，今天下午，老师要去开会，怎么收钱呢？(做沉思状)。同学们，给老师想个办法吧！

生：明天交吧。

师：后天就要去野餐，钱交晚了，准备工作可能来不及做。

生：找同学帮老师收，收好后交给您。

师：这个办法好。我们选两个同学来当老师的小助手，一个管收钱，另一个管记账。（这时，大部分学生举手争取）愿意给老师当小助手的同学这么多，感谢大家了。这么办吧，我们选两个估算得又对又快的同学当老师的小助手。请大家估算一下，我们班每个同学交6角5分钱，52个同学，大约可以收多少元？（"大约"两字特别说重一点）

生：大约可以收3元5角。

生：大约可以收35元。

生：我和××算的一样，大约可以收35元。

师：每个同学要交6角5分钱，10个同学应该交多少钱呀？××，你说说。

生：6元5角。

师：对，那么52个同学大约收3元5角的估算显然有错误。××、××，说说你们是怎样估算的。

生：根据乘数是两、三位数的乘法估算方法，先把被乘数和乘数都用四舍五入的方法求出近似数，然后相乘。所以我把6角5分想成7角，52人想成50人。$7 \times 50 = 350$（角），就是35元。

生：我和××的想法一样。

师：××和××运用乘数是两、三位数乘法的估算方法，算得又对又快，就请他俩当老师的小助手。

【评析】复习整数乘法估算，为小数乘法估算的学习做好铺垫。

师：采购面粉、肉、韭菜等事情就由小组长负责，组织同学们到粮店或市场上去购买。但现在请各小组估算一下，你们小组买这些东西大约需要多少钱，明天早晨来老师处领钱。××，我请你去调查的粮店的面粉每千克多少钱呀？

生：每千克0.64元。

师：这个单价是小数，怎么估算呢？

生：可以化成整数来计算。

师：可以。

师：书上教了我们一种估算小数乘法的方法，请大家把它学会，这样用起来更方便。

（板书：小数乘法估算）

师：请同学们翻开书第107页，从"在实际中，……"读到"……$0.072 \times 492 \approx 35$（元）"自学时，注意思考：

(1) 估算 0.072×492 时，把被乘数 0.072 看作 0.07，乘数 492 看作 500，用的是什么方法？

(2) 在这个算式中，法则中的"把两个因数的非零的最高位"各指的是哪一位？

(3) 在做作业时，估算的结果前应写什么符号？

师：小数乘法的估算方法与整数乘法的估算基本相同。不同的是，有些纯小数的最高位往往是0，所以就要取两个因数非0的最高位，而省略它们后面的尾数。省略非零最高位后面的尾数后，估算小数积，就变成了口算小数乘法。

【评析】利用迁移规律，学习小数乘法的估算。抛出问题后，学生先自主估算，再做交流。

师：现在分小组，请每个同学都分别估算一下，你们组买肉、买面粉、买韭菜和酱油等大约需要多少钱。然后请你们组中估算得又对又快的同学告诉老师。

（分组讨论后，各组代表向教师报告，教师将各组的情况板书在黑板上。）

生1：我们组买面粉2.2千克，每千克0.64元，大约需要1.2元；买肉0.75千克，每千克4.4元，大约需要3.2元；买韭菜1千克，每千克0.4元，大约需要0.4元。……

生2：我们组买面粉2.5千克，每千克0.64元，大约需要1.8元；买肉1.2千克，每千克4.5元，大约需要4.5元；买韭菜1.5千克，每千克0.44元，大约需要0.8元；买酱油等大约需要3元。

师：第二组把买酱油、味精等几样小物品的价钱合在一起估算，显得不啰唆！

生3：第三组买面粉4千克，……买肉3千克……

师：你们组买这么多面粉，有多少人吃呀？

生3：10个人。

师：一个人要吃0.4千克，即400克，相当于原来的8两了，你们年龄这么小，吃得下去吗？（全班学生大笑）吃不完可就造成浪费了。在野餐活动中，同学们一定要注意爱惜粮食呀！你们小组的肉也买多了嘛。下课以后，你们组的同学再重新商量后告诉老师，好吗？

【评析】应用法则，继续解决实际生活中的问题。

选择灵活方法解决实际问题

一、类型与标准

类型	质量标准（正确率）
1. 估计购买下面的商品各 1 件一共需要多少元。 油 32.80 元　　　大米 43.90 元　　　大枣 17.28 元 2. 妈妈带 100 元到超市购物，买了 2 千克鸡蛋，单价是 6.9 元/千克，又买了 2 箱牛奶，单价是 29.8 元/箱。 （1）估计一下，妈妈大约用去多少元。 （2）超市的大米有两种规格的包装，大袋的单价是 35.4 元/袋，小袋的单价是 24.6 元/袋。剩下的钱还够买一袋大米吗？能买大袋的还是小袋的？ 3. 王老师要买一本《现代汉语词典》54.8 元和一本《新华字典》37.4 元。 （1）购买前思考，带 100 元够不够。 （2）购物满 80 元可抽奖，能否抽奖？ （3）付款时思考，大约需要几百元？	80%

二、教学策略

1. 训练一题多解。

一道数学题往往有多种解决方法，一题多解就是鼓励和引导学生发散思维，从多个角度去分析问题，并用不同的方法去解决问题。这种训练课在培养学生数学能力上有一些优势：一能活跃课堂气氛，在调动学生思维的积极性的同时，还能唤起学生将新旧知进行整合，提高解决问题的技巧；二是可以锻炼学生思维的灵活性和创造性，鼓励他们积极思考，促进他们长知识、长智慧；三是可以全方位多层次地打开学生的思路，帮助学生沟通新旧知识的联系，架构前后知识的桥梁，培养和发挥学生的创造性。

2. 掌握估算策略。

虽然估算的方法灵活多样，答案也并非唯一，但估算并非无章可循，以下就是总结的一些估算的策略：

(1) 凑整的方法。该方法在日常生活中是运用最广泛的，也是数学学习中基本的估算方法。即把数看成与它比较接近的整数或整十、整百、整千、整万数进行计算。比如 298 + 103 估成 300 + 100，得数大约是 400。

(2) 根据数据的特点进行估算。比如 126 × 8 可估成 125 × 8。

(3) 根据位数进行估算。例如：49.92 ÷ 0.24 = 28 是错的。除数是两位数的除法，被除数前两位 49 比除数 24 大，商 2。商的最高位在百位上，应该是个三位数，判断商"28"是错的。

(4) 根据尾数进行估算。例如：736 × 6 = 4415，根据个位 6 × 6 = 36 知道尾数应该是 6，所以 4415 是错的。

(5) 根据计算规律进行估算。比如，一个数乘比 1 大的数，积比这个数大；乘 1 等于这个数本身；乘比 1 小的数，积比它小。除法相反。可以判断 8.1 × 0.43 的积肯定比 8.1 小。

三、典型错误及分析

买 3 支圆珠笔和 2 支铅笔要 8.7 元，买 2 支圆珠笔和 3 支铅笔要 6.8 元。圆珠笔和铅笔的单价各是多少？

8.7 − 6.8 = 1.9（元）

【错因分析】 学生找不到解题思路，只能进行已知数的简单加减，缺乏对题目的完整思考。算出 8.7 − 6.8 = 1.9（元）后，就不知道该如何往下计算，其实学生是不理解这一步算的是什么，或者知道这一步算的是一支圆珠笔比一支铅笔多的 1.9 元，却不会用这个条件。

【控错方法】 教师帮助学生厘清数量关系，用画线段图等策略理解条件和问题，把两种不同的量转化成只有一种的量，从而解决问题。解这道题的方法有很多，教师可以让学生多体验一些其他的方法。但不管是怎样的方法，都要求学生说明数量关系。

四、经典案例及评析

【教学实录】

习题讲解

出示题目：一个物体从高空下落，经过 4 秒落地。已知第一秒下落 4.9 米，以后每一秒都比前一秒多下落 9.8 米。这个物体在下落前，距地面多少米？

学生自主读题，思考题目的含义。

师：你理解每一句话的含义了吗？

生齐答：理解了。

师环顾四周，决定让学生尝试独立解答。

教师巡视，发现有个别同学无从下笔，有一些同学4.9+9.8+9.8+9.8（1号作业），还有一些同学4.9+（4.9+9.8）+（4.9+9.8+9.8）+（4.9+9.8+9.8+9.8）（2号作业），还有个别同学是4.9×4+9.8×6（3号作业）。

教师让学生暂停。

出示1号作业和2号作业。

师：你认为谁的作业是正确的？请说明理由。可以小组讨论。

生小组讨论。

生1：我认为1号作业是错误的，它只计算了第4秒下落的米数。2号作业是正确的，它把第1秒下落的米数加上第2秒、第3秒、第4秒下落的米数，得出了这个物体在下落前距地面的米数。

生2：我也认为2号作业是正确的。

生3：1号同学没有理解"以后每一秒都比前一秒多下落9.8米"的含义。

师：那请你具体说说"以后每一秒都比前一秒多下落9.8米"的含义。

生：第1秒下落4.9米，这是已知。第2秒比第1秒多9.8米，是（4.9+9.8）米。第3秒又比第2秒多9.8米，是（4.9+9.8+9.8）米，以此类推。

师：所以理解题意很重要。

【评析】教师在教学中，要充分发挥学生的积极主动性，大问题导入课堂，资源的展示分层递进。

出示2号作业和3号作业。

师：谁能看懂3号作业是怎样思考的？请和你的同桌交流。

生：我把2号作业和3号作业放在一起就看懂了。4秒钟有4个4.9米，第1秒没有9.8米，第2秒1个9.8米，第3秒2个9.8米，第4秒3个9.8米，一共6个9.8米。

【评析】在审清题目的前提下，提倡学生分散思维，一题多解，打开学生的思路，培养学生的数学综合素养。

请学生调整自己的作业，并计算出正确的结果。

师：有的同学是一步一步列竖式计算的。还有的同学早就算好了，算得又对又快。请他介绍自己的算法吧。

生：我发现，所有的整数都是接近整数的小数，4.9接近5，9.8接近10。

所以 4.9 +（4.9 + 9.8）+（4.9 + 9.8 + 9.8）+（4.9 + 9.8 + 9.8 + 9.8）= 5 +（5 + 10）+（5 + 10 + 10）+（5 + 10 + 10 + 10）− 1.6 = 80 − 1.6 = 78.4。

师：当我们进行小数加减法计算的时候，观察小数的特点，灵活计算，可以使计算变得更简便、更准确。

【评析】数学来源于生活，必将解决生活中的问题，选择灵活的方法解决问题尤其重要。在理解题意时，培养学生良好的审题习惯，学生经历从现实问题中抽象出数学问题的过程，感受数学的思想方法，促进学生不断提高分析问题、解决问题的能力。

五年级下册　小学数学学科关键能力校本化

实施手册

口 算

一、类型与标准

类 型	质量标准		
	时段	速度	正确率
例题： 分数加减法 $\frac{1}{2}+\frac{1}{4}=$ $\frac{3}{10}+\frac{1}{15}=$ $\frac{3}{8}-\frac{1}{6}=$	初学	6 题/分	85%
	期中	9 题/分	88%
	期末	10 题/分	95%
综合： 得数可以约分 $\frac{1}{8}+\frac{3}{8}=$ $\frac{2}{9}+\frac{4}{9}=$ $\frac{9}{10}-\frac{1}{10}=$ 分母互质 $\frac{1}{4}+\frac{1}{5}=$ $\frac{1}{7}-\frac{1}{8}=$ $\frac{3}{4}+\frac{2}{5}=$ $\frac{4}{7}-\frac{2}{5}=$ 分母是倍数关系 $\frac{5}{6}-\frac{1}{2}=$ $\frac{3}{4}-\frac{1}{2}=$ $\frac{4}{9}-\frac{1}{3}=$ $\frac{5}{12}+\frac{1}{6}=$	期末	10 题/分	95%
拓展： 得数是整数 $\frac{11}{5}-\frac{6}{5}=$ $\frac{4}{7}+\frac{3}{7}=$ $\frac{2}{3}+\frac{4}{3}=$ 整数与分数的减法 $1-\frac{1}{9}=$ $1-\frac{2}{7}=$ $1-\frac{4}{9}=$ $2-\frac{3}{7}=$ $5-\frac{6}{11}=$	期末	10 题/分	95%

二、教学策略

1. 趣味规律训练。

数学是神奇的,我们在计算一些含有特殊数的算式时,研究发现了神奇的规律,它可以使我们算得又对又快。如分母互质,分子为1的异分母分数加减法计算,得数的分子为原分母的和或差,分母为原分母的积。又如两个倍数关系的自然数,最大公因数是较小的那个数,最小公倍数是较大的那个数。当学生通过计算发现规律时,这只是初步的印象,只有专项的练习才能使学生熟能生巧,形成基本技能,为以后的灵活运算打下基础。

2. 加强记忆训练。

在平时的作业中,或者是在现实生活中,使用频率很高的算式的结果可以让学生熟记,计算时直接利用,这样不仅可以提高运算速度,还可以避免计算过程中出现的错误。比如:在自然数中,10~24每个数的平方结果;在计算圆周长、面积时经常用到的1~10与3.14的积,1~10的平方与3.14的积;分母是2、4、5、8、10、16、20、25的最简分数与小数的互化。

3. 扎实过关训练。

本学期的口算类型呈板块状,独立成体。教师安排学生分时分段过关:第一个月为小数加减乘除法口算过关;第二个月为最大公因数和最小公倍数口算过关;第三个月为异分母分数加减法过关;第四个月为圆的计算口算过关。成绩主要采用积分制,每块内容过关可获得积分5、4、3分不等。积分20分的学生学期口算成绩为100分,获"口算大王"称号;积分16分的学生学期口算成绩为90分,获"口算元帅"称号;积分12分以上的学生学期口算成绩为80分,获"口算标兵"称号。教师鼓励学生多次过关,不断刷新自己的纪录,获得提升。

三、典型错误及分析

1. $\frac{3}{8}+\frac{5}{8}=\frac{8}{8}$ $\frac{8}{11}-\frac{5}{11}-\frac{3}{11}=\frac{0}{11}$ $\frac{5}{8}+\frac{1}{8}=\frac{6}{8}$

【错因分析】分数加分数的结果能约分的要约分。口算题中,当结果的分子分母相同时,直接写1。初学时,遇到这种情况可以先算出 $\frac{8}{8}$,再写1,即 $\frac{3}{8}$

$+\frac{5}{8}=\frac{8}{8}=1$,注意将结果写成整数和化简的问题。

【控错方法】在分数的计算中,结果的化简处理是学生最容易忽略的地方。在平时的教学中,教师不仅要时刻提醒学生,还要教会学生时刻提醒自己方法,比如最直接的办法就是先在计算题的要求后面写上"化简",这样在做题时可能会稍好一些。

2. $1+\frac{1}{9}=\frac{10}{9}$ ✗ $3-\frac{4}{5}=\frac{9}{5}$ ✗

【错因分析】整数和分数运算,当整数和一个最简真分数相加时,计算结果可以直接写成带分数,这样计算不容易出错,但是前提必须是和整数相加的这个分数要是最简真分数。当整数减去一个最简真分数时,第一,把整数化成分母相同的假分数再减,结果是假分数,要注意化简;第二,把整数减1后,再加上1减这个最简真分数的差,结果同样也可以写成带分数。

【控错方法】整数和分数进行运算时,减法容易出错,因此可以利用加法进行验算。

四、经典案例及评析

【教学实录】
课题:异分母分数加减法(苏教版五年级下册第83页第8题)

计算下面各题,说说你有什么发现。			
$\frac{1}{2}+\frac{1}{3}$	$\frac{1}{9}+\frac{1}{10}$	$\frac{1}{4}+\frac{1}{7}$	$\frac{1}{5}+\frac{1}{8}$
$\frac{1}{2}-\frac{1}{3}$	$\frac{1}{9}-\frac{1}{10}$	$\frac{1}{4}-\frac{1}{7}$	$\frac{1}{5}-\frac{1}{8}$

师:出示题目。请学生读题,说出题目要求。
生读题。
生:题目要求是计算和说一说有什么发现。
师:我们先计算这四组八道异分母分数的加减题目。老师和同学们来一次小小的竞赛,比一比谁算得又对又快。
师生共同计算。师直接写出得数,速度很快。师稍等学生完成计算,巡视并校对答案。

学生作业：$\frac{1}{2}+\frac{1}{3}=\frac{3}{6}+\frac{2}{6}=\frac{5}{6}$ $\frac{1}{2}-\frac{1}{3}=\frac{3}{6}-\frac{2}{6}=\frac{1}{6}$

$\frac{1}{9}+\frac{1}{10}=\frac{10}{90}+\frac{9}{90}=\frac{19}{90}$ $\frac{1}{9}-\frac{1}{10}=\frac{10}{90}-\frac{9}{90}=\frac{1}{90}$

$\frac{1}{4}+\frac{1}{7}=\frac{7}{28}+\frac{4}{28}=\frac{11}{28}$ $\frac{1}{4}-\frac{1}{7}=\frac{7}{28}-\frac{4}{28}=\frac{3}{28}$

$\frac{1}{5}+\frac{1}{8}=\frac{8}{40}+\frac{5}{40}=\frac{13}{40}$ $\frac{1}{5}-\frac{1}{8}=\frac{8}{40}-\frac{5}{40}=\frac{3}{40}$

教师作业：$\frac{1}{2}+\frac{1}{3}=\frac{5}{6}$ $\frac{1}{2}-\frac{1}{3}=\frac{1}{6}$ $\frac{1}{9}+\frac{1}{10}=\frac{19}{90}$ $\frac{1}{9}-\frac{1}{10}=\frac{1}{90}$

$\frac{1}{4}+\frac{1}{7}=\frac{11}{28}$ $\frac{1}{4}-\frac{1}{7}=\frac{3}{28}$ $\frac{1}{5}+\frac{1}{8}=\frac{13}{40}$ $\frac{1}{5}-\frac{1}{8}=\frac{3}{40}$

师：如果你能发现得数的分子分母和两个分数之间的关系，那你也能像老师一样又对又快地完成此类题目。同学们可以独立思考，也可以和同桌或小组讨论你的发现。

生：我发现这两个分数的分子都是1。几分之一加减几分之一。

生：我们小组发现得数的分母是前面两个分数分母的积，分子是前面两个分数分母的和。

生：我来补充，如果是减法的话，分子就是前面两个分母的差。

师提醒：两个分数的分母是什么关系？

生：互质关系。

师：谁能完整表达你们的发现。小组里尝试着练习。

生：两个分数，分子为1，分母互质。求这两个分数的和（或差），得数的分母是原分母的积，分子是原分母的和（或差）。

生：$\frac{1}{a}+\frac{1}{b}=\frac{b+a}{ab}$ $\frac{1}{a}-\frac{1}{b}=\frac{b-a}{ab}$

师：那我们一起来快速反应。请同学们完成在作业纸上。

$\frac{1}{3}+\frac{1}{7}$ $\frac{1}{4}+\frac{1}{9}$ $\frac{1}{6}+\frac{1}{11}$ $\frac{1}{3}-\frac{1}{7}$ $\frac{1}{4}-\frac{1}{9}$ $\frac{1}{6}-\frac{1}{11}$

生独立完成。集体校对批改。

师：挑战自我，学生抢答。$\frac{1}{6}+\frac{1}{3}$。

生：$\frac{9}{18}$。

师笑而不答。学生思考。

生：答案要约分。

生：这种题目不适合这种算律。分子虽然为1，但是分母不是互为质数。

师：算律的运用必须符合数的一些特点，请同学们注意观察。当然，我们可以拓展我们的思维空间，把这条算律适当放大。两个分数，分子为1，分母不互质。求这两个分数的和（或差），得数的分母是原分母的积，分子是原分母的和（或差），但是得数要约分。

【评析】算、算律——学生体会数学的奥秘不能简单停留在"哦……"上。教师必须要让学生产生探索、运用算律的需求，学会完整表述算律，并熟练使用。

笔 算

一、类型与标准

类型	质量标准		
	时段	速度	正确率
分数的加减法 $\frac{1}{2}+\frac{1}{4}=$　　$1-\frac{1}{3}-\frac{1}{4}=$　　$\frac{1}{2}+\frac{1}{4}+\frac{1}{8}+\frac{1}{16}=$	初学	0.8 道/分	90%
	期中	1 题/分	91%
	期末	1.5 题/分	93%
综合: $\frac{7}{10}-\frac{1}{6}=$　　　　$1-\frac{4}{9}=$ $\frac{1}{6}+\frac{3}{5}+\frac{2}{3}=$　　$\frac{5}{9}+\frac{2}{3}-\frac{2}{5}=$ $1-\left(\frac{1}{2}+\frac{1}{6}\right)=$	期末	1.5 题/分	93%
拓展: 分母互质,分子为1的分数加减法 $\frac{1}{2}+\frac{1}{3}=$　$\frac{1}{2}-\frac{1}{3}=$　$\frac{1}{4}+\frac{1}{7}=$　$\frac{1}{4}-\frac{1}{7}=$ 灵活运算 $\frac{1}{2}+\frac{1}{4}+\frac{1}{8}+\frac{1}{16}+\frac{1}{32}+\frac{1}{64}+\frac{1}{128}=$ $\frac{1}{2}+\frac{1}{6}+\frac{1}{12}+\frac{1}{20}+\frac{1}{30}+\frac{1}{42}=$	期末	1.5 题/分	93%

二、教学策略

1. 采用多种教学方法。

教学中,教师要采用多种教学方法。简而言之,可以归纳为如下四类:教师引导、实践操作、自主探究、合作交流。比如在教学"异分母分数加减法"时,可以画图探索,可以转化成小数计算,可以结合具体情境统一单位理解,还可以通分成相同计数单位等。

2. 注重反思，提高教学成效。

"教学永远是一门遗憾的艺术。"完美的课堂很少，一节课上完，当教师进行反思的时候，总会感觉有一些不足和遗憾。当教师意识到自己教学中的一些缺陷，也就意味着教学水平会在弥补不足和缺陷的过程中得到提升。所以教师每上完一节课，深入地剖析和反思是十分必要的。总结每一个预设和学生生成性资源的吻合情况、教师语言的优化、学生课堂上的学习情绪、教学突发状况的处理，总结出规律性的经验，反思指导下一次备课中需要关注的焦点。同时也带领学生在反思中成长。

3. 充分预设，开展"针对性助学"。

学生的学习需要教师的帮助和引导，学情是教师采取合适教学行为的依据。课堂教学前，教师要研读教材，善于预见学情，设计有效的导学和助学方式；课堂教学中，教师要关注学生的学习进展，读懂学情，基于学生的具体学习情况开展"针对性助学"。

三、典型错误及分析

$$\frac{9}{10}-\frac{1}{5}-\frac{1}{2}$$
$$=\frac{9}{10}-\frac{2}{10}-\frac{5}{10}$$
$$=\frac{2}{10}$$

【错因分析】得数没有约分。学生通过通分，把分母转换成都是 10 的分数进行计算。计算后的结果是 $\frac{2}{10}$，学生没有约分成最简分数 $\frac{1}{5}$。

【控错方法】异分母分数的加减法经过通分转化成同分母分数的加减法。绷紧"计算结果必须是最简分数"这根弦，或者让学生在作业纸上的醒目处写"约分"二字时刻提醒自己。

四、经典案例及评析

【教学实录】

课题：分数加减混合运算判断

师：同学们刚才计算了一些分数加减混合运算。现在我们再来试一试。

出示题目：$\frac{1}{6}+\frac{3}{5}+\frac{2}{3}$，学生尝试独立完成，教师指名板演。

教师巡视，展示学生作业。

作业一：$\frac{1}{6} + \frac{3}{5} + \frac{2}{3}$

$= \frac{5}{30} + \frac{18}{30} + \frac{2}{3}$

$= \frac{23}{30} + \frac{2}{3}$

$= \frac{23}{30} + \frac{20}{30}$

$= \frac{43}{30}$

作业二：$\frac{1}{6} + \frac{3}{5} + \frac{2}{3}$

$= \frac{1}{6} + \frac{2}{3} + \frac{3}{5}$

$= \frac{43}{30}$

作业三：$\frac{1}{6} + \frac{3}{5} + \frac{2}{3}$

$= \frac{5}{30} + \frac{18}{30} + \frac{20}{30}$

$= \frac{1}{6} + \frac{4}{6} + \frac{3}{5}$

$= \frac{5}{6} + \frac{3}{5}$

$= \frac{25}{30} + \frac{18}{30}$

$= \frac{43}{30}$

师：仔细观察这三种计算方法，和你的同桌互相说说。

生：我看懂了第二种方法，他是找到了三个分数分母的最小公倍数30，一次性通分直接计算出得数$\frac{43}{30}$。

生：我看懂了第一种和第三种方法，他们都是分两步通分计算出得数，步骤有些多。第一种是按顺序从左往右通分计算；第三种是先通分计算$\frac{1}{6} + \frac{2}{3}$，再计算 $+ \frac{3}{5}$。

师：为什么先计算 $\frac{1}{6}+\frac{2}{3}$？

生：因为这两个分数的分母是倍数关系。

师：所以仔细观察数的特点很重要。还有一些同学的作业是这样的，你想对他提出什么建议？

作业四：$\frac{1}{6}+\frac{3}{5}+\frac{2}{3}$

$=\frac{5}{30}+\frac{18}{30}+\frac{2}{3}$

$=\frac{23}{30}+\frac{20}{30}$

$=1\frac{13}{30}$

作业五：$\frac{1}{6}+\frac{3}{5}+\frac{2}{3}$

$=\frac{10}{60}+\frac{36}{60}+\frac{40}{60}$

$=\frac{86}{60}$

生：我觉得作业五的得数没有约分，最小公倍数找错了。

师：如果通分的分母太大，就会增加我们计算的难度。那么作业四呢？

生：作业四的计算结果是一个带分数。

师：我们计算分数加减混合运算时，得数无须一定转化成带分数。

【评析】异分母分数加减混合运算的重要法则是分母"化异为同"。如何化异为同是关键。本实录的教学是在新授之后的"试一试"，教师让学生独立完成，并联展示学生的作业，学生在分享交流的过程中丰富了思路，在对比中优化了算法，建构起计算异分母分数的模型。最后，教师还收集展示了学生的一些典型错误资源，帮助学生分析错误的原因，有针对性地纠错，且效果明显。

灵活运算

一、类型与标准

类　型			质量标准（正确率）
例题： $\frac{2}{7}+\frac{3}{8}+\frac{5}{8}=$	$\frac{3}{7}+\frac{5}{6}+\frac{4}{7}=$	$\frac{5}{6}+\frac{3}{5}+\frac{1}{6}+\frac{2}{5}=$	98%
综合： $\frac{3}{2}-\frac{2}{7}-\frac{5}{7}=$	$\frac{5}{8}-\frac{3}{5}+\frac{3}{8}-\frac{2}{5}=$	$\frac{5}{8}-(\frac{1}{8}+\frac{1}{9})=$	
拓展： $\frac{5}{6}+\frac{2}{5}+\frac{1}{6}+\frac{2}{5}=$	$4-\frac{3}{4}+\frac{1}{4}=$		

二、教学策略

1. 通用——整数运算律适用于分数加减混合运算。

根据数学知识的旧引新、迁移推理的特点，让学生自主探索并发现规律。通过自主探索，小组交流，得出结论：整数加减法的运算律和性质同样适用于分数。学生在课堂上是学习的主人，教师则充分发挥主导作用，在学生不易理解或容易出错处给予帮助或点拨。

2. 关注——仔细观察算式中数的特点。

新课标要求：问题来自学生，解决问题的过程与方法也应当由学生自己去体验与探究。教学过程中，教师不要急于授予学生分析、解决问题的方法，而要引领学生静下心来读一读算式，找一找算式中数的特点，主动操作实践，然后启发学生自己去思考问题的本质特征，建构分数加减法简便计算的"窍门"——同分母分数先算，能凑整的先算。

3. 辨析——题组练习，厘清运算顺序。

有效的数学学习活动不能单纯地依赖模仿与记忆，动手实践、自主探索与合作交流是一种学习方式，辨析理错也是学生学习数学的一种方式，可以检验学生是否真正掌握了分数加减法的简便计算。如题组 $4-\frac{3}{4}+\frac{1}{4}$ 与 $4-\frac{3}{4}-\frac{1}{4}$。

三、典型错误及分析

1.

$$4-\frac{3}{4}+\frac{1}{4}=4-1=3$$

【错因分析】学生没有关注运算顺序，先算了 $\frac{3}{4}+\frac{1}{4}$，因为两个数相加得1，误认为可以简算，但这个方法是不符合正确的运算顺序的。正确的顺序应该是先算 $4-\frac{3}{4}$，再加上 $\frac{1}{4}$，结果是 $\frac{7}{2}$。

【控错方法】在口算中，这种看似简单的题目是最容易出错的，因此要特别引起注意，而不要一味地只追求计算的简便。简算的前提是必须首先保证运算顺序的正确，如果运算顺序错，那结果肯定错。

2.

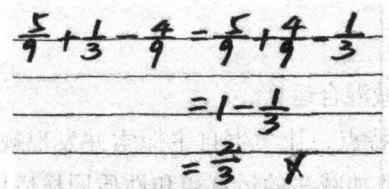

【错因分析】简算时运算定律用错。这个题目需要运用交换律进行简算，交换时，注意数要带着运算符号，即 $\frac{5}{9}-\frac{4}{9}+\frac{1}{3}$。

3.

【错因分析】在学习异分母分数加减法时，我们学过分母互质、分子是1的两个分数相加减的规律，这个规律同样可以应用在简算中。因此这道题就可以这样算：$3+(\frac{1}{4}+\frac{1}{7})$，运用规律直接口算$\frac{1}{4}+\frac{1}{7}=\frac{11}{28}$，使计算简便。

【控错方法】简算中要特别注意运算顺序，运用定律要特别注意运算符号的变化。检查时，可以按原先的运算顺序再算一遍，看看是否与简算的结果一致。

四、经典案例及评析

【教学实录】
课题：分数加减法的简便运算

1. 激趣导入。

师：（出示蛋糕图片）大家看这是什么？

生：蛋糕。

师：对，2009年4月18日是五（1）班宋老师的生日，咱们学校特意为宋老师送上了生日蛋糕来庆祝。中午，我们办公室的老师与宋老师分享了这个蛋糕，大家来看看分享的情况：宋老师吃了这个蛋糕的$\frac{1}{8}$，赵老师吃了这个蛋糕的$\frac{1}{9}$，我吃了这个蛋糕的$\frac{2}{9}$。看到这些信息，你们想了解些什么？

生：提问题（三个老师一共吃了这个蛋糕的几分之几？这个蛋糕还剩几分之几没有吃？……）

师：根据学生说的内容，提炼出算式：

$\frac{1}{8}+\frac{1}{9}+\frac{2}{9}=$　　　　$1-\frac{1}{8}-\frac{1}{9}-\frac{2}{9}=$

2. 新授。

师：你们能帮助老师算算我们吃了蛋糕的几分之几？还剩蛋糕的几分之几？

生：第一、二、三组做加法算式，第四、五组做减法算式。

师：巡视。

生：汇报。

师：引导学生进行比较，哪种算法简单？为什么？

生：分母相同结合起来算比较简便。

师：你应用了什么运算定律？

生：加法交换律。

师：谁来说说什么是加法交换律？

生：指名说。

师：你们能根据加法交换律给同学出几道题吗？

生：展示学生的出题，并由同学解答。

师：预设。

$$\frac{1}{8} - \left(\frac{1}{4} + \frac{1}{8}\right) \qquad \frac{3}{7} + \frac{8}{15} + \frac{4}{7} + \frac{7}{15} \qquad 5 - \frac{5}{11} - \frac{6}{11}$$

生：汇报出题，并说明想法。

师：通过刚才的出题练习，你们有什么发现？

生：加法的结合律、减法的性质对于分数加减法同样适用。

师：是的。在计算整数、小数加减法时，除了应用加法结合律、减法的性质进行简算以外，还有其他的简算方法吗？

生：带着符号搬家。

师：你们能开动脑筋，出几道需要带着符号搬家的简算题吗？

生：自己思考并出题。

师预设：

$$\frac{5}{8} + \frac{2}{5} - \frac{5}{8} \qquad \frac{3}{8} - \frac{1}{12} - \frac{1}{8} \qquad \frac{4}{7} - \frac{5}{12} + \frac{3}{7}$$

生：展示并汇报出的题目。

（其他同学做在练习本上。）

师：如果现在老师把这些运算定律和性质综合到一起，你们还能解答吗？

3. 提高题。

$$\frac{5}{12} - \frac{1}{6} - \frac{5}{6} + \frac{7}{12} \qquad \frac{4}{7} + \left(\frac{17}{24} - \frac{4}{7}\right)$$

$$\frac{12}{13} - \left(\frac{12}{13} - \frac{2}{3}\right) + \frac{1}{3} \qquad 0.75 - \frac{2}{13} + 0.25 - \frac{5}{13}$$

4. 师：这节课你有什么收获？

【评析】其实分数加减法的简便运算和整数、小数加减法的简便运算类似，运算律可以通用。教师利用新旧知识的衔接，结合"以人为本"的理念，将课堂交给学生，向学生们提供从事数学活动的机会，让他们充分发挥出自主探索的能力。这节课体现了数学知识并非点状呈现，而是可以融会贯通，串联成线的。把握数学学科的特点，学生们在课堂中就有更多自主学习的空间，教师也不必照本宣科，师生的高效配合让数学学习更为灵活。

算理的理解

一、类型与标准

类 型	质量标准 （正确率）
理解类： $\frac{1}{2}+\frac{1}{4}$ 分数单位不同，不能直接相加，可以先通分，化成同分母分数后，再计算。	83%

二、教学策略

1. 主动学习，学生"动起来"。

学生的数学学习都是有一定经验基础、知识储备的。不管是正确的探索，还是错误的实践，只要学生对学习永远充满兴趣，在内驱力下，以积极主动的态度投入学习过程，课堂中的"生生互动""师生互动"自然发生，学生积极与他人交流、合作、分享、讨论、展示、反思、追问、质疑、补充、纠错等，所有的学生都"动起来"，思维便能够在辨析中明朗起来。

2. 深度思维，学生"悟出来"。

在教学之中我们经常会看到，虽然学生将概念公式背得很熟，基本的习题也都会做，但是问题稍一变化，就无从下手。原因在哪里？主要是学生经历的浅层学习浮于表面，没有主动深层地进行思考，没有真正地理解算理，也就不会灵活地应用知识。在课堂教学中，教师要鼓励学生积极思考，围绕学习内容深入探索和对话，提出有意义的问题和发表自己的观点，在反思与质疑中，把学习数学知识的心得"悟出来"，使得我们的课堂中出现精彩的观点和独到的见解。

3. 意义理解，学生"走进来"。

"知道事实不等于理解"，"会背概念不等于理解"，"会做题不等于理解"。

课堂教学中，学生不仅要激发、调动知识经验，解决问题，更要表达、解释学习内容，"走进"数学知识中，重新建构数学概念的意义，促进知识从"表层符号学习"进入"知识内在的逻辑形式和意义领域"，实现意义与经验的对接，促使知识的概念理解、长久保持和灵活运用。

三、典型错误及分析

$$\frac{2}{5}+\frac{3}{7}=\frac{5}{12}$$

【错因分析】没有理解异分母分数计算的本质。学生在理解同分母分数加法"分母不变，分子相加"的基础上，将异分母分数加法错解为"分子相加，分母相加"。学生没有考虑到加减计算的本质，也就是相同计数单位的数相加。异分母分数加减法要利用通分的方法确保相同计数单位的数相加减。

【控错方法】初学时，引导学生理解算理，清楚异分母分数加减法的本质，并把过程写具体。如 $\frac{2}{5}+\frac{3}{7}=\frac{14}{35}+\frac{15}{35}=\frac{29}{35}$。

四、经典案例及评析

【教学实录】

课题：异分母分数加减法

（一）旧知迁移

师：同学们，我们已经学习过同分母分数的加减法，这节课来继续学习相关知识。先来复习一下。

师出示复习题（1）：什么是最小公倍数？求几个数的最小公倍数有几种情况？

生：两个数公有的倍数中，最小的公倍数叫作两个数的最小公倍数。当两个数是互质数时，最小公倍数是它们的乘积；当两个数互为倍数关系时，最小公倍数是那个较大的数；当两个数既不是互质数，也不存在倍数关系时，用短除法求最小公倍数。

师出示复习题（2）：什么是通分？请比较下列各组分数的大小。

$\frac{3}{5}$ 和 $\frac{4}{5}$ $\frac{4}{11}$ 和 $\frac{4}{13}$ $\frac{1}{2}$ 和 $\frac{5}{7}$

生：通分就是把两个分数转化成分母相同的分数。

生1：$\frac{3}{5}$和$\frac{4}{5}$，$\frac{4}{5}$大。

生2：$\frac{4}{11}$和$\frac{4}{13}$，$\frac{4}{11}$大。

生3：$\frac{1}{2}$和$\frac{5}{7}$，$\frac{5}{7}$大。

师：分数大小的比较有三种：当分母相同，分子不同时，分子大的，分数就大；当分子相同，分母不同时，分母大的，分数反而小；当分子、分母都不同时，就要先通分，转换成同分母分数，再比较大小。

【评析】异分母分数加减法的关键在于通分，而通分的关键在于准确找出两个分数分母的公分母。所以这部分复习旧知是为学习新知做好铺垫，也为了让课堂能够更高效地推进。

（二）新知探究

1. 师出示例题：人们在日常生活中产生的垃圾叫作生活垃圾，下面的扇形统计图记录了各类垃圾所占的比例。

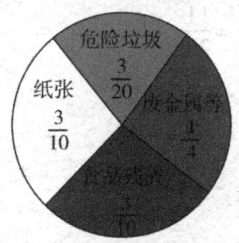

师：大家能说说扇形图告诉了我们什么信息？能提出哪些问题？

生：这张扇形统计图告诉我们危险垃圾占垃圾总数的$\frac{3}{20}$，废金属占垃圾总数的$\frac{1}{4}$，纸张占垃圾总数的$\frac{3}{10}$，食品残渣占垃圾总数的$\frac{3}{10}$。

生：我发现纸张占垃圾总数和食品残渣占垃圾总数同样多。

师：你能提出一些加法或减法的问题吗？

生：废金属和纸张共占生活垃圾的几分之几？

师：怎样列式？

生：$\frac{3}{10}+\frac{1}{4}$。

师：同学们提出问题之后，请随即列出算式。还可以提出什么问题？

生：是危险垃圾多，还是废金属多？多多少？$\frac{1}{4}-\frac{3}{20}$。

……

师：我们先来研究 $\frac{3}{10} + \frac{1}{4}$，观察这道分数加法和我们以前学习的分数加法有什么不同？

生：分母不同。

师：算式中分数的分母不同，叫作异分母分数。今天我们一起来学习异分母分数加法。

师板书课题：异分母分数的加法。

师：请同学们独立解决在自己的思考本上。

学生独立思考，教师巡视。

展示学生的作品。

方法一：$\frac{3}{10} + \frac{1}{4}$，$\frac{3}{10} = 0.3$，$\frac{1}{4} = 0.25$，$0.3 + 0.25 = 0.55$，$0.55 = \frac{55}{100} = \frac{11}{20}$

方法二：$\frac{3}{10} + \frac{1}{4} = \frac{6}{20} + \frac{5}{20} = \frac{11}{20}$

方法三：$\frac{3}{10} + \frac{1}{4} = \frac{12}{40} + \frac{10}{40} = \frac{22}{40} = \frac{11}{20}$

方法四：$\frac{3}{10} + \frac{1}{4} = \frac{4}{14} = \frac{2}{7}$

师：老师收集了同学们的一些作业。你看懂了吗？

生：我认为第四种肯定是错的。两个分数的分数单位不同，一个是 $\frac{1}{10}$，一个是 $\frac{1}{4}$，单位不同的两个分数是不能直接相加的。

师：对的。异分母分数相加，两个分数的分数单位是不同的，$\frac{3}{10}$ 的分数单位是 $\frac{1}{10}$，$\frac{1}{4}$ 的分数单位是 $\frac{1}{4}$，所以……

生：所以我们一定要把异分母分数转化成同分母分数，然后进行计算。

师：方法一、二、三都是转换成以往学过的知识，用同一个计数单位来解决这个问题的。你更赞成哪一种方法？请说明理由。小组交流。

生：我同意第二种方法。第一种方法中，有的分数很难转化成小数，所以不适用。

生：我也同意第二种方法。第三种方法中，如果转化成分母是40的同分母分数，算出的结果还要约分。

师：第二种方法通分时，分母是这两个分母的最小公倍数。谁能总结出异分母分数加法的计算方法？

生：异分母分数加法，先通分，把它们转换成同分母分数，通常用分母的最小公倍数作为同分母分数的分母，再按同分母分数加法的计算方法进行计算。

【评析】 数学来源于生活，解决数学问题其实就是解决一部分生活问题。此例题不仅贴近生活，更能让学生了解生活中各种垃圾所占的比重。通过提出问题、列出算式、发现不同、小组讨论、解决问题这一过程，实现新旧知识之间的连接。异分母分数加减法除了可以转化成同分母分数相加减，也可以通过画图或者转化成小数的方法实现算法多样化。教学中，教师展示了学生画图、化小数和通分的方法，突出算理。此环节，教师将学习的自主权交给学生，发挥他们的聪明才智，体现了以学生为主体。

师：你能用这种方法再解决一个异分母分数的问题吗？$\frac{1}{4}-\frac{3}{20}$。

学生拿出思考本计算，指名上黑板演示，师巡视指导。

生：$\frac{1}{4}-\frac{3}{20}=\frac{5}{20}-\frac{3}{20}=\frac{2}{20}$。

师：谁能看懂这位同学的想法？

生：先通分，把$\frac{1}{4}-\frac{3}{20}$转换成同分母分数$\frac{5}{20}-\frac{3}{20}$，再按同分母分数减法的计算方法进行计算，结果是$\frac{2}{20}$，这位同学没有约分，结果应该是$\frac{1}{10}$。

师：如果你没有约分，请自行调整。用差加上减数，看看是否等于被减数，检验自己的结果是否正确。

【评析】 在学生尝试利用自己归纳总结的方法解决又一个问题的过程当中，会发现有些异分母分数计算结果是需要约分的。计算出的结果可以通过检验来判断对错。

计算结果合理性的判断

一、类型与标准

类　型	质量标准 （正确率）
式题类： 先估计哪几题的得数大于 $\frac{1}{2}$，再计算。 $\frac{1}{10}+\frac{4}{7}=$　　$\frac{1}{9}+\frac{1}{3}=$　　$\frac{7}{8}-\frac{1}{4}=$　　$\frac{5}{6}-\frac{1}{2}=$ 在○里填上适当的运算符号。 $\frac{5}{8}\bigcirc\frac{1}{8}=\frac{3}{4}$　　$\frac{16}{24}\bigcirc\frac{10}{24}=\frac{1}{4}$　　$\frac{1}{8}\bigcirc\frac{1}{9}=\frac{1}{72}$	90%
实际应用类： 下面哪几个班的学生可以分成人数相同的几个小组？哪几个班不可以？为什么？ | 班级	一班	二班	三班	四班 | |---|---|---|---|---| | 人数 | 39 | 41 | 40 | 43 |	

二、教学策略

1. 比较大小判断。

　　分数加减法的计算结果是否正确，检验时可以再算一遍，比较两次结果的方法判断；也可以利用交换加数位置和不变的方法，或者减数加差等于被减数的方法加以判断。检验时，虽然计算出精确结果是判断分数加减法的得数是否正确或者得数是否在范围内的有效方法。但分数加减法计算时往往要通分计算，费时费力，比较烦琐。有时无须计算，可以通过比较算式中一个数和得数的大小来快速判断计算的结果是否合理。

2. 联系生活判断。

回顾数学发展的历史,数学知识的形成与人类的生活息息相关。数学就在我们身边,善用数学,就可以解决生活中许多问题,反之,联系生活,也能帮助学生判断答案是否正确。例如:列方程计算出一个婴儿的体重是 200 千克时,或者计算出一个班有 4.5 个人时,可以马上根据生活经验判断出结果是错误的。

3. 运用概念判断。

概念教学是数学教学内容的重要组成部分。学生掌握并形成数学概念,拥有对数学基本的、概括性的认识,就能够运用概念解决生活中的一些数学问题。例如:质数和合数的概念:非 0 自然数根据因数的个数可以分为 1、质数和合数。如果除了 1 和本身外,没有其他不同的因数,这个数就是质数;如果除了 1 和本身外,还有其他因数的,那么这个数就是合数。

教师在课堂教学中可以有意识地提醒学生用这样的方法快速判断自己的计算结果是否正确。在练习和作业时,培养学生有意识地养成速检的习惯。

三、典型错误及分析

先估计哪几题的得数大于 $\frac{1}{2}$。

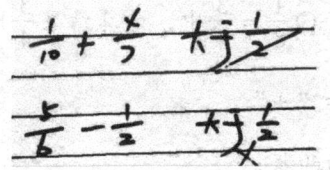

【错因分析】以偏概全。在判断计算结果的合理性时,往往要根据实际情况具体分析、具体操作、具体解决。例如这一题,学生先运用算式中的较大数与 $\frac{1}{2}$ 比较,从而得出结果是否大于 $\frac{1}{2}$ 的结论,还要全面考虑运算符号对结果造成的影响,避免画虎不成反类犬。

【控错方法】首先,强化学生对结果是否合理进行自觉判断的意识,认识到判断计算合理性的优势和目的,使之转化成为学生的自觉行为;其次,引领学生完整表述、透彻理解估算的过程,掌握判断的技能;最后,多层次、多方位、多情境地练习,在实践中形成较强的判断技能。

四、经典案例及评析

【教学实录】
课题：练习讲解

在〇里填上适当的运算符号。

$$\frac{5}{8}\bigcirc\frac{1}{8}=\frac{3}{4} \qquad \frac{16}{24}\bigcirc\frac{10}{24}=\frac{1}{4} \qquad \frac{1}{8}\bigcirc\frac{1}{9}=\frac{1}{72}$$

师：请同学们一起来看，昨天同学们的答题情况不太理想。我们先来看题目要求。请一位同学读一读。

生：在〇里填上适当的运算符号。我的理解是填写"+"或者是"-"。因为目前分数运算中，我们只学习了加减法。

师：是的，不能看见〇就填">""<"或"="。读题很重要。

师：你是怎么想的？

生：我是通分解决的。$\frac{5}{8}\bigcirc\frac{1}{8}=\frac{3}{4}$通分成$\frac{5}{8}\bigcirc\frac{1}{8}=\frac{6}{8}$，分母相同，看分子，5〇1=6，5+1=6，〇里填"+"……

师：这位同学们是通过通分计算找出运算符号的。其他同学有不同的方法吗？更简洁的。

生：我是通过比较大小判断选择符号的。$\frac{5}{8}\bigcirc\frac{1}{8}=\frac{3}{4}$中，计算结果$\frac{3}{4}$比等号左边的大数$\frac{5}{8}$大，自然求出的是和，于是选择"+"。

师：请你们用刚才这位同学的方法完成下面两题。

生：$\frac{16}{24}\bigcirc\frac{10}{24}=\frac{1}{4}$，计算结果$\frac{1}{4}$比等号左边的大数$\frac{16}{24}$（即$\frac{2}{3}$）小，于是选择"-"。

生：$\frac{1}{8}\bigcirc\frac{1}{9}=\frac{1}{72}$，计算结果$\frac{1}{72}$比等号左边的大数$\frac{1}{8}$小，于是选择"-"。

师：解决问题的方式是多样的，观察通分计算和比较大小这两种方法，哪种更科学与便捷？

生：我觉得通分计算更准确，也更科学。

生：我觉得不必计算，只要比较，因为已经有了结果，我们只要比较判断选择"+"或"-"就可以了，更方便一些。

师：计算结果已经给出了。解决问题时并不一定要知道精确的过程，只要合理地权衡与度量，判断与选择就可以了。

【评析】对计算结果合理性的判断应该结合实际情境进行估量、权衡或度量，这才是其核心与目的。学生形成对计算结果合理性判断的技能必须在真实的生活情境中加以分析和解决，从中去体验和学习，形成素养。

选择灵活方法解决实际问题

一、类型与标准

类 型	质量标准（正确率）
1. 书店销售几天后，《动物王国》还剩 $\frac{1}{4}$，《植物世界》还剩 $\frac{1}{3}$，《地球故事》还剩 $\frac{2}{5}$。原来三种书各有120本，哪种书卖出的本数最多？ 2. 师徒两人做一批零件，师傅5天做6个，徒弟4天做5个，谁的工作效率高？ 3. 一根蜡烛第一次烧掉全长的 $\frac{1}{5}$，第二次烧掉剩下的一半，这根蜡烛还剩下全长的几分之几？	80%

二、教学策略

1. 借助形象的画图分析，解决难题。

小学生不具备成熟的抽象思维的能力，这时，如果教师能够针对小学生的认知习惯和认知规律找到适宜小学生使用的解决问题的方法，就可以帮助他们在学习中轻松地提高学习效率。形象的画图分析策略就是这样的一种方法。学生使用画图的策略来进行数学学习，最终的目的也是从形象思维过渡到抽象思维。但是，后期教师要让学生逐步丢弃这根"拐杖"。在教学中，让学生逐步脱离实际画图，在脑海中想象画面，找出数学知识的规律。这样，学生才能逐步由形象思维转化为抽象思维。

2. 借助多样的思维呈现，解决难题。

教师在教学中要尊重每一个学生的个性特征，允许不同的学生从不同的角度理解问题，采用不同的方式表达自己的想法，用不同的方法和知识解决问题。鼓励解决问题的多样化是因材施教、促进每一个学生充分发展的有效途径。教师在出示实际问题后,要充分认识到学生是学习的主体,给予学生充分独立思考的时间和空间。在进行小组交流时,在倾听同伴的解说时,感受解决问题策略的多样性与灵活性,并比较不同策略的优劣。

3. 借助题组的对比分析,解决难题。

对于小学生而言,科学、高效的读题方法能够有效地帮助他们提高自身数学解决问题的能力。有时一词之差,题目呈现出来的意义就截然不同。教师可以利用一组系列化、程序化的题组,引导学生比较题组中不同题目的结构差别,帮助学生理解和掌握问题的本质,从而辨析易混点,达成认知结构,强化问题模型。

三、典型错误及分析

1. 师徒两人做一批零件,师傅5天做6个,徒弟4天做5个,谁的工作效率高?

$$5 \div 6 = \frac{5}{6}(个)$$
$$4 \div 5 = \frac{4}{5}(个) \quad \frac{5}{6} > \frac{4}{5}$$
答:师傅工作效率高。✗

【错因分析】列出算式后,不清楚算的是每天做几个,还是每个需要做几天。在比较的时候没有注意到是时间越短,工作效率越高。

【控错方法】强调对算式意义的理解,学会比较工作效率的方法。注重方法多样化的讲解。这道题不一定非要算出一天做的个数或者做一个需要的时间,可以换一种思路,只要比较相同时间内做的个数就可以了,这样能有效避免分数的比较,而且容易理解。比如师傅20天做24个,徒弟20天做25个,就知道是徒弟的工作效率高。

2.

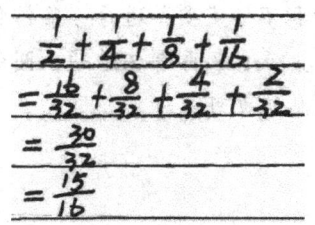

$$\frac{1}{2} + \frac{1}{4} + \frac{1}{8} + \frac{1}{16}$$
$$= \frac{16}{32} + \frac{8}{32} + \frac{4}{32} + \frac{2}{32}$$
$$= \frac{30}{32}$$
$$= \frac{15}{16}$$

【错因分析】用通分的方法,公分母找大了;计算结果不记得化简。

【控错方法】借助画图的方法,将这道加法求和的算式转化成减法求差的算式,比较容易得出结果。分子是1,后一个分母是前一个分母的2倍,具有这样特点的加法算式都可以用单位1减去最后一个分数的方法来计算。

四、经典案例及评析

【教学实录】
课题:习题讲解
出示题目:如下图,已知正方形的面积为2平方厘米,求圆形的面积。

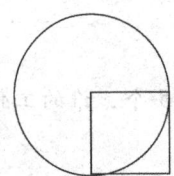

师:请同学们独立解决。
生独立解决,教师巡视。
师:如果你觉得有困难,可以先做一下这两道题。
出示题目:
1. 一个长方形的长和宽的和是4厘米,它的周长是多少厘米?
2. 已知一个梯形的上底和下底的和是20厘米,高是10厘米,这个梯形的面积是多少平方厘米?
学生独立完成,展示学生的作业。
$4 \times 2 = 8$(厘米),答:它的周长是8厘米。
$20 \times 10 \div 2 = 100$(平方厘米),答:这个梯形的面积是100平方厘米。
师:解决这两道题给了你什么启示?
生:长方形的周长 =(长 + 宽)× 2,梯形的面积 =(上底 + 下底)× 高 ÷ 2。实际运用时,计算长方形的周长和梯形的面积不一定要知道每一条信息。
师:我们知道一个组合的信息也能解决问题。回过来再看这道题,圆的面积 = πr^2,当不知道半径的值,只知道其中一个信息组也可以。
生:知道 r 也可以解决问题。
学生独立完成,展示学生的作业。
$3.14 \times 2 = 6.28$(平方厘米),答:圆形的面积是6.28平方厘米。
师:你能说说自己的想法吗?

生：圆的半径就是正方形的边长。半径的平方就是边长的平方，也就是正方形的面积2平方厘米。只要把3.14乘2，就能求出圆的面积了。

【评析】教师通过设计利用结构迁移来解决实际问题时，要紧扣条件和问题之间密切的内在关联性。几道题目之间的紧密联系是学生迁移解决问题的抓手。问题解决之后，还要引导学生将其中的联系进行表述，充分展现思维过程，提高学生解决问题的能力。

六年级上册　小学数学学科关键能力校本化

实施手册

口 算

一、类型与标准

类 型	质量标准		
	时段	速度	正确率
复习类： 小数加减乘除法 $1-0.99=$　　$1-0.01=$　　$3.4+6.36=$ $3.6\div0.03=$　　$50\times0.2=$　　$1.5\times0.6=$ $1.6\times0.5=$ 分数加减法 $\frac{1}{2}-\frac{1}{3}=$　　$\frac{1}{4}-\frac{1}{5}=$　　$\frac{5}{6}+\frac{2}{3}=$	期末	7题/分	98.5%
例题： 分数乘除法 $\frac{3}{5}\times\frac{2}{3}=$　　$\frac{5}{4}\times\frac{12}{5}=$　　$0\times\frac{5}{6}=$ $\frac{4}{5}\div\frac{1}{2}=$　　$\frac{8}{9}\div4=$　　$\frac{2}{13}\times2=$ $\frac{5}{26}\times13=$　　$5\div\frac{5}{6}=$　　$\frac{2}{3}\div\frac{2}{3}=$ $\frac{2}{3}\div\frac{3}{2}=$	初学 期中 期末	5题/分 6题/分 7题/分	92% 95% 98%
简便计算在口算中的应用 $18\times\left(\frac{2}{3}+\frac{5}{6}+\frac{4}{9}\right)=$　　$\frac{1}{2}\times\frac{1}{3}\div\frac{1}{2}\times\frac{1}{3}=$ $\frac{1}{2}+\frac{1}{3}-\frac{1}{2}+\frac{1}{3}=$　　$9.34-(2.34+0.49)=$	期末	5题/分	98%

续 表

类　型	质量标准		
	时段	速度	正确率
拓展类： 常用分数、小数和百分数的互化 $\frac{1}{8}=0.125$　　$\frac{3}{8}=0.375$　　$\frac{5}{8}=0.625$　　$\frac{7}{8}=0.875$ $\frac{1}{5}=0.2$　　$\frac{2}{5}=0.4$　　$\frac{3}{5}=0.6$　　$\frac{4}{5}=0.8$ $\frac{1}{4}=0.25$　　$\frac{3}{4}=0.75$　　$\frac{1}{2}=0.5$ 平方数 $11^2=121$　　$12^2=144$　　$13^2=169$　　$14^2=196$ $15^2=225$　　$16^2=256$　　$17^2=289$　　$18^2=324$ $19^2=361$　　$25^2=625$ 立方数 $2^3=8$　　$3^3=27$　　$4^3=64$　　$5^3=125$　　$6^3=216$	期末	10题/分	99%

二、教学策略

1. 日常练习，熟练方法，提升速度。

"曲不离口，拳不离手"，口算作为学生数学学习的一项关键能力，要天天练习，化为日常。通过平时坚持不懈地练习，熟练计算的方法，提升计算的速度。教师充分利用《灵机一动》口算专项训练本，结合教学进度，每天利用数学课前的2分钟进行"常规积累"，即限时口算练习，练习结束后，及时批改，有效反馈，总结得失，循序渐进，不断提升学生的口算能力。

2. 题组对比，加强练习，形成系统。

何谓"题组"？它是指以一定教学内容为规定性的、以实现教学目标为取向的一组习题。这种题组注重题目之间的内在联系，通过有效的编排，让学生在掌握解决单个数学问题的方法之外，还能通过几个问题的前后联系以及解决这些问题的方法的变化，形成一种更高层次的思维方法，以达到对问题本质的了解、问题规律的掌握、知识技能的巩固、思维的拓展与迁移等目的。在教学中，教师精心设计合理有效的"题组练习"，就好比为学生搭建了一个梯子，使他们沿着台阶一步一步地往上走，自主完成知识的建构。"题组练习"强调几道习题具有内在联系,彼此之间有知识的迁移应用,同时又对一个知识系统的形成起着促进作用。

3. 多元活动,分层推进,增强自信。

对于提高口算的速度和正确率,教师可安排自主申报过关活动。学生除了在校的统一时间练习,倡导学生根据自己的实际情况进行自主练习,当学生觉得自己练习到位了,就可以自主申报过关,过关以后,教师就为其发放过关卡,以此激励学生更好地进行自主练习,做适合自己的练习。还可以安排抽测过关,由教师组织,一般一学期两次,当然,也可根据教学进度进行适当调整,学生抽测过关后教师为其发放过关卡,可允许一部分学生进行多次考核,使不同的学生可以有不同的发展进度。年级组层面还有"口算达标"等活动。

三、易错错误及分析

1. $\frac{\cancel{2}^{1}}{3} \times \cancel{2}^{1} = \frac{1}{3}$

【错因分析】分数乘整数的方法未掌握到位。学生对"整数相当于分母是1的分数"这一概念理解不清,看到相同的两个数就进行约分。

【控错方法】首先,学生可以用结果的合理性进行判断得数是错误的。2个$\frac{2}{3}$是肯定比$\frac{2}{3}$大,实际$\frac{1}{3}$比$\frac{2}{3}$小,结果是错误的。其次,我们要强化对分数乘整数的方法的理解和记忆,形成正确的思维方式,进行必要的总结。整数相当于分子,整数只能跟分母约分,学生巩固认知后进行内化,以提高计算的正确率。

2. $\frac{5}{\cancel{4}_{1}} \times \cancel{2}^{2} = \frac{5}{2}$

【错因分析】学生书写习惯混乱。如果记录过程中没有养成良好的习惯,如分子约分写在下,分母约分写在上,那么便会给后面的计算带来干扰和麻烦。

【控错方法】学生纠正不良书写习惯,培养并掌握善于思考有效记录的习惯,有利于提高正确率。譬如,此题种,若把和整数约分约得的结果写在整数上面,可避免它和分母相乘这样的错误。

3. $\dfrac{\cancel{9}^{3}}{13} \times \dfrac{26}{\cancel{3}_{1}} = \dfrac{78}{13}$

【错因分析】常见特殊数的倍数记忆不熟。由于13和26是倍数关系，因此可以进行约分，学生五年级下册因数和倍数的知识没有掌握牢固，欠缺数感。

【控错方法】进行特殊数据的倍数的记忆和背诵，比如13的倍数、17的倍数、19的倍数，至少100以内这些数的倍数还是要熟练记忆的。

四、经典课例及评析

【教学实录】
课题：口算题组训练（片段）
出示题组：① $\dfrac{2}{3} \div 1$　　　$1 \div \dfrac{2}{3}$

② $\dfrac{4}{9} \div 1$　　　$1 \div \dfrac{4}{9}$

③ $\dfrac{2}{13} \div 1$　　　$1 \div \dfrac{2}{13}$

师：直接写出得数。（集体校对）

师：同组讨论，对比每组分数除法的异同。

生1：每组都是分数和1组成的除法算式。

生2：分数是被除数，1是除数，商还是这个分数；1是被除数，分数是除数，商是分数的倒数。

师：每组两道题都是分数和1组成的除法算式，为什么得数不同呢？

生1：每一组的第一题都是一个数除以1，任何数除以1的得数都是它本身。第二题都是1除以分数，就是1乘以这个分数的倒数，得数是除数这个分数的倒数。

生2：第二题，商乘除数等于被除数，因为被除数是1，所以除数和商互为倒数。

生3：分数除以1，商是这个分数；1除以分数，商是这个分数的倒数。

【评析】学生对于所学知识概念不清，突出表现就在于易混淆题的错误。所以当有此种典型错误出现之后，教师要关注，并适时进行题组训练，加深学生的辨知能力，强化运算法则，认清题目的本质，正确解答。

笔 算

一、类型与标准

类 型	质量标准		
	时段	速度	正确率
例题： 递等式计算 每盒果汁 $\frac{4}{5}$ 升，每杯可盛 $\frac{3}{10}$ 升，3盒果汁可以倒满几杯？ $\frac{4}{5} \times 3 \div \frac{3}{10}$　　$\frac{4}{5} \div \frac{3}{10} \times 3$ $= \frac{4}{5} \times 3 \times \frac{10}{3}$　$= \frac{4}{5} \times \frac{10}{3} \times 3$ $=8$（杯）　　$=8$（杯）	初学	1题/分	90%
	期中	1题/分	91%
	期末	1.5题/分	93%
综合： 混合计算 类型一：$\frac{9}{10} \times \frac{2}{3} \times \frac{5}{6}$，只有乘法，先约分，再计算。 类型二：$\frac{19}{26} \div \frac{38}{55} \times \frac{5}{11}$，先把除法转化成乘法，再约分，最后计算。 类型三：$\frac{3}{4} \div \frac{15}{16} \div \frac{5}{6}$，先整体把除法转化成乘法，再约分，最后计算。	期末	2题/分	95%
拓展： $\frac{12}{13} \times \frac{13}{14} \times \frac{14}{15} \times \cdots \times \frac{99}{100} \times \frac{100}{101}$，关注数字特点，先约分，再计算。 $\frac{1}{4} \times \frac{1}{5} \div \frac{1}{4} \times \frac{1}{5}$，同一级运算中，可以带符号换位置，$\frac{1}{4} \div \frac{1}{4} \times \frac{1}{5} \times \frac{1}{5}$ 中，$\frac{1}{4} \div \frac{1}{4}$ 等于1。 $12 \div \frac{3}{5} \times \frac{3}{25}$，整数分数乘除混合先转化成乘法，再约分，最后计算。	期末	2题/分	95%

二、教学策略

1. 关注学生的"面"。

学生是课堂教学中的主体，教师要将更多的时间、空间留给学生，调动和发挥学生的主体意识。从问题的提出开始，让学生主动参与到探索和交流的数学活动中来。在探索的过程中，尊重每一个学生的个性特征，允许学生从不同角度认识问题，采用不同的方式表达自己的想法，用不同的知识与方法解决问题，学生充分评价和反思。当学生探索出多种算法后，教师给予恰到好处的评价，鼓励激发学生继续深入思考，同时也能反思每一种算法是否更具有普遍性。教师关注学生课堂蹦出的思维火花，让学生获得成功的成就感，学有所乐，思维火花从偶发到连绵不绝。

2. 引领学生的"思"。

教师要引领学生学会自我反思。在做分数连除、分数乘除混合运算时，学生经常犯的错误是没有把除法转化成乘法就约分，把乘法中的乘数也写成倒数……教师小结时要尝试让学生说说刚才的计算练习有什么要提醒大家注意的地方吗，或者让学生说出同学们犯错的点在哪里，可能犯错的点在哪里。学生在充分的小组交流反馈后，得到完善的统一意见。课堂上，学生学会反思很有必要。

3. 养成学生的"能"。

计算教学是整个数学学习的重要组成部分，随着年级的递增，计算将越加烦琐，对学生计算的要求也逐步提高。如何使计算练习不成为学生的负担，教师要关注学生计算能力的培养。在单位时间内，通过适量的计算练习掌握策略，形成技能，把学生从大量机械、枯燥、重复的计算题海中解放出来，保护了学生旺盛的求知欲。在进行三个分数连乘约分时，要注意约分时策略的指导。约分时也要有序思考，而不是无序约分。

三、典型错误及分析

1. $6 \times \dfrac{4}{9} \div \dfrac{2}{3} = \overset{2}{\cancel{6}} \times \dfrac{\cancel{4}}{\cancel{9}_3} \times \dfrac{\cancel{3}}{\cancel{2}} = 3$

【错因分析】（1）缺乏估算的意识。在分数乘法这部分知识的练习中，有一部分比较大小的知识：一个数乘比 1 大的数，积比这个数大；一个数乘比 1

小的数，积比这个数小。乍看上去，这部分知识没什么重要的，几乎没有人会注意它的重要性，其实它恰恰是分数乘法估算的基础。这道题通过转化都是乘大于1的分数，那么积一定大于6。很多学生之所以在计算时出现这样显而易见的错误，主要原因还是缺乏估算的意识。（2）整数乘分数方法没有掌握。从这一过程我们发现，该生把整数和分数的分子约分了。

【控错方法】 设计针对性练习，排除干扰因素。小学数学中有许多计算既有联系，又有区别，因此在计算教学过程中，我们要注意根据学生的实际情况设计一些针对性练习，以便排除各种干扰，提高计算的正确率。加强典型题和易错题的针对性训练，注意技能技巧的方法指导，强化解题意识，提高解题的正确率。

2. $\frac{1}{2} \times \frac{1}{2} \div \frac{1}{2} \times \frac{1}{2} = 1$

【错因分析】 定势是思维的一种惯性，是一定心理活动所形成的准备状态。由于受多次重复练习中某一类型习题的影响先入为主，计算中，学生常常用习惯的方法解答形似而性质完全不同的问题，从而出错。例如：学生将 $\frac{1}{2} \times \frac{1}{2} \div \frac{1}{2} \times \frac{1}{2}$ 与 $\left(\frac{1}{2} \times \frac{1}{2}\right) \div \left(\frac{1}{2} \times \frac{1}{2}\right)$ 的运算顺序混淆。

【控错方法】 要学生会算，首先必须使学生明确怎样算，也就是加强法则及算理的理解。《数学课程标准》明确指出："教学时，应通过解决实际问题进一步培养学生的数感，增进对运算意义的理解。"因此，在教学时，教师应以清晰的理论指导学生掌握计算的方法，厘清并熟练掌握计算法则、运算性质、运算定律以及计算公式的推导方法。

四、经典案例及评析

【教学实录】

课题：分数乘整数

1. 出示例题，理解题意，列出算式。

例1：做一朵绸花要用 $\frac{3}{10}$ 米绸带，小芳做3朵这样的绸花，一共用了几分之几米的绸带？

学生独立完成，教师收集作业。

实物投影，分层交流。三种：① $\frac{3}{10} + \frac{3}{10} + \frac{3}{10}$；② $\frac{3}{10} \times 3$；③ $3 \times \frac{3}{10}$。

师追问：怎么想到用乘法计算？

生：用加法进行计算 $\frac{3}{10} + \frac{3}{10} + \frac{3}{10}$，就是求 3 个 $\frac{3}{10}$，用算式 $\frac{3}{10} \times 3$ 或者 $3 \times \frac{3}{10}$ 来表示。

师小结：看来和整数乘法一样，求几个相同分数的和也可以用乘法计算。今天这节课，我们来研究分数和整数相乘。

2. 分析算理，呈现算法，体现思维。

师：结果是多少呢？你是怎样来算的？现在把你的想法记录下来。

学生独立完成。

并联展示学生的思考过程。

①图（略）。

②小数乘法：0.3×3。

③分数加法 $\frac{3}{10} + \frac{3}{10} + \frac{3}{10}$。

分数乘法：$\frac{3}{10} \times 3 = \frac{9}{10}$。

除法算式：$\frac{3}{10} \times 3 = 3 \div 10 \times 3 = 3 \times 3 \div 10 = 9 \div 10 = \frac{9}{10}$。

……

师：请这些同学来说说你是怎么想的。

生1：我是用画图的方法计算的，我得出的答案是 $\frac{9}{10}$。

生2：我是用化小数的方法计算的，$\frac{3}{10}$ 是 0.3，$0.3 \times 3 = 0.9$，0.9 是 $\frac{9}{10}$。

生3：我是用分数加法来做的，$\frac{3}{10} \times 3$ 表示 3 个 $\frac{3}{10}$ 相加，即 $\frac{3}{10} + \frac{3}{10} + \frac{3}{10} = \frac{9}{10}$。

生4：我是把分母不变，分子和整数相乘的方法计算出得数的，$3 \times 3 = 9$，得数是 $\frac{9}{10}$。

生5：$\frac{3}{10}$ 这个分数可以写成 $3 \div 10$，$\frac{3}{10} \times 3 = 3 \div 10 \times 3 = 3 \times 3 \div 10 = 9 \div 10$

$=\frac{9}{10}$。

师：同学们用不同的方法计算出$\frac{3}{10} \times 3$的得数是$\frac{9}{10}$。

师（边小结边板书）：$\frac{3}{10} \times 3$就是$\frac{3}{10}+\frac{3}{10}+\frac{3}{10}$，改写成加法算式，分母不变，分子相加。$\frac{3+3+3}{10}$，分子$3+3+3=3 \times 3$，最后等于$\frac{9}{10}$米，和我们涂色、化小数、转化成分数加法等计算结果完全相同。在实际计算过程中，同学们思考推理的过程可以不写。这样得到$\frac{3 \times 3}{10}$，你理解了吗？

同桌互相说算理。

巩固练习

3. 尝试体验，算法迁移，总结提升。

师：刚才这两位同学掌握了分数乘整数的方法，你们会算了吗？试一试。出示第二个问题。

学生独立完成在自己的作业纸上。

教师收集学生的作品。①$5 \times \frac{3}{10}=\frac{5 \times 3}{10}=\frac{15}{10}$；②$5 \times \frac{3}{10}=\frac{5 \times 3}{10}=\frac{15}{10}=\frac{3}{2}$；③$5 \times \frac{3}{10}=\frac{\cancel{5} \times 3}{\cancel{10}}=\frac{3}{2}$。

4. 实物投影，分层交流。

师：1号同学的作业和2号同学的作业，你认为谁做的对？

生：我认为1号同学的作业不对，2号同学的作业是对的。因为1号同学没有约分。

师：2号同学的作业和3号同学的作业，你能找出这两种方法的不同之处吗？

生：2号同学是先计算，后约分，3号同学是先约分，后计算。

师：分数得数一般要约成最简分数。可以先约分，再计算；也可以先计算，再约分。哪一种方法更便捷呢？我们一起体验。

师：计算$\frac{13}{24} \times 8$ $12 \times \frac{7}{18}$

学生完成在自己的作业纸上。

师：老师发现有些同学算得特别快，说说你怎么算得这么快？

生：我是先约分，后计算的，我发现约分后，计算数字小，容易算，速度也快。

师：你还没有算好，请说说你的体验。

生：我是先计算，后约分的，我发现计算后，约分数字很大，有点难约分。

【评析】分数乘整数的算法简单，就是分子和整数相乘，分母不变。理解分数乘整数的算理是本节课的教学重点，教师要充分引导学生的思维过程，引领学生说明计算的理由，做到有理有据。提高学生的计算能力，其关注点是算理的理解、算法的熟练和技能的掌握。教师没有直白地告知，而是通过不断的体验，让学生真真切切明白为什么要先约分后计算比较便捷。

灵活运算

一、类型与标准

类　型	质量标准（正确率）
例题： 两种中国结各做18个，大中国结每个用$\frac{3}{5}$米彩绳，小中国结每个用$\frac{2}{5}$米彩绳，一共用彩绳多少米？ $\frac{3}{5}\times 18+\frac{2}{5}\times 18 \qquad \left(\frac{3}{5}+\frac{2}{5}\right)\times 18$	92%
综合： 1. 学生根据参与运算的数据特点灵活计算 数字间没有明显特点，直接计算，学生需注意运算顺序。 $\frac{9}{20}\div\left(\frac{4}{5}-\frac{1}{2}\right)\times\frac{2}{5}= \qquad \frac{3}{8}\times\left[\frac{8}{9}\div\left(\frac{5}{8}+\frac{3}{4}\right)\right]=$ $\frac{5}{6}\times\frac{6}{5}-\frac{9}{10}\div\frac{9}{5}= \qquad \frac{3}{4}-\frac{1}{4}\div\frac{1}{2}\times\frac{4}{5}= \qquad 4\div\frac{4}{9}-\frac{4}{9}\div 4=$ 2. 使用两次运算律进行计算 $\left(\frac{24}{19}+\frac{16}{17}\right)\times\frac{1}{8}+\frac{15}{17}$，先用乘法分配律进行计算，再用加法结合律。 3. 观察数据特点，过程中简便计算 $\frac{5}{4}-\frac{7}{6}\times\frac{10}{21}-\frac{4}{9}$，应该先算乘法，再使用减法的性质。 $\frac{47}{13}-\left(\frac{5}{12}+\frac{21}{13}\right)$，先去括号，注意括号前面是减号，括号里面的加号要变成减号，再带符号换位置，把同分母的放一起计算。	95%

续 表

类　型	质量标准 （正确率）
拓展： 乘法分配律的拓展类型 1. $\frac{12}{13} \times 14 - \frac{12}{13}$，不完整的乘法分配律形式，最后一项添加 $\times 1$ 就能看出完整形式。 2. $99 \times \frac{99}{100}$，把99改写成（100-1），再用乘法分配律进行计算。 3. $\left(\frac{8}{9} + \frac{2}{3} - \frac{2}{27}\right) \times 27$，三项同时运用乘法分配律，而且中间有减法。 4. $\left(\frac{1}{15} + \frac{2}{17}\right) \times 15 \times 17$，乘法分配律的拓展应用。 5. $\left(1 - \frac{4}{11}\right) + \frac{7}{11} \times 21$，先算减法，再用乘法分配律进行计算。 6. $\left(\frac{24}{19} + \frac{16}{17}\right) \times \frac{1}{8} + \frac{15}{17}$，两次使用运算律，第一次使用乘法分配律，第二次使用加法结合律。 7. $\frac{19}{23} \times 6 + \frac{17}{23} \times 19$，先将右边的整数与分数的分子交换位置，然后用乘法分配律计算。	90%

二、教学策略

1. 观察简算特征。

教师要加强对学生观察题目特征的指导，有意识地培养学生认真读题的习惯。观察题目时，要先由整体到部分，观察运算符号和数字的特点。结合学过的有关知识，寻找灵活运算的方法。有些题目，灵活运算是在计算的过程中体现的，因此，每完成一步计算，都要认真观察，从中发现简算条件，进行简便计算。而有些题目，数字虽然特殊，但根据运算顺序和运算律，不能进行简便计算。因此，要防止学生一见到计算题，尤其是数字特殊的计算题，就一味强求简算的错误倾向。

2. 强化简算意识。

很多学生在教师或者题目中明确提示用简便计算的时候才会用简便计算。为了提高学生的简算能力，教师需转变教学策略，转化学生固有的解题模式，强化学生简算的意识。例如：在解决实际问题时，学生读题后，根据数量关系式列出的算式，在学生自主探索后，教师并联展现学生的资源，讨论交流时注重学生思维方式的习得，提倡学生自觉根据算式以及数字的特点，寻求合理、简捷的运算途径和方法，发展思维能力，鼓励学生简算，体验简算的便捷。

3. 明了简算原理。

从整数四则混合运算到分数四则混合运算，运算律的推广需要教师把解决实际问题所创设的情境和计算教学的灵活运算有机结合。学生在感受分数四则混合运算的合理性之余，自主进行类推，通过两种算法的比较，认识并形成分数简便运算的原理。所以在教学中，教师既要关注学生简算方法和技巧的习得，还要借助情境渗透简算的原理。

三、典型错误及分析

1.

$$\frac{29}{13} - \left(\frac{3}{13} - \frac{5}{7}\right)$$
$$= \frac{29}{13} - \frac{3}{13} - \frac{5}{7}$$
$$= 2 - \frac{5}{7}$$
$$= 1\frac{2}{7}$$

【错因分析】$a+(b+c)=a+b+c$，$a+(b-c)=a+b-c$，$a-(b-c)=a-b+c$，$a-(b+c)=a-b-c$，学生把同一类型的四种情况混淆了。在增减括号简算的同时，要注意括号里面符号的改变。

【控错方法】当一道计算题只有加减运算及括号时，我们可以将加号后面的括号直接去掉，括号里面符号不变。但是将减号后面的括号去掉时，原来括号里的加要变为减，原来括号里的减要变为加。

2.

$$\frac{7}{8} \div \left(\frac{7}{8} + \frac{21}{16}\right)$$
$$= \frac{7}{8} \times \frac{8}{7} + \frac{7}{8} \times \frac{16}{21}$$
$$= 1 + \frac{2}{3}$$
$$= 1\frac{2}{3}$$

【错因分析】学生容易将此题与乘法分配律混淆，以为一个数除以两个数的和也可以分别除以这两个数，此题的错误率相当高。

【控错方法】关注除法是没有分配律的。将 $\frac{7}{8} \div \left(\frac{7}{8} + \frac{21}{16}\right)$ 和 $\left(\frac{7}{8} + \frac{21}{16}\right) \div \frac{7}{8}$

进行对比，后者可以把除以 $\frac{7}{8}$ 转化成乘以 $\frac{8}{7}$，实质运用的是乘法分配律。学生沟通区别这是完全不同的两种类型，计算方法也是不一样的。教师引导学生注意运算顺序，用按运算顺序计算的方法来检验。

3.

$$\left(\frac{24}{19}+\frac{16}{17}\right)\times\frac{1}{8}+\frac{15}{17}$$
$$=\frac{24}{19}\times\frac{1}{8}+\frac{16}{17}\times\frac{1}{8}+\frac{15}{17}$$
$$=\frac{3}{19}+\frac{2}{17}+\frac{15}{17}$$
$$=\frac{51}{323}+\frac{38}{323}+\frac{15}{17}$$
$$=\frac{89}{323}+\frac{15}{17}=\frac{285}{323}$$

【错因分析】学生对数字的敏感程度不高，对乘法分配律运用不熟练。像这样数字稍复杂，特点不明显，而且又是乘法分配律的逆运算，学生并不容易想到第一步用乘法分配律进行计算。也有部分学生会因为第一步已经用了简算，或者看不出数字的特点而忽略第二步简算，将同分母的分数放在一起进行计算。

【控错方法】（1）熟悉乘法分配律；（2）随时关注数字特点，形成灵活运算的意识；（3）培养数感。

四、经典案例及评析

【教学实录】

课题：分数四则混合运算（苏教版六年级上册第 75 页例题）（片段）

课前练习：$\frac{3}{8}+\frac{5}{7}+\frac{2}{7}+\frac{5}{8}$ $\frac{5}{9}+\frac{2}{7}+\frac{7}{10}$

快速完成两题。集体校对。

（一）导入

师：今天这节课，我们将进一步研究分数运算知识。

（二）新授

1. 运算顺序。

师：瞧，老师带来了中国结，从图中你知道了哪些信息？（指名学生说）说得很完整。能独立解决吗？请听学习要求。

呈现：$\frac{2}{5}\times 18+\frac{3}{5}\times 18$ $\left(\frac{2}{5}+\frac{3}{5}\right)\times 18$

交流：

（1）这两种列式你都看得懂吗？谁来说说他们是怎么想的。

看来,这两个算式都有道理。(贴板书:算式)像这样,在有关分数的算式里含有两种或两种以上的运算,统称为分数四则混合运算。

(2) 仔细观察一下,两个算式的运算顺序有什么不同?

也就是说,先算出两种中国结各用彩绳米数,再将两个和相加。体现在算式中就是先算乘法,再算加法。

师:你真会思考,能联系数量关系来说明这个算式的运算顺序,有理有据。那谁也能像他一样来说说?——体现在算式中就要先算括号里的加法,再算乘法。(贴板书)

(3) 反思:这两题算式的计算过程,你觉得分数四则混合运算可以按怎样的顺序来计算?(先乘除,再加减,有括号先算括号里面的)

(4) 刚才我们联系数量关系解释了分数四则混合运算顺序。其实还能从其他角度来解释这样算的合理性。(瞧,通过转换单位,把米转化成分米,可以列出整数算式。我们还可以转化成小数,这样就列出了小数算式。)看到这里,你有什么想说的吗?

师小结:分数四则混合运算的运算顺序与整数、小数四则混合运算的运算顺序相同,先乘除,再加减,有括号要先算括号里面的。(贴板书)

【评析】 从开放的问题引入新课,学生根据已有经验独立列式解答实际问题,结合数量关系厘清分数四则混合运算的运算顺序,同时通过转化的思想把新知转化为旧知进行验证,做到新旧知识融会贯通,建构成知识体系。

2. 运算。

(1) 师:刚刚我们用两种方法解决了问题,比较一下,这两种解法有什么联系?

(第一个算式求18个$\frac{2}{5}$和18个$\frac{3}{5}$的和是多少,也就是先求$\frac{2}{5}$和$\frac{3}{5}$的和,再求18个这样的和是多少)所以结果相等,用等式表示是$\frac{2}{5} \times 18 + \frac{3}{5} \times 18 = \left(\frac{2}{5} + \frac{3}{5}\right) \times 18$。

(2) 师:相比之下,你更欣赏哪一种?

生:第二种方法,因为计算时,括号内两个分数相加的和正好是整数,计算比较简便。

(3) 师：出示第三种资源。瞧，这个同学是这样来做的，你看懂他的小心思了吗？

$$\frac{2}{5} \times 18 + \frac{3}{5} \times 18$$
$$= \left(\frac{2}{5} + \frac{3}{5}\right) \times 18$$
$$= 1 \times 18$$
$$= 18$$

师小结：是啊！整数的乘法分配律适用于分数运算，在计算过程中使用运算律可以使计算简便。

(4) 整数的乘法分配律适用于分数运算，那其他的运算律是不是也适用呢？

出示课前练习两道题。

师：小结：五年级学习分数加法时，我们已经用加法交换律和结合律进行过分数的计算；本学期学习分数乘法时，像这样的连乘算式我们都是把能约分的先约分，然后进行计算，其实就是在运用乘法的交换律和结合律。

看来，整数的运算律对于分数都同样适用。以前这里的 a、b、c 可以表示整数，也可以表示小数，现在还能表示分数。等上了初中，同学们学了有理数、无理数，这些字母表示的范围就更广了。

【评析】通过对比，学生发现两种做法结果相等，可以用等号来连接两个算式，观察发现符合乘法分配律，整个过程用问题引领，学生自主探索，亲身经历，体会到运算律在分数范围内也同样适用，教学不仅仅止于此，而是进一步延伸，为后续学习做好铺垫。

算理的理解

一、类型与标准

类　型	质量标准 （正确率）
理解类： 1. 分数乘法 每小时粉刷一面墙的 $\frac{1}{5}$，$\frac{1}{4}$ 小时粉刷这面墙的几分之几？ 列式：$\frac{1}{5} \times \frac{1}{4}$ 求 $\frac{1}{4}$ 小时粉刷这面墙的几分之几，就是求 $\frac{1}{5}$ 的 $\frac{1}{4}$ 是多少。把涂出的 $\frac{1}{5}$ 部分再平均分成 4 份，涂出其中的 1 份。 2. 分数除法 量杯里有 $\frac{9}{10}$ 升果汁，茶杯的容量是 $\frac{3}{10}$ 升，这个量杯里的果汁能倒满几茶杯？ 列式：$\frac{9}{10} \div \frac{3}{10}$ 求这个量杯里的果汁能倒满几茶杯，就是求 $\frac{9}{10}$ 里面有几个 $\frac{3}{10}$。	92%

二、教学策略

1. 数形结合，理解概念。

分数乘分数，部分学生理解有一定的困难，因为例题中有两个单位1，比如画斜线的1份占 $\frac{1}{2}$ 的 $\frac{1}{4}$，此时的单位1是 $\frac{1}{2}$，但是对于整个长方形来说是 $\frac{1}{8}$，此时的单位1是整个长方形。用图形表示出意义，最后根据图形表示出算式的计算过程，这样做的目的是通过"以形论数"和"以数表形"的过程使学生巩固分数乘法的意义，体会分数乘分数的计算过程。数形结合的过程不是简单地将抽象变为直观的过程，而是将抽象变为直观之后，再从直观变为抽象，只有完整地使学生经历数与形之间的"互动"，才能使他们在解决问题时能自觉地应用"数形结合"。

2. 自主探究，掌握方法。

教师引导学生经历学习过程。让学生在动手操作—探究算法—举例验证—总结法则活动中经历"分数乘分数"计算法则的形成过程。这样既可以帮助学生自主地理解分数与分数相乘的意义，也可以加深学生对"分数与分数相乘"计算法则的理解。在计算教学中，教师关注学生的自主探究，让学生自己去做、去经历、去体验，培养学生的合作意识，提高学习的自主性。通过动手操作、合作交流去发现分数乘分数的计算结果，感受到知识是从动手探究中得来的，使学生实现理论与实践相结合，加深学生对数学运算的印象，为学生的数学运算打下牢固的基础。

3. 加强反思，形成习惯。

反思是数学化过程的一种重要活动。教师应该多鼓励学生学会反思，对自己的判断、活动、语言表达进行思考并加以证实，以便意识到深藏在自身行为后面的实质。由学生自己探索得到的知识，学生最希望得到应用。利用好教材提供的"练一练""改错""比一比"等多种形式的练习，让学生在练习中进一步巩固新知，并学会反思，养成检验的好习惯。

三、典型错误及分析

1.

$$\frac{4}{9} \times 8 = \frac{\overset{2}{4}}{9} \times \overset{4}{8} = \frac{8}{9} \quad \times$$

【错因分析】不明确分数计算的意义。在小学数学计算教学中，掌握数学的概念，明确计算的意义是正确进行计算的首要条件。如果学生没有掌握概念，明确计算的意义，那么学生所做的任何计算都是徒劳无功、没头没尾的。然而在计算课的教学中，教师往往注重对计算方法的教学，而忽略对计算意义的教学，从而导致学生因不明确计算的意义而懵懵懂懂地乱计算。

【控错方法】进行"分数乘法"的算理的分析指导，联系现实的问题情境，理解分数乘法的意义，$\frac{4}{9} \times 8$ 表示 8 个 $\frac{4}{9}$ 相加是多少。运用课堂板书的示范作用,明确分数乘法计算的方法及注意的事项。教师也可以结合图形,在学生了解"分数乘法"的意义的基础上,总结引导得到计算法则。

2.

$$\frac{4}{9} \div \frac{2}{3} = \frac{\overset{2}{\cancel{4}}}{\cancel{9}_3} \div \frac{\overset{1}{\cancel{2}}}{\cancel{3}_1} = \frac{2}{3} \quad \times$$

$$\frac{4}{9} \div \frac{2}{3} = \frac{\overset{2}{\cancel{4}}}{\cancel{9}_3} \times \frac{\overset{1}{\cancel{2}}}{\cancel{3}_1} = \frac{2}{3} \quad \times$$

$$\frac{4}{9} \times \frac{4}{15} = \frac{\overset{1}{\cancel{4}}}{\cancel{9}_3} \times \frac{\overset{1}{\cancel{4}}}{\cancel{15}_5} = \frac{1}{15} \quad \times$$

【错因分析】对算理理解不透彻,计算方法混淆。只有熟练地掌握了计算的法则,才能又对又快地计算出结果。但这不是机械地训练之后的结果,如果学生在当堂课中能够很好地掌握计算的法则,而在综合练习中总是出现这样或那样的错误,究其原因,是由于理解不透彻。

【控错方法】(1)因为分数意义的理解是教学分数乘法和分数除法的重要基础,所以理解分数的意义势在必行。(2)数形结合,在理解算理的基础上,熟练掌握算法。(3)教师也可以结合规律对结果进行合理性判断。

四、经典课例及评析

【教学实录】
课题:分数除以整数
1. 出示例题,理解题意。

例1:量杯里有$\frac{4}{5}$升果汁,平均分给2个小朋友喝,每人喝多少升?

师:仔细读题,怎样列式?说一说列式的依据。

生:$\frac{4}{5} \div 2$,把一个数平均分成几份,求每份是多少,用除法计算。

师小结:分数除法和以前学过的整数除法的意义一样,把一个数平均分为几份,求其中的一份用除法计算。

师追问:这个除法算式和我们以前学习的除法算式有什么不同?
揭示课题:分数除以整数。

2. 自主探究,发现方法。

师:你能算出$\frac{4}{5} \div 2$的得数吗?先想一想,再算一算。把想法记录在学习单上。

呈现学生资源。预设：

a. 转化成小数计算：$0.8 \div 2 = 0.4$。

b. 画图，得出把 $\frac{4}{5}$ 平均分成 2 份，就是把 4 个 $\frac{1}{5}$ 平均分成 2 份，每份就是 2 个 $\frac{1}{5}$，也就是 $\frac{2}{5}$；$\frac{4}{5} \div 2 = \frac{4 \div 2}{5} = \frac{2}{5}$（升）。

c. 把 $\frac{4}{5}$ 升平均分成 2 份，求每份是多少，就是求 $\frac{4}{5}$ 升的 $\frac{1}{2}$ 是多少。$\frac{4}{5} \div 2 = \frac{4}{5} \times \frac{1}{2} = \frac{2}{5}$（升）。

师：同学们的想法可真多。互相说一说两种计算方法吧。

师：如果把 $\frac{4}{5}$ 升果汁平均分给 3 个小朋友喝，情况又会怎样呢？尝试做一做。

学生尝试：

a. $\frac{4}{5} \div 3 = \frac{4 \div 3}{5}$，遇到困难。$4 \div 3$ 除不进。

b. $\frac{4}{5} \div 3 = \frac{4}{5} \times \frac{1}{3} = \frac{4}{15}$（升）。

师：比较一下两种方法，你有什么想说的吗？

生：a 种方法有局限性，分子必须是整数的倍数。b 种方法的使用范围比较广。

师生小结：有时候用分子除以整数的方法直接计算有局限性，用分数除以整数通常转化成分数乘以这个整数的倒数来计算。

【评析】众所周知，造成学生学习困难的原因不在于对算法的掌握，而在于对算理的理解。教师要大胆放手，将学习和探究的时间和空间充分交给学生，利用图形最大限度地发挥学生的主观能动性和积极性，在相互的讨论交流、合作探究中，理解算理，掌握计算方法。

计算结果合理性的判断

一、类型与标准

类 型	质量标准（正确率）
例题： 小强的妈妈在银行存了 570 元，定期一年，年利率 3.25%，到期时，小强的妈妈实际可以取回多少钱？ 小强是这样算的：570 × 3.25% = 18.525（元），他认为妈妈实际可以取回 18.525 元，你认为合理吗？请写出你的想法。	95%
拓展： 1. 计算 3586×9.8 的得数是多少，在下面三个得数中有一个是正确的，你知道哪一个是正确的吗？如果你判断它是错的，请说出你的判断依据。 	序号	得数	对还是错	如果你判断它是错的，请写出你判断的理由
---	---	---	---
1	3698.28		
2	35142.4		
3	35142.8		| 2. $\frac{1}{2}+\frac{4}{7}$ 比 1 大吗？	

二、教学策略

1. 联系实际判断。

合理性判断，用于快速辨别结果正确的可能性，如计算人的个数、书的本数……得不到整数结果即为错；又如爸爸的年龄大于爷爷的即为错。首尾数加数位判断，如 983×32 的结果个位一定为 6；如 320×110 结果的末尾至少有两个

"0"；953÷17 结果的整数部分不是两位数即为错等。

2. 运用规律判断。

教师设计一系列的对比题型，学生在计算后对比归纳，发现规律。并且根据规律判断得数是否在合理的范畴之内。如两个非 0 的整数相乘，积不可能比某一个因数小；如因数一个比 1 大，一个比 1 小，则结果的范围在两个因数之间；如分数或小数的除法，根据除数比 1 大还是比 1 小，判断商应比被除数小还是大等。

3. 结合四算判断。

在教学过程中，加强四算（口算、笔算、估算、简算）的相互融合和有机渗透，如估算可以用于判断口算、笔算、简算的结果是否在合理的范围内，简单的笔算可以用口算进行验算，较难的口算对结果没把握时用笔算或简算进行验算，笔算与简算间的相互验算等。

三、典型错误及分析

1. 把棱长 2 厘米的小正方体放入长 25 厘米、宽 8 厘米、高 5 厘米的长方体木盒内，最多可放（　　）个小正方体。

A. 125　　　　　B. 96　　　　　C. 250　　　　　D. 105

```
25×8×5=1000(cm³)
2×2×2=8(cm³)
1000÷8=125(个)
```

【错因分析】（1）以前在解决类似平面图形问题时（如一个大长方形可以分割成多少个小三角形），由于数据特点，正好分完，多用大面积除以小面积的方法，学生容易理解。再遇到现在的立体图形问题时，学生自然而然地就会用大的体积去除以小的体积，而忽视了数据特点，没有正好分完，没有考虑实际情况。（2）教学长方体体积公式的教学过程中，学生只是记忆了长方体体积的公式，而忽视了推导过程中用小正方体沿长、宽、高实际摆的过程。要让学生学会思考，沿长摆几行，沿宽摆几排，沿高摆几层。（3）学生缺少理论联系实际的答题能力。

【控错方法】（1）让学生多画图，借助形象的直观图去寻求解决问题的方法。（2）对长方体的体积推导过程实现正迁移填空：沿长摆（　　）行，沿宽摆（　　）排，沿高摆（　　）层，一共可以放（　　）个。（3）加强做题反思能力的培养，如在什么情况下可以用大的体积去除以小的体积（当长、宽、高是棱长的倍数时）。

2. 车辆城里自行车的辆数是三轮车的3倍，已知车辆城里自行车与三轮车的车轮数为540只，问自行车、三轮车各多少辆？

学生错例：自行车的辆数＋三轮车的辆数＝两种车的总辆数。

```
解：设三轮车有x辆
    3x+x=540
      4x=540
       x=135
   135×3=405
```

【错因分析】学生把车轮数和车辆数两个概念相混淆。条件中，自行车与三轮车的车轮数为540只，而答案中自行车车轮就有810只，答案肯定错了。本单元所学中，教材和练习中多次出现根据倍数关系来设未知数并列式解答，受定式影响严重而缺少自主分析思考。（1）审题不够仔细，直接根据问题解设未知数，有着思维定式影响。（2）对本题中的关键句子理解不全，将"自行车与三轮车的车轮数为540只"错误地理解成"车辆数为540"，没有真正看出其中隐含的条件是自行车有2个车轮，而三轮车有3个车轮而导致错误。

【控错方法】出示一组对比题：（1）车辆城里自行车的辆数是三轮车的3倍，已知车辆城里自行车与三轮车的辆数为540辆，问自行车、三轮车各多少辆？（2）车辆城里自行车的辆数是三轮车的3倍，已知车辆城里自行车与三轮车的车轮数为540只，问自行车、三轮车各多少辆？引导学生发现题目与解答方法的不同之处。教给学生解题的方法，培养思考的有序。

四、经典案例及评析

【教学实录】

课题：长方体和正方体练习

教学内容：

出示练习题：一个长方体铁皮油箱长3分米，宽2分米，高4分米。（1）制造这个油箱至少要用多少铁皮？（2）如果每升油重0.75千克，这个油箱可装油多少千克？

学生独立完成。

呈现学生资源：

(1) $(3×2+3×4+2×4)×2$

$=(6+12+8)×2$

$=52$（平方分米）

(2) $52×0.75=39$（千克）

师：同学们，我们一起来看这位同学的解题过程，他做得对吗？如果不对，那问题在哪儿？

生1：第一小题是对的，第二小题错了。他主要在解两问应用题时有着思维的定式，常常习惯把第一问的答案直接用于第二问的解答。

生2：我补充一下，他在解答时急于求成，分析问题时细致程度不够，不能抓住问题的关键，尤其是对第二问的分析不够深入，将求表面积中的平方分米和求容积中的立方分米两个概念相混淆，从而很容易产生错误。

师：你有什么好的建议给他吗？

生3：如在读题时可适当做些记号以提醒自己如何抓住问题的关键来解题。如第一问中求铁皮就是求表面积；第二问中已知每升油重0.75千克，圈出"每升"，一定要先求体积，再求总重量。

生4：在解决问题中的一些细节，如每一问要写出单位名称。通过单位名称的不同以区分你求出的是什么，直观认识到52平方分米并不等于52升。

师：刚才的几位同学说得非常好，他们给出的建议我送给全班同学。

【评析】面对学生的错题，学生共同讨论要比老师一味地讲解印象深刻，也更有利于学生接受。教师放手更有利于学生的成长。

选择灵活方法解决实际问题

一、类型与标准

类　型	质量标准（正确率）
综合： 125×16 解法1：原式 $= 125 \times 8 \times 2 = 1000 \times 2 = 2000$ 解法2：原式 $= \dfrac{1000}{8} \times 16 = 2000$ 解法3：原式 $= (125 \times 8) \times (16 \div 8) = 1000 \times 2 = 2000$ 用两个完全相同的长方体恰好拼成了一个正方体，正方体的表面积是30平方厘米。如果把这两个长方体改拼成一个大长方体，那么大长方体的表面积是多少？ 解法1：$30 - 30 \div 6 + 30 \div 6 \times 2 = 30 - 5 + 10 = 35$（平方厘米） 或：$30 + 30 \div 6 \times (2-1) = 30 + 5 = 35$（平方厘米） 解法2：$30 + 30 \div 6 = 30 + 5 = 35$（平方厘米） 解法3：$30 \times \left(1 + \dfrac{1}{6}\right) = 30 \times \dfrac{7}{6} = 35$（平方厘米） 解法4：$30 \div 6 \times (6+1) = 30 \div 6 \times 7 = 35$（平方厘米） 答：大长方体的表面积是35平方厘米。	90%
拓展： 学校买来100米电线，第一次用去全长的 $\dfrac{2}{5}$，第二次用去全长的45%，还剩下电线多少米？ 解法1：第一次用去电线多少米？$100 \times \dfrac{2}{5} = 40$（米） 第二次用去电线多少米？$100 \times 45\% = 45$（米） 还剩下电线多少米？$100 - 40 - 45 = 15$（米） 综合算式：$100 - 100 \times \dfrac{2}{5} - 100 \times 45\% = 100 - 40 - 45 = 15$（米）	

续表

类 型	质量标准 （正确率）
解法 2：剩下的电线占全长的几分之几？$1 - \dfrac{2}{5} - 45\% = 15\%$ 剩下的电线长多少米？$100 \times 15\% = 15$（米） 综合算式：$100 \times \left(1 - \dfrac{2}{5} - 45\%\right) = 100 \times 15\% = 15$（米） 解法 3：$100 - \left(100 \times \dfrac{2}{5} + 100 \times 45\%\right) = 100 - (40 + 45) = 100 - 85 = 15$（米）	

二、教学策略

1. 一题多解，多题一解。

有些题目可以从不同的角度去分析，从而得到不同的解题方法。一题多解可以培养学生分析问题、灵活解题的能力。不同的解题思路，列式不同，结果相同，收到殊途同归的效果。同时也给其他学生以启迪，开阔解题思路。有些实际问题，虽然题目创设的情境不同，但是它们的解题思路是一致的，教师可以帮助学生分析数量关系式，建构解题模型。教师在整理与复习时，同一道题要从不同的角度去思考，做到一题多解，解法优化；同一类题要注重归类反思，做到多题一解，强化解法，提高解题的灵活性。

2. 有的放矢，挖掘创新。

机械地重复，什么都讲，什么都练，是复习的大忌，复习一定要有目的、有重点，要对所学知识归纳、概括。习题要具有开放性、创新性，使思维得到充分发展，要正确评估自己，自觉查漏补缺，面对复杂多变的题目，严密审题，弄清知识结构关系和知识规律，发掘隐含条件，多思多找，得出自己的经验。

三、典型错误及分析

小研看一本 120 页的课外书，4 天看了全书总页数的 $\dfrac{2}{3}$，照这样计算，他看完这本书还要多少天？

$$120\times(1-\tfrac{2}{3})$$
$$=120\times\tfrac{1}{3}$$
$$=40(页)$$
$$40\div 4=10(天)$$
答：还要10天看完。

【错因分析】 学生对于数量关系掌握得不到位；分率和具体的量理解不到位。

【控错方法】 讲明方法，有如下几种，学生根据自己的水平有选择地进行理解和应用。

解法1：每天读全书的几分之几？ $\dfrac{2}{3}\div 4=\dfrac{1}{6}$

读全书共用多少天？ $1\div\dfrac{1}{6}=6$（天）

看完全书还要多少天？ $6-4=2$（天）

综合算式： $1\div\left(\dfrac{2}{3}\div 4\right)-4=1\div\dfrac{1}{6}-4=2$（天）

【分析1】 先求出每天读全书的几分之几，再除全书总页数1，即得读全书要用天数。最后减去已用的4天，求出还要用的天数。

解法2：读全书共用多少天？ $4\div\dfrac{2}{3}=6$（天）

读完全书还要多少天？ $6-4=2$（天）

综合算式： $4\div\dfrac{2}{3}-4=6-4=2$（天）

【分析2】 把读全书要用的天数看作标准单位1，那么4天恰是读全书要用天数的 $\dfrac{2}{3}$，由此可求出读全书要用多少天，再求还要多少天。

解法3： $4\div 2\times(3-2)=4\div 2\times 1=2$（天）

或：设还要用 x 天。

$4:2=x:(3-2)$

$2x=4$

$x=2$

【分析3】 把 $\dfrac{2}{3}$ 转化为 $2:3$，那么全书页数可平均分成3份，已读了2份，还剩下1份没有读。由此可求读每份书用多少天，即还要用多少天。

四、经典案例及评析

【教学实录】
课题：分数除法应用练习

练习：小研看一本课外书，4 天看了全书总页数的 $\frac{2}{3}$，照这样计算，他看完这本书还要多少天？

师：请尝试多种方法解答。

学生独立完成。

呈现学生资源：

① 每天读全书的几分之几？ $\frac{2}{3} \div 4 = \frac{1}{6}$

读全书共用多少天？ $1 \div \frac{1}{6} = 6$（天）

看完全书还要多少天？ $6 - 4 = 2$（天）

综合算式：$1 \div \left(\frac{2}{3} \div 4 \right) - 4 = 1 \div \frac{1}{6} - 4 = 2$（天）

② 读完全书共用多少天？ $4 \div \frac{2}{3} = 6$（天）

读完全书还要多少天？ $6 - 4 = 2$（天）

综合算式：$4 \div \frac{2}{3} - 4 = 6 - 4 = 2$（天）

③ $4 \div 2 \times (3 - 2) = 4 \div 2 \times 1 = 2$（天）

④ 解：设读全书还要用 x 天。

$\left(1 - \frac{2}{3} \right) : x = \frac{2}{3} : 4$

$\frac{1}{3} : x = \frac{2}{3} : 4$

$\frac{2}{3} x = 4 \times \frac{1}{3}$

$x = \frac{4}{3} \times \frac{3}{2}$

$x = 2$

⑤ $4 \times \left(1 \div \frac{2}{3} \right) - 4 = 4 \times \frac{3}{2} - 4 = 6 - 4 = 2$（天）

生：他看完全书还要2天。

师：他们做得对吗？你们能看得懂几号的？

生1：①号先求出每天读全书的几分之几，再除全书总页数1，即得读全书要用的天数。最后减去已用的4天，求出还要用的天数。

生2：②号把读全书要用的天数看作标准单位1，那么4天恰是读全书要用天数的 $\frac{2}{3}$，由此可求出读全书要用多少天，再求还要多少天。

生3：③号把 $\frac{2}{3}$ 转化为2:3，那么全书页数可平均分成3份，已读了2份，还剩下1份没有读。由此可求读每份书用多少天，即还要多少天。

生4：④号因为"读书量÷天数=每天读书量"，每天读书量一定，所以读书量和读书的天数成正比例，由此列比例式解题。

生5：⑤号用倍比解法。把全书总页数看作单位1，先求出1里包含几个 $\frac{2}{3}$，那么读全书也就需要几个4天，由此求出读全书要用的天数，再求还要多少天。

师：解法①和解法④都是常用解法，易于理解和掌握，但一般来说，计算较繁。其他三种解法都是转换角度进行思考问题，有益于锻炼思维。其中，解法②和解法③思维角度选择巧妙，运算简便，是本题的最好解法。

【评析】教师把课堂还给学生，以生为本，重心下移。学生独立思考，合作交流，把知识点融会贯通，灵活选择合适方法解决实际问题。

六年级下册 小学数学学科关键能力校本化

实施手册

口 算

一、类型与标准

类 型	质量标准		
	时段	速度	正确率
综合类： 1. 分数加减法 $\frac{4}{5} - \frac{1}{2} =$ $5 - \frac{3}{4} =$ $\frac{1}{4} + \frac{1}{3} =$ 2. 分数乘除法 $1 \div \frac{5}{3} =$ $\frac{5}{18} \div 1 =$ $28 \div \frac{14}{3} =$ $\frac{8}{9} \div 4 =$ $\frac{1}{7} \div \frac{1}{2} =$ $\frac{2}{7} \times \frac{2}{3} =$ $\frac{12}{58} \times \frac{29}{36} =$ $\frac{17}{15} \times 60 =$ 3. 简便计算在口算中的应用 $\frac{1}{2} \times \frac{1}{3} \div \frac{1}{2} \times \frac{1}{3} =$ $\frac{1}{2} \div \frac{1}{3} \times \frac{1}{2} \div \frac{1}{3} =$ $\frac{1}{2} + \frac{1}{3} - \frac{1}{2} + \frac{1}{3} =$ $3 - 1.95 =$ $6.3 \div 0.07 =$ $45 \times 101 =$	期末	8题/分	98%
拓展类： 1. 常用量的记忆 $2\pi \approx$ $3\pi \approx$ $4\pi \approx$ $5\pi \approx$ $6\pi \approx$ $7\pi \approx$ $8\pi \approx$ $9\pi \approx$ 2. 平方数 $11^2 = 121$ $12^2 = 144$ $13^2 = 169$ $14^2 = 196$ $15^2 = 225$ $16^2 = 256$ $17^2 = 289$ $18^2 = 324$ $19^2 = 361$ $25^2 = 625$ 3. 立方数 $2^3 = 8$ $3^3 = 27$ $4^3 = 64$ $5^3 = 125$ $6^3 = 216$ $7^3 = 343$ $8^3 = 512$ $9^3 = 729$	期末	10题/分	99.5%

二、教学策略

1. 合理安排时间，确保练习质量，提高计算实效。

良好的口算习惯直接影响学生的计算能力，要想练就一身过硬的口算本领，必须做到日积月累的练习。学期初的时候，教师就要统筹安排，设立阶段性的任务和目标，进行合理化的练习时间安排，确保提高学生的口算质量。开学初的新授教学内容《扇形统计图》计算要求不高，可以适当加大口算的练习量，让20%口算能力优秀的学生先把小学阶段口算过关。在教学《圆柱和圆锥》的内容时，要用到大量有关π的计算，此时可以进行常用数据的记忆，做到人人考核达标过关。在《解决问题的策略》单元前有50%以上的学生口算过关结束，后面进行适当的巩固，未过关的学生可以继续通过加强练习分层过关。

2. 经典错题整理，集中阶段练习，获得个性发展。

《数学课程标准》指出："不同的人在数学上有不同的发展。"每个学生学习自己的数学，促进学生个性化的学习，对学生来说才是最有意义和价值的。由于每个学生的学习基础、思维方式不同，产生的错题也不尽相同，组织学生整理自己的错题，一周为一个周期，每周进行自己错题的集中练习，及时反思自己学习过程中的不足，逐步扫除学习中的障碍，有助于提高学习的自信心，获得更好的个性发展。

3. 混淆题组对比，加强有效辨析，完善认知结构。

易混淆题指的是题目形式相近或数字、运算符号相近且学生易错的题目。比如：1.5×0.6与1.6×0.5。根据心理学研究分析，出现错误的原因在于题目的相似程度过高，辨析力差的学生不能够有效区别两者之间的"异"。其实有时换一个序列就是另外一种意思，比如：我们以前经常碰到的24×5和25×4也是同一种类型，相似度过高的题目容易产生记忆模糊。产生思维定式的题目学生容易不加辨析，比如：$10.3 + 1.8 + 7.2$，学生会解答成$10.3 + 10 = 20.3$。学生之所以容易把题目混淆，一方面表现出学生口算认知结构的缺陷；另一方面表现出学生的辨析度差，注意力易分散。通过对比这些题型，教师帮助学生认清题目的本质，在头脑中留下深刻的印象，形成完善的认知结构，从而达到熟练掌握口算技能的目的。

三、典型错误及分析

1. $2.4 \times 5 = 10$ $15 \times 6 = 80$

【错因分析】（1）源于学习习惯，没有认真审题，自认为简单，凭借模糊的记忆，结果做错；（2）源于认知的精准度不够，2.4×5和2.5×4互相混淆，15×6和16×5互相混淆，属于肤浅认知。

【控错方法】（1）加强良好学习习惯的培养，读题帮助审题；（2）对比练习，把上面两种易错题进行对比练习，认清题目的本质，加深理解；（3）重视计算过程，学生按步骤展现口算过程，可以大大提高正确率。虽然结果重要，但是过程也非常重要，学生认真根据方法去算可大大减少出错的概率。

2. $380 - 78 = 308$

【错因分析】退位减的方法掌握不够熟练，惯性思维的负迁移。

【控错方法】（1）学生自我反思错误的原因，形成正确计算积极的内驱力以提高计算的正确率；（2）熟练掌握方法，掌握知识的核心；（3）加强验算。

3. $\dfrac{5}{5} \times \dfrac{10}{17} = \dfrac{102}{17}$

【错因分析】对特殊数的因数和倍数不是很熟练，不知道约分。

【控错方法】加强特殊数的因数和倍数的记忆，数学主要靠思维，但一些基础内容也是少不了记忆的。像这些特殊数的因数和倍数需要进行罗列和必要的记忆，其实这种记忆也有助于增强数感，提高计算的正确率。

四、经典案例及评析

【教学实录】

课题：口算经验交流和易错题交流

出示口算练习：

$11 - 1.1 =$　　　　$1.26 \div 0.3 =$　　　　$12.5 \times \dfrac{4}{5} =$

$13 \div 39 =$　　　　$1.5 \times 0.2 =$　　　　$87.5\% \times \dfrac{1}{7} =$

$2 - \dfrac{3}{8} =$　　　　$\dfrac{7}{15} \div \dfrac{14}{25} =$　　　　$\dfrac{3}{4} \times 4 \div \dfrac{3}{4} \times 4 =$

$15 - \dfrac{8}{15} - \dfrac{7}{15} =$

师：请同学们独立完成以上口算，比一比谁算得又对又快。

生独立完成练习。集体校对。

师：有错的同学请分析一下你的错误原因并思考怎样才能确保正确，全对的同学请总结一下你的经验，一会儿我们进行全班分享。先自己思考，然后可以同伴交流。

生1：我错了 $11 - 1.1 = 10.1$，错误的原因在于我轻视了题目，没有好好想就直接写了，下次做口算题时，我也是要按方法来做，不能想当然。

生2：我错了 $13 \div 39 = 0.3333$，看到横式除法，我就用小数表示商，我对于知识灵活应用不到位，分数与除法的关系点都遗忘了，这儿没有想到用最佳方式（分数）表示计算结果。

生3：我错了 $2 - \frac{3}{8} = \frac{5}{8}$，我做题的时候，一方面像刚才那位同学说的有点想当然；另一方面，我们口算经常做1减多少，我以为这次也是这样，唉，下次一定要注意了。

生4：我这次是全对的，这次能够全部做对，是因为我觉得口算往往能决定我是不是优秀，上次我就是因为错了口算，才得了89.5，所以做口算我都是特别认真仔细地按方法来做，就像老师说的：要敬畏每一题。

【评析】口算对于这个阶段的学生来说不是说教能够解决问题的，最好的办法就是创造机会让学生进行自我反思和自我纠正。本教学片段中，学生通过经验交流和分享达到共同进步的目的，此外，学生只有真正认识到口算的重要性，才能认真地对待。

笔 算

一、类型与标准

类　型	质量标准	
	速度	正确率
综合： 1. 递等式计算（关注运算顺序） 类型一：$260-49-156$，只有加减或乘除，从左往右。 类型二：$\frac{2}{3}+\frac{7}{9}\times\frac{3}{14}$　$18\div 1.5-0.15$，乘除和加减，先乘除，再加减。 类型三：$(5.9+1.65)\div 0.25$ $(1.5-0.6)\times(3-1.8)$ $\frac{9}{10}\div\left[\frac{1}{2}\times\left(\frac{6}{5}-\frac{1}{3}\right)\right]$ 有括号，先算小括号，再算中括号，最后算括号外的。 2. 混淆题 $\frac{1}{3}:\frac{1}{4}=\frac{1}{5}:x$ 和 $x\times 0.5=40\times 0.25$，注意区别：前一题是比例，利用比例的基本性质计算，第二题可以直接计算。	1题/分	88%
拓展： $206\times[385\div(1000-989)]$，注意退位减和中间有 0 的三位数乘两位数，养成列竖式的习惯。 $3\times(250-3015\div 15)$，关注第一步 $3015\div 15$ 是商中间有 0 的除法。 $\frac{11}{12}x-20\%x=43$　　$1.8-50\%x=0.6$，题目中既有分数，又有百分数，有时还有小数，需要先转化成同一种数，一般转化成小数后，再进行计算。	1题/分	90%

二、教学策略

1. 理解运算法则，培养良好习惯。

在运算中，为了使结果存在且唯一，数的运算法则尤为重要。因为运算法则是从现实世界中抽象出来的，所以回到具体的问题情境，很容易解释运算顺序规定的合理性。在学生理解运算法则、熟练使用运算法则的基础上，要提高学生的计算能力，必须重视良好计算习惯的培养。（1）养成认真校对的习惯。要求学生对所抄写下来的题目都进行认真校对，细到数字、符号，做到不错不漏。（2）养成仔细计算、规范书写的习惯。要求学生书写工整，书写格式要规范。同时，能口算的要口算，不能口算的要认真笔算，强化学生规范打草稿的习惯。列竖式计算时，数位要对齐，数字间要有适当的间隔，进位的数字要写在适当的位置上，退位点不能少。（3）养成估算和自觉验算的习惯。

2. 对比易错运算，关注本质特征。

对比是一切理解和思维的基础，对比亦是数学学习的重要方法之一。仔细观察四则混合运算中学生易错的题型，我们可以发现，其中蕴含了数运算中的许多知识点和考点，它们既有联系，又有区别，在教学中充分运用对比的方法有助于突出重点，突破难点，防止新旧知识的混淆，提高辨别能力，从而扎实地掌握数学运算知识，发展学生的计算能力和逻辑思维能力。教师可以根据学生的情况反馈，在课堂教学时，练习巩固时，拓展延伸时……有效设计对比练习，从对比训练中思考异同，关注运算的本质特征，提高数学的思维能力。

3. 运算常抓不懈，形成基础技能。

计算教学是整个数学学习的重要部分，小学数学更是如此，是必不可少的。计算练习不是加重学生的负担，而是减轻负担。在单位时间内，通过适量的计算练习掌握学习策略，从而提高练习效果。把学生从大量机械、枯燥、重复的计算题海中解放出来，保护了学生旺盛的求知欲。教师们利用每一次的"课堂练习"机会，促使学生定时定量完成。每周开展一次 10 分钟 10 题的小作业，以竞赛游戏的形式调动学生计算的兴趣。当然，在面对一个计算问题时，求得计算结果的策略可以是多样的，只要求思维的方法和过程是合理的、合乎逻辑的，实现算法多样化。

三、典型错误及分析

1. $3 \times (250 - 3015 \div 15)$
    $= 3 \times (250 - 21)$
    $= 3 \times 229$
    $= 687$

【错因分析】学生在计算 $3015 \div 15$ 时，因为简单，所以学生会下意识地口算，$30 \div 15 = 2$，$15 \div 15 = 1$，结果等于 21。学生们对于商中间有 0 的除法还是没有掌握其笔算方法，不够除的用 0 占位。这道题目，该生没有列竖式计算，当然，数感好的学生可以不用列竖式计算，十位上 1 除以 15 不够要写 0 占位。

【控错方法】（1）对于笔算中递等式计算，如果数字较大，需要学生养成列竖式的习惯。（2）加强对除法算式中商中间有 0 的计算练习。

2.
$$\frac{3}{8} + \frac{5}{8} \times \frac{2}{5}$$
$$= 1 \times \frac{2}{5}$$
$$= \frac{2}{5}$$

【错因分析】运算顺序出错。此题 $\frac{3}{8} + \frac{5}{8} = 1$ 具有迷惑性，容易导致学生忽视混合运算的运算顺序，正确的运算顺序应该是先算乘法，再算加法。

【控错方法】（1）熟练了解运算顺序，掌握运算技能。（2）理解凑整简算是在正确使用运算律的基础上的，而不能随意改变顺序。（3）使用估算进行检验。

五、经典案例及评析

【课堂实录】

课题：递等式计算（教学片段）

出示题目：① $13 \div (8.4 - 5 \times 0.9)$　　② $3 \times (250 - 3015 \div 15)$
　　　　　③ $\frac{3}{7} + \frac{4}{7} \div \frac{2}{3}$　　　　　　　④ $1 - \frac{7}{15} + \frac{8}{15} \times 14$

师：学生独立完成在自己的思考本上。集体校对。

师：我们依次来看每一题。第一题错误的同学请起立，说说你错在了哪里？

生：最后一步 $13 \div 3.9$，我用小数表示商 3.33……相比较而言，最好是用分数表示商更准确一些，得数是$\frac{10}{3}$。

师：第二题错误的同学请起立，你们知道自己错在哪里了吗？

生：我算错了。

师：哪里算错了？

生：3015÷15，我算得了21，我漏掉了商中间的0。

师：所以像这样两、三位数乘两位数以及除数是两位数的除法，我们要养成列竖式的习惯，特别要注意中间的0和末尾的0。

师：第三题或第四题错误的同学，请你说说错在了哪里？

生：我第三题以为$\frac{3}{7}+\frac{4}{7}$可以先凑整简便计算，弄错了运算顺序。

师：四则混合运算的运算顺序是怎样的？请同学们独立思考回忆一下。同桌互相说说每一题的运算顺序。

生：第三题$\frac{3}{7}+\frac{4}{7}\div\frac{2}{3}$应先算除法，再算加法。

师：那第四题按运算顺序做，先做乘法，再做减法，最后做加法。（实物投影展示）但是有同学是这样做的，你看懂了吗？和你的同桌交流。

$1-\frac{7}{15}+\frac{8}{15}\times 14$　　　　$1-\frac{7}{15}+\frac{8}{15}\times 14$

$=1-\frac{7}{15}+\frac{112}{15}$　　　　　$=\frac{8}{15}+\frac{8}{15}\times 14$

$=\frac{8}{15}+\frac{112}{15}$　　　　　　$=\frac{8}{15}\times(1+14)$

$=\frac{120}{15}$　　　　　　　　　　$=\frac{8}{15}\times 15$

$=8$　　　　　　　　　　　　$=8$

生1：右边的同学先算减法，然后用乘法分配律简便计算。

生2：我觉得右边的同学改变了运算顺序，虽然运算结果是正确的，但是过程错了。

生3：我认为先算减法没有改变等式"相等"的本质。在这道题目中，乘法和减法可以同时先算的，相互之间没有影响。数感好的同学还会发现，你先算减法，我们下面还可以简便计算，这样更好。

【评析】对于递等式计算，学生特别要关注的是三个问题：一为正确运算；二为运算顺序；三为是否简便。正确运算与运算顺序为基本技能，需在扎实的练习中熟练掌握。是否能简便的原则是不能改变等式"相等"的本质。本教学片段中以围绕"递等式计算"教学，让学生自主归纳交流运算顺序，总结分享运算方法。

灵活运算

一、类型与标准

类　　型	质量标准（正确率）
综合： 1. 学生根据参与运算的数据特点灵活计算 $80.7 \times 8.7 + 8.07 \times 13$，根据积不变的规律，改变前一个乘法算式（或者后一个乘法算式），找到相同的乘数80.7（或8.07），再使用乘法分配律灵活运算。 $\frac{8}{9} \times \left[\frac{3}{5} - \left(\frac{9}{16} - \frac{2}{5}\right)\right]$，把中括号里面的小括号去掉，带符号换位置后，同分母先算。 $\frac{17}{24} \times \frac{1}{5} + \frac{7}{24} \div 5 + \frac{1}{5}$，把分数除法转化成分数乘法后，使用乘法分配律灵活运算。 $\frac{16}{23} \times 28 + 16 \times \frac{18}{23}$，根据积不变的规律，把前一个乘法算式的分子和整数交换位置，再用乘法分配律灵活运算。 $\frac{15}{14} \times \left[\left(\frac{3}{5} + \frac{1}{3}\right) \div \frac{17}{16}\right]$，先计算小括号里面的，再去掉中括号灵活运算。 $\frac{14}{15} \times \left(\frac{5}{14} + \frac{5}{23}\right) \times 23$，两个乘数要同时分别乘以括号里面的加数，用分配律灵活运算。 2. 混淆题 $\frac{5}{8} + \frac{3}{8} \div \frac{2}{3}$ 和 $\left(\frac{5}{8} + \frac{3}{8}\right) \div \frac{2}{3}$ 对比，前者只可以按运算顺序进行计算。 $18.7 + 2.4 \times 3 - 2.8$ 和 $18.7 - 2.4 \times 3 - 2.8$ 对比，前者只可以按运算顺序计算，后者可以灵活运算。	95%

二、教学策略

1. 找规律，在建模中形成表象。

六年级总复习要求学生熟练掌握小学阶段所有的运算律和运算性质，并灵活进行四则混合运算。教学中，通过具体计算的练习，教师引导学生对已经学过的简便计算方法进行回顾和整理，进一步加深对有关运算律和运算性质的理解，体会运算律和运算性质的实际应用价值，提高合理、灵活地进行计算的能力。学生对运算律和运算性质的表象有了全面感知之后，教师可以让学生举一些例子或仿写几组类似的等式，在建立运算律模型的过程中，形成运算律的表象。

2. 明规律，在理解中掌握内涵。

学生在熟记运算律和运算性质的基础上，能解决一些特征明显的灵活运算。但是一些综合类、变式类、拓展类特征并不明显的灵活运算，学生解决起来有些困难。因此，运算律的教学既要注重外形结构，更要注重内涵理解。

乘法分配律是所有运算律的重点和难点。现以乘法分配律为例，通常有以下三种理解形式：

（1）从具体情境的角度理解。

学校购买校服，上衣每件35元，裤子每条25元，买3套一共需要多少元？根据以上问题情境可知，（35＋25）×3是先求一套衣服的价格，再求3套的总价，而35×3＋25×3是分别求3件衣服和3条裤子的价格，再相加求总价，因此得出（35＋25）×3＝35×3＋25×3。

（2）从乘法意义的角度理解。

以（35＋25）×3＝35×3＋25×3为例，左边表示60个3，右边表示35个3加25个3，一共也是60个3，因此等式两边是相等的。

（3）从数形结合的角度理解。

如图，大长方形的面积既可直接用长乘宽计算，也可以分别求出两个小长方形的面积再相加，因此可以得到（35＋25）×3＝35×3＋25×3。

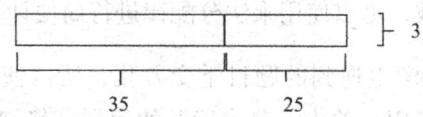

3. 用规律，在练习中发展能力。

（1）对比练习，有效辨析相近规律。如学生容易混淆的减法的性质和减法的性质的拓展。减法的性质是被减数减去两个数的和,减法的性质的拓展是被减数减去两个数的差,题组练习:如 214 − 36 − 64 与 214 − 98。又如学生特别容易混淆的乘法结合律和乘法分配律。乘法结合律是同级运算,乘法分配律是两级运算。题组练习:如 25 × (8 + 4) 与 25 × (8 × 4)。教师要引导学生分析算式的不同,适合运用哪种定律。这种对比辨析可以有效突破难点,帮助学生厘清思路。

（2）一题多"简",发展灵活应用定律的能力。采用"一题多简"题型,可以培养学生灵活运算的思维方式。如 101 × 99 可用的解法是 (100 + 1) × 99、101 × (100 − 1)、101 × (90 + 9) 等,学生在辨析、思考的过程中,力争让简算成为自主行为,并能根据题目的特点灵活选择恰当的算法。

（3）紧扣"相等",让每一步都"有道理"。结合递等式计算"让每一步都相等"这一特点,在练习中紧扣"相等"这一个关键问题,引导学生每做一步都思考变化的依据是什么,有没有符号算律。如思考 88 × 125 与 80 × 8 × 125 是否相等,88 × 125 是 88 个 125,那么 80 × 8 × 125 还是 88 个 125 吗?通过这样的方式,培养学生清晰有序的解题思路和自我反思的习惯与能力。长期坚持,学生的灵活计算能力一定能得到长足的进步。

三、典型错误及分析

1.

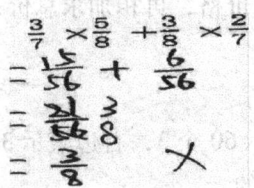

【错因分析】学生数感不强,没有抓住乘法分配律中数字和运算符号的特征。前面的乘法算式 $\frac{3}{7} \times \frac{5}{8}$ 的分子交换位置后变成 $\frac{5}{7} \times \frac{3}{8}$,与后面的乘法算式 $\frac{3}{8} \times \frac{2}{7}$ 有了共同的乘数,可以使用乘法分配律进行简便计算。

【控错方法】因为学生遇到的题目千变万化,所以使用运算律的情况也要根据具体的题目灵活运用。首先,养成读题的习惯,仔细审题抓特征,判断是否可以简便计算。其次,熟知各种运算律,特别是两次运算律的综合使用。

2.

$$7 \times (\frac{7}{11} - \frac{1}{7}) \times 11$$
$$= 7 \times (\frac{49}{77} - \frac{11}{77}) \times 11$$
$$= 7 \times \frac{38}{77} \times 11$$
$$= 38$$

【错因分析】相对来说，平时我们的乘法分配律比较简单，主要有两种类型：一种是两个数的和与一个数相乘，另外一种情况是两个乘数在同一侧乘两个数的和。这道题是两个乘数分别在括号的两侧乘两个数的和，稍显复杂，究其本质，是乘法分配律的变式。

【控错方法】乘法分配律的拓展和变式是非常多的，有数字形态的变化，有符号的变化，还有形式的变化。所有的变化都是外在的非本质，抓住本质特征才是关键。让学生不能被外表所迷惑，教师可以设计专项练习，帮助学生熟练掌握乘法分配律的本质。

比如：$4.8 \times 3.9 + 6.1 \times 4\frac{4}{5}$ $925 \times 9.9 + 92\frac{1}{2}$

$3.35 \times 99 \times 2 + 6.7$ $15 \times (\frac{1}{15} + \frac{2}{17}) \times 17$

$4.8 \times \frac{5}{12} + 7.2 \div 2\frac{2}{5}$ $1.2 \times 85 + 16 \times \frac{6}{5} - 120\%$

三、经典课例及评析

【课堂实录】

课题：整理与复习——灵活运算

自主练习

$1125 - 997 =$ $1.3 + 4.25 + 3.7 + 3.75 =$ $125 \times 8.8 =$

$46 \times 98 =$ $101 \times 57 - 57 =$ $93.5 \div 3\frac{1}{2} \div \frac{2}{7} =$

师：请同学们独立完成在自己的思考本上。思考：你用了什么运算律，怎样灵活运算使计算更简便？

集体校对，交流运算律。

生1：$1125 - 997$
　　　$= 1125 - (1000 - 3)$
　　　$= 1125 - 1000 + 3$

$= 125 + 3$

$= 128$

这道题使用了减法的性质的变式，$a-(b-c)=a-b+c$，括号前面是减号，去括号，变符号。

生2：$1.3 + 4.25 + 3.7 + 3.75$

$= (1.3 + 3.7) + (4.25 + 3.75)$

$= 5 + 8$

$= 13$

这道题使用了加法交换律和加法结合律。

生3：125×8.8

$= 125 \times 8 \times 1.1$

$= 1000 \times 1.1$

$= 1100$

这道题使用了乘法结合律。

生4：46×98

$= 46 \times (100 - 2)$

$= 46 \times 100 - 46 \times 2$

$= 4600 - 92$

$= 4508$

这道题使用了乘法分配律。

生5：$101 \times 57 - 57$

$= (101 - 1) \times 57$

$= 100 \times 57$

$= 5700$

这道题使用了乘法分配律。

生6：$93.5 \div 3\frac{1}{2} \div \frac{2}{7}$

$= 93.5 \div \left(\frac{7}{2} \times \frac{2}{7}\right)$

$= 93.5 \div 1$

$= 93.5$

这道题使用了除法的性质。

师：对于以上题目，有没有同学能够用不同的方法解答？

生1：125×8.8

$\qquad = 125 \times (8 + 0.8)$

$\qquad = 125 \times 8 + 125 \times 0.8$

$\qquad = 1000 + 100$

$\qquad = 1100$

这道题我还使用了乘法分配律。

生2：$93.5 \div 3\frac{1}{2} \div \frac{2}{7}$

$\qquad = 93.5 \times \frac{2}{7} \times \frac{7}{2}$

$\qquad = 93.5$

我觉得本题把连除转化成连乘后计算，不需要使用运算律。

师：我们一起统计一下这些题目的正确率。（略）错误较多的是第四、五两题，不同意见的是第三题。

【评析】 乘法分配律与加法交换律、加法结合律、乘法交换律、乘法结合律有着很大区别。首先，它有两级运算；其次，它的变式很多，方法灵活，学生容易出错，特别是复习阶段，随着数域的拓展，出现小数、分数、百分数的乘法分配律。于是，乘法分配律成了复习阶段运算律教学的重难点。

算理的理解

一、类型与标准

类　型	质量标准（正确率）
理解类： 1. 总复习分数乘法 每小时粉刷一面墙的 $\frac{1}{5}$，$\frac{1}{4}$ 小时粉刷这面墙的几分之几？ 列式：$\frac{1}{5} \times \frac{1}{4}$ 2. 总复习分数除法 量杯里有 $\frac{9}{10}$ 升果汁，茶杯的容量是 $\frac{3}{10}$ 升，这个量杯里的果汁能倒满几茶杯？ 列式：$\frac{9}{10} \div \frac{3}{10}$ 求这个量杯里的果汁能倒满几茶杯，就是求 $\frac{9}{10}$ 里面有几个 $\frac{3}{10}$。	95%
拓展类： 1. $\frac{5}{6} \times \frac{2}{3}$，你是怎样计算的？请写出你的思考过程。 2. $\frac{5}{6} \div 5$，你是怎样计算的？请写出你的思考过程。 3. $\frac{2}{5} \times 3$ 等于多少？明明是这样想的：$\frac{2}{5}$ 里面有 2 个 $\frac{1}{5}$，乘以 3，就有 6 个 $\frac{1}{5}$，6 个 $\frac{1}{5}$ 就是 $\frac{6}{5}$。你还有不同的想法吗？请你写下来。	

二、教学策略

1. 发挥情境作用，让算理更形象。

在小学数学算理的理解中，最难理解的是分数乘除法。它既考查学生的空间想象能力，又考查学生的语言表达能力。教师可以创设有趣的情境，让分数乘除法的算理变得形象，激发学生的学习兴趣，从而由被动学习变为主动学习。在教学过程中，教师尽量营造良好的教学氛围，尝试画图，思考讨论并进行自主探究。比如，理解 $\frac{3}{5} \times 8$ 时，教师可以这样设计：每位同学有 $\frac{3}{5}$ 米长的彩带，8 位同学一共有多少米彩带？

2. 理解实践结合，让算理更生动。

数学来源于生活，应该与实际生活紧密联系，让学生体会到数学的乐趣。学生理解算理和提高计算能力是相辅相成的，往往在提升运算能力的同时，也能强化对算理的进一步感悟和理解。只有将理论与实践相结合，学生才能更容易明白算理的本质。在总复习时，教师可以让学生自己设计一些有趣的课外作业，使学生课后完成作业的过程变得有趣。在小学除法教学中，可以开展与数学运算相关的活动，如开展乘除法的竞赛活动，将全班学生分为若干个人数相等的小组，以乘除法运算竞赛的形式进行小组活动。通过这种形式，既锻炼了学生的思维能力与运算速度，又提高了学生的学习能力。只有这样，才能使学生主动参与到学习中，从而提高数学教学的质量。

三、典型错误及分析

$\frac{2}{5} \times 3$ 等于多少？明明是这样想的：$\frac{2}{5}$ 里面有 2 个 $\frac{1}{5}$，乘以 3，就有 6 个 $\frac{1}{5}$，6 个 $\frac{1}{5}$ 就是 $\frac{6}{5}$。你还有不同的想法吗？请你写下来。

学生资源：$\frac{2}{5} \times 3 = \frac{2 \times 3}{5} = \frac{6}{5}$

【错因分析】学生不理解题目的意思，以为是计算出 $\frac{2}{5} \times 3$ 的结果。

【控错方法】（1）教师新授时就应该让学生独立自主探索，说清楚 $\frac{2}{5} \times 3$ 的思考过程，充分交流到位；（2）教师要让学生比较算法和算理的区别，让学生学会算理的正确表达；（3）加强专项训练。

四、经典案例及评析

【课堂实录】

课题: 解方程练习

练习: $5.25 - 2.5x = 0.25$

呈现学生资源:

方法一: $5.25 - 2.5x = 0.25$ 方法二: $5.25 - 2.5x = 0.25$

解: $2.5x = 0.25 + 5.25$ 解: $2.5x = 5.25 - 0.25$

$\quad\quad 2.5x = 5.5$ $\quad\quad 2.5x = 5$

$\quad\quad\quad x = 5.5 \div 2.5$ $\quad\quad\quad\quad x = 2$

$\quad\quad\quad x = 2.2$

师: 上面有两位同学的解题过程,他们的答案是不同的,到底谁的对呢?你们看懂他们的解题过程了吗?

生1: 第一种方法是错的。我把方程的解 $x = 2.2$ 代入原方程,左边 $= 5.25 - 2.5 \times 2.2 = -0.25$,右边 $= 0.25$,左边 $\neq$ 右边。所以是错的。

生2: 第二种方法是对的。第二种方法是用减法之间各部分的关系解方程的。$2.5x$ 是减数,减数等于被减数减去差,$2.5x = 5.25 - 0.25$。

师: 如果说第二种方法是用减法之间各部分之间的关系解方程的,那么第一种方法的本意是用等式的性质来解方程。请同学们尝试用等式的性质解方程。

生独立尝试。

$5.25 - 2.5x = 0.25$

解: $5.25 - 2.5x + 2.5x = 0.25 + 2.5x$

$\quad\quad\quad\quad\quad 5.25 = 0.25 + 2.5x$

$\quad\quad\quad\quad 0.25 + 2.5x = 5.25$

$0.25 + 2.5x - 0.25 = 5.25 - 0.25$

$\quad\quad\quad\quad\quad 2.5x = 5$

$\quad\quad\quad\quad\quad\quad x = 2$

师: 同桌交流步骤。再请一位同学在全班表述。

生: 首先,等式两边同时加 $2.5x$,含有未知数的字母式到了等式的右边,等式的左右两边交换位置;其次,等式两边同时减 0.25;最后,等式两边同时除以 2.5,使得等式左边剩下未知数 x。

师: 对比两种方法。你觉得哪种方法计算更合理、更简洁?

生1：我觉得方程就应该用等式的性质来解答，因此方法一更合理。

生2：我觉得用减数等于被减数减去差的方法来解答更简洁。

师：同学们观察得很仔细，分析得也很透彻。我赞同你们的观点，两种方法都正确，有所了解。

【针对练习】

解方程：

$13.5 \div 3x = 3$　　　　$3x \div 13.5 = 3$

$3x + 3 = 13.5$　　　　$13.5 - 3x = 3$

【评析】解方程时，教材较多强调运用等式性质来解，而忽视了利用加减法各部分之间的关系的解法。在教学中，我们需加强培养学生检验的习惯养成。同时，复习加减乘除各部分之间的关系，特别注意比较求减数、除数和求其他数方程的解的过程，教给学生解题的方法，培养有序的思考。

计算结果合理性的判断

一、类型与标准

类　型	质量标准 （正确率）
综合： 1.《故事书》每本 8.3 元，《我们爱科学》每本 2.5 元，小华带 10 元钱够各买一本吗？ 学生用小数加法进行计算得出结论，但这不需要计算，根据数据的特点，同样能得出结论。 在现实生活中，虽然整数部分 8 + 2 = 10，但再加上小数部分肯定超过了 10 元，所以不够。 2. 下列算式中，积大于 500 的是（　　）。 A. 49.8 × 9.5　　B. 51.3 × 10.1　　C. 50.8 × 9.2	
拓展： 小红家与某小学相距 2 千米，与万达广场相距 3 千米。那么，该小学与万达广场一定相距 5 千米吗？ 根据现实生活来判断该小学与万达广场的距离一共有三种情况：第一种，小红家、小学、万达广场三者在同一条直线上且小学与万达广场在同一直线上的两端；第二种，小红家、小学、万达广场三者在同一条直线上且小学与万达广场在同一直线上的同一端；第三种，三者不在同一条直线上。 （1）在同一直线上的两端，5 千米。 （2）同一直线上的同一端，2 千米。 （3）不在同一直线上，大于 2 千米而小于 5 千米。	95%

二、教学策略

1. 重视错例，及时讲评。

重视错例的分析有助于促进学生思维能力的提高。因此在平时的学习过程中，教师应该将一些比较常见的错误习题的例子加以总结，然后组织学生分析错误的具体原因，进行有序的改正。在具体的分析过程中，不仅要分析题目错误的原因和种类，还要具体分析各种错误现象所占的比例，并提出相应的解决方法。注重对错误试题的分析和总结在一定程度上有助于促进学生思维能力的提高，使学生在学习的过程中能够达到举一反三的效果。

2. 落实步骤，掌握方法。

在课堂教学中，教师要关注方法的落实，"三步做题法"，做到一看、二算、三估。"一看"即看尾数，"二算"即算因数的小数位数，特别关注 0 的个数，"三估"即估算结果能够迅速判断结果的合理性。同时要让学生养成及时验算的习惯，每次完成计算后，留给学生一定的时间提示他们及时质疑：这个结果对吗？怎样才能确保结果正确，然后讨论方法，与学生一起进行验算，课后作业中的计算要求用自己的方式检验，确保结果正确。对验算的落实情况由教师抽查、学生互查、相互监督的同时，实现方法的分享。经过一段时间的训练，学生逐渐做到先思考，再计算，自觉质疑，计算后及时验算。

三、典型错误及分析

1. 两支汽车运输队，一队与二队车辆数量的比是 5∶3，一队有汽车 45 辆，二队有汽车多少辆？

解：设二队有汽车 x 辆

$5:3 = x:45$

$x = 45 \times 5 \div 3$

$x = 75$

【错因分析】从份数上看，应该二队数量少，而算出数量比一队还多了，计算结果不合理。学生对"比"的意义理解不够，一队与二队的数量比是 5∶3，在组成比的另一组数中没有按照相对应的数组成比。

【控错方法】在列比例解时，一定要注意比的前后项需相对应，这一题还可以用不同方法来解答，如归一法、分数等方法，教师可以用不同的方法来检验计算的结果是否合理。

2. 广州到北京的京广铁路总长约 2300 千米。在比例尺是 1:100000000 的地图上，这条铁路大约长多少厘米？

解：设这条铁路大约长 x 厘米。

$x : 2300 = 1 : 100000000$

$x = 2300 \div 100000000$

$x = 0.000023$

【错因分析】学生看到答案 0.000023 厘米，这个数字不符合生活实际情境，可以直观判断是错的，教师追问："有谁能在图上表示出来 0.000023 厘米？"这道题目学生在解设的时候，没有注意到先转化单位。

【控错方法】要让学生养成看到单位不统一，先转化单位再计算的习惯。

四、经典课例及评析

【课堂实录】

课题：除法估算

师：同学们可以将自学的收获跟组内的同学交流，然后以小组为单位进行汇报。

（小组汇报）

生1：每天的住宿费＝总钱数÷住的天数，因此可以用除法来解答。267÷3。

生2：267÷3≈100（元），因为 267 元接近 300 元，300÷3＝100，所以，267÷3≈100。

生3：267÷3≈90（元），因为 267 元接近 270 元，270÷3＝90，所以，267÷3≈90。

生4：267÷3≈80（元），把 267 元看成 240 元，240÷3＝80，所以，267÷3≈80。

师：他们小组有三种估算的策略，大家觉得哪一种估算策略更合理呢？

生1：我认为都是合理的。因为不需要算出准确的钱数，他们都用估算的方法，很快求出了大概的结果。

生2：我也认为都是合理的。前两位同学是往大了估，而第三种是估小了。

生3：我觉得第二种估得最准确，他把 267 看成 270，只比被除数大了 3，这种估法更接近准确值，所以更合理一些。

师：除数是一位数的除法到底怎样估算呢？

生1：想几十与除数相乘，比较接近被除数。

生2：也可以想除数与几相乘最接近被除数。

生3：除数不变，被除数既可以估大，也可以估小。

生4：被除数和除数要是倍数关系。

(师小结。)

同学们说得都很好。除数不变，把被除数看成几百几十的数，而且二者得是倍数关系，这样才能估计出大概的结果。三种方法都是正确的，只不过270比240和300更接近267，这种方法更接近准确值。

师：每天的住宿费比90元多，还是比90元少？

生：比90元少。因为如果每天90元，3天要花270元，而实际只花了267元，所以比90元少。

师：比80元呢？

生：比80元多。因为如果每天80元，3天要花240元，而实际花了267元，所以比80元多。

【评析】 通过简单的问答，使学生结合生活实际，合理选择估算的方法。通过对比，学生能从多种估算中选择最合适的估算方法，从而达到方法的优化。

选择灵活方法解决实际问题

一、类型与标准

类　型	质量标准（正确率）
综合： 把一个高 3 分米的圆柱体的底面分成许多个相等的扇形，然后把圆柱体切开，拼成一个与它等高的近似长方体，长方体的表面积比圆柱体的表面积增加 12 平方分米，原来圆柱体的体积是多少？ 解法一：$3.14×（12÷2÷3）^2×3$ 　　　　$=3.14×4×3$ 　　　　$=37.68$（立方分米） 解法二：$（12÷2÷3×3.14）×（12÷2÷3）×3$ 　　　　$=6.28×2×3$ 　　　　$=37.68$（立方分米） 解法三：$（12÷2÷3×3.14×3）×（12÷2÷3）$ 　　　　$=18.84×2$ 　　　　$=37.68$（立方分米） 答：原来圆柱体的体积是 37.68 立方分米。 2. 按 1∶3∶5 用水泥、黄沙、石子制成混凝土 24.3 吨，需用水泥、黄沙、石子各多少吨？ 解法一：混凝土共分了几等份？$1+3+5=9$（份） 水泥需用多少吨？$24.3÷9=2.7$（吨） 黄沙需用多少吨？$2.7×3=8.1$（吨） 石子需用多少吨？$2.7×5=13.5$（吨）	95%

续表

类 型	质量标准 （正确率）
综合算式：水泥：24.3÷（1+3+5）=2.7（吨） 黄沙：24.3÷（1+3+5）×3=8.1（吨） 石子：24.3÷（1+3+5）×5=13.5（吨） 解法二：总份数：1+3+5=9（份） 需用水泥多少吨？ $24.3 \times \frac{1}{9} = 2.7$（吨） 需用黄沙多少吨？ $24.3 \times \frac{3}{9} = 8.1$（吨） 需用石子多少吨？ $24.3 \times \frac{5}{9} = 13.5$（吨） 答：需用水泥2.7吨，黄沙8.1吨，石子13.5吨。	
拓展： 1. 100克蜂蜜里含有34.5克葡萄糖，300克蜂蜜里含有多少克葡萄糖？ 解法一：设300克蜂蜜里含葡萄糖x克。 34.5：100 = x：300 $100x = 34.5 \times 300$ $x = \frac{34.5 \times 300}{100}$ $x = 103.5$ 解法二：34.5×（300÷100）=34.5×3=103.5（克） 解法三：1克蜂蜜含葡萄糖多少克？ 34.5÷100=0.345（克） 300克蜂蜜含葡萄糖多少克？ 0.345×300=103.5（克）	95%

二、教学策略

1. 明确教学目标，适时练习。

选择灵活方法解决实际问题必须服务课堂的整体目标。上述选题是在六年级学生新授刚结束，虽然学生对各知识段已经基本掌握，但没有形成完整的知识体系，各知识之间的联系未能很好建立的情况下出现的，教学的主要任务是尽快让学生将小学知识融为一体,包括小学数学的分数、份数、比等知识。如果选题是在新授课阶段实施教学,就有喧宾夺主之嫌,而且不便于多种方法的理解,一时难以掌握。在总复习时,教师安排此类选择灵活方法解决实际问题,学生能在享受数学乐趣的同时,放飞自己的思维。

2. 确立主体地位,重心下移。

选择灵活方法解决实际问题教学中,学生应该是课堂的主体。实际教学中,教学过程很容易变成教师的"一言堂",学生沦落为听众和记录员。长此以往,会导致学生解题能力下降。选择灵活方法解决实际问题的教学应该是将学生推到解决问题的前沿,给予学生独立完成的时间和空间,小组合作交流解法、分享思维、全班汇报时并联展示,比较异同,感悟思维的多样与优化。教师在课堂中仅仅是一个导演或策划者。

3. 重在内容理解,形成体系。

在学习数学中,有很多学生总是感觉自己的时间不够用,数学有无穷无尽的题目;题目好像不会做,教师课堂上讲的时候懂了,过两天再去看又不会了;有的题目感觉弄懂了,只要稍微进行变式,自己又不会了。如此学生痛苦不已,对数学产生畏惧,导致恶性循环。学生之所以会有如此感觉,首先,因为学生对知识掌握不到位,仅是机械的记忆,缺少深刻的理解,没有形成知识体系;其次,学生没有将问题进行归纳整理,疲于应付无穷无尽的题目的计算、订正。创新思维就是启发和引导学生从不同角度、不同思路,运用不同的方法和不同的运算过程解答同一道数学问题。如此学生不仅能解决一类问题,而且可以从不同角度训练其思维。

三、典型错误及分析

1. 某工厂原有职工若干人,其中,男职工人数比女职工人数少$\frac{1}{3}$;新调入男职工35人后,男女职工人数的比为5:4。求现有男职工比女职工多的人数。

5−2=3(份)　　30÷3=10(人)　　10×(5−4)=10(人)

答:现在男职工比女职工多10人。

【错因分析】学生没有关注到女职工作为单位1先后情况的份数发生了改变,相应地,男职工的份数也要发生改变,而是直接用5−2,对应30人(35人抄错题目成30人)来做的。

【控错方法】讲明方法,厘清思路。

【解法】可先求女职工人数,再求现有男职工比女职工多的人数。

把女职工人数看作标准1。

现有男职工人数和原来的分率差？ $\frac{5}{4} - \left(1 - \frac{1}{3}\right) = \frac{7}{12}$

女职工人数？ $35 \div \frac{7}{12} = 60$（人）

现有男职工比女职工多的人数？ $60 \times \left(\frac{5}{4} - 1\right) = 15$（人）

综合算式：$35 \div \left[\frac{5}{4} - \left(1 - \frac{1}{3}\right)\right] \times \left(\frac{5}{4} - 1\right)$

$= 35 \div \left[\frac{5}{4} - \frac{2}{3}\right] \times \frac{1}{4}$

$= 35 \times \frac{12}{7} \times \frac{1}{4}$

$= 15$（人）

答：现有男职工比女职工多15人。

【评析】本题是分数和比两种知识混合的综合应用题。解这类题一般是要将比和分数灵活地进行转化，从而找到统一点。将分数转化为比是本题的最大特点，也是本题的解题关键，即女职工人数不变。

四、经典案例及评析

【课堂实录】

课题：解决问题的策略练习

六（1）班男、女生人数的比是6:5，女生有20人，男生有多少人？

学生独立解答。

师：做完的同学可以尝试从不同角度思考，用不同方法解答。

呈现学生资源：

① $20 \div 5 \times 6 = 4 \times 6 = 24$（人）

② 男生：女生 $= \frac{6}{5}$

男生：$20 = \frac{6}{5}$

男生人数 $= 20 \times \frac{6}{5} = 24$（人）

③ $20 \times \frac{6}{5} = 24$（人）

④ $20 \div \frac{5}{6} = 20 \times \frac{6}{5} = 24$（人）

⑤ 男女生人数共有几份？$6 + 5 = 11$（份）

女生人数占全班的几分之几？$5 \div 11 = \frac{5}{11}$

男女生共有多少人？$20 \div \frac{5}{11} = 44$（人）

男生有多少人？$44 \times \frac{6}{11} = 24$（人）

综合算式：$20 \div \frac{5}{6+5} \times \frac{6}{6+5}$

$= 20 \div \frac{5}{11} \times \frac{6}{11}$

$= 20 \times \frac{11}{5} \times \frac{6}{11}$

$= 24$（人）

师：现在有五种方法解答，他们做得对吗？你能看得懂吗？谁能说说他们的解题思路？

生1：我看懂了第一种方法。他用归一解法，男女生人数的比是6:5，即男生人数为6等份，女生人数为5等份。因为女生人数的5份是20人，所以可先求出每份多少人，再求6份多少人。

生2：我看懂了第四种和第五种方法。方法四把男生人数看作单位1，那么女生人数占男生的$\frac{5}{6}$。由此可求出男生人数。方法五是用按比例分配的解法。

生3：我看懂了第三种方法。把6:5转化为$\frac{6}{5}$，即把女生人数看作单位1，那么男生人数是女生的$\frac{6}{5}$，由此运用分数应用题的解法，求出男生人数。

生4：我来说说第二种方法，男女生人数的比是6:5，其比值是$\frac{6}{5}$，根据"比的前项＝后项×比值"，求出男生人数。

师：同学们真厉害，一下子找出五种方法，而且思路条理非常清晰。前段时间，我们学习解比例，那这一题能用比例来解吗？

学生讨论。

生5：老师我试试哦！因为男生人数：女生人数$= \frac{6}{5}$，比值一定，所以男生人数和女生人数成正比例。

解：设男生人数为 x 人。

$x:20=6:5$

$5x=20\times 6$

$x=20\times 6\div 5$

$x=24$

答：男生有24人。

师：此处应该有掌声！

……

【评析】质朴的语言，有效的课堂。整个过程是开放的，把学生放在主体地位，课堂是学生展示的地方，教师只是一位引导者。把整个小学知识串联起来，架起了知识结构的桥梁。最简单的往往是最美的。

后　记

　　八十多年前，鲁迅先生笔下描绘了一个令人向往的乐园——百草园。这里草木葱茏，虫鸟欢唱，洋溢着生机和活力，充满了快乐和梦想。如今，在绿草茵茵的藻江河畔，也有一所丰富、有趣、生长的教育乐园——常州市新北区百草园小学。百草园小学秉承着"让每一个生命都幸福绽放"的办学理念，不断地努力着，拼搏着，超越着。建校十多年来，我们年年获得新北区"教学质量优秀奖"。站在新的历史发展节点，百草园小学数学组如何进一步突破自我，发展自我，创新自我，使得教学质量保持高位发展，成为每一个百草园小学数学人的命题。正当我们踌躇、迷茫的时候，我们发现，成长发展的路上并不孤单，常州市教育科学院、新北区教师发展中心的各位领导和专家给予我们大力的支持和帮助，尤其是常州市教育科学研究院的潘小福副院长一直引领和指导着我们前行。

　　作为一本实践的经验总结型手册，本书的成形成册乃至成书主要来源于潘小福副院长的悉心指导，他的指导改变了我们的思维方式，使我们从无序走向有序，从散点走向结构；改变了我们教师的生存方式，有了新的教育追求，不再仅仅沉溺上课、批作业、个别辅导这样的无限循环之中。除此之外，教学还可以进行研究，研究需要积淀下来，还可以共享，同时让我们看到了全新的自己，提升了作为教育者的自信和无限可能。这些还使原来一个个个体的"我"化成了一个大写的"我们"——百草园小学数学人，我们在研究实践中成长，在合作交流中增进情感，我们共同享受发展的喜悦。

　　回顾有关"小学数学学科关键能力（运算能力）"的研究之路，可谓是成长与超越之路。本书的成型大致可分为三个阶段：第一阶段，专家引领，规划研究方向。数学组的发展经历了建校初的磨合期、后来的探索期，再到转型期，我们一度迷茫，不知走向何方，如何走下去，这时，常州市教育科学研究院的潘小福副院长引领我们，校本教研要基于学校的校情，做自己的研究，校本教研要有序列性，对后续教学有指导和借鉴作用，校本教研要切口小，做实事，精心策划活动，吸引教师们主动参与。于是确定了"小学数学学科关键能力（运算能力）校本化的研究"。第二阶段，搭建框架，校本实践，积累素材。确定了研究方向之后，学科责任人曹琴主任搭建了研究的框架，教研组内自上而下、自下而上几易其稿进行调整和修改，力求寻找到最可操作、最有效的实施路径。各备课组日常研究或专题研究紧紧围绕专题进行实践和研讨，并及时记录下所思所获所困，收集学生鲜活的错题，积累研究的经典案例。第三阶段，整理素材，撰写书稿，反复修改。在素材积累的基础上，进行各年级统一板块要求的全面而整体的统稿。潘小福副院长审阅初稿后，给予了我们很大的鼓励，同时又作了具体详细的指导，根据潘小福副院长的指导意见，我们对初稿内容进行了重建与修改，书稿的撰写经历了一稿、二稿、三稿和四稿不断完善的过程。

我们衷心感谢潘小福副院长对本书成稿过程中的悉心指导。潘院长从前期的规划到过程中的研究，再到最后的成书，事无巨细，给予我们全面的指导，关心着我们成书的全过程。我们要衷心感谢新北区教师发展中心的陈建伟校长，在课堂教学研究中给予我们很大的帮助，使我们真正进行了课堂转型。我们还要衷心感谢张红梅校长、任丽芳校长、鞠晓雅副校长给予我们的鼓励和支持，从精神到物质无条件支持我们。我们还要衷心感谢百草园小学数学组全体成员，尤其是张亚娟、胡珂、杨海华、杨晶、施佳丽、王韵丹、何琴、徐红燕等教师，正是有他们的参与研究，才有今天的收获。要感谢的人还要很多很多……对于此书，我们付出了很多，但还十分稚嫩，还有许多不完善之处，期待各位读者的指点和帮助。

曹 琴

2018 年 9 月 5 日